让 我 们 一 起 追 寻

巴比伦

BABYLON

Mesopotamia and the Birth of Civilization

美索不达米亚和文明的诞生

Paul Kriwaczek

〔英〕保罗·克里瓦切克 著

陈沅 译

社会科学文献出版社

SOCIAL SCIENCES ACADEMIC PRESS (CHINA)

致　　谢

感谢我的兄弟弗兰克·克里瓦切克（Frank Kriwaczek），没有他的帮助，我可能无法获得这些文献资料。同样，要一如既往地感谢曼迪·利特（Mandy Little），她既是我的经纪人，也是我的好朋友，感谢她的宝贵支持和睿智指点。

目　录

非能以古往鉴今朝之历史，无异于自我放纵的嗜古癖好。

昆廷·斯金纳（Quentin Skinner），
剑桥大学现代史钦定讲座教授，
1997 年就职演说

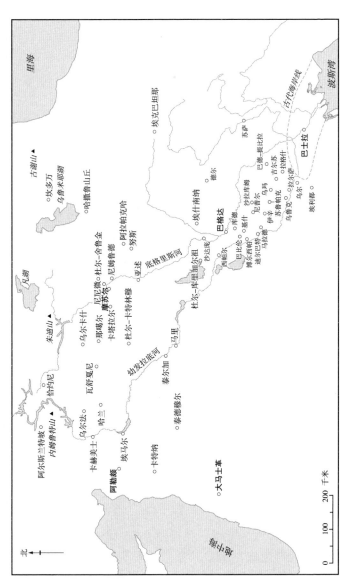

古代美索不达米亚

第一章　前车之鉴：导言

2006 年 12 月 30 日是宰牲节，也就是"古尔邦节"[①] 的第一天，萨达姆·侯赛因在这一天被处以绞刑。这场处决并不体面。这一骇人又拙劣的野蛮行径显然是打击报复的成分多过伸张正义。读过、看罢报纸上的报道以及在网络上迅速传播的视频影像，我竟发觉在概括这类荒诞不经的传奇事件时，日常的新闻言辞是如此的苍白无力。此番感受应非我独有。

残酷暴君的军队被粉碎瓦解；暴君本人亦逃之夭夭，一时杳无踪迹，但最终还是被发现——当时的他褴褛肮脏、络腮满面，如困兽般畏缩于地洞之中。在沦为阶下囚后，他受到公开羞辱，被单独监禁千日，后又接受特别法庭的审判，然而判决早有定论。行刑之时，那得意的刽子手几乎扯断了他的脖子。

如同《圣经》中记载的那样，上帝通过与人类对话来教导历史的缔造者们。第一次海湾战争前夕，高级军官们在科威特举行了一次秘密会议，萨达姆在会上说他侵袭科威特是遵照天意："愿真主做我的见证，是真主想让该发生的事

---

① 古尔邦节是伊斯兰教的盛大节日。若无特别说明，本书脚注均为译者注。

情发生。我们收到的旨意便是真主的决定……我们只是奉命
行事。"

2005 年 10 月，英国广播公司（BBC）曾播出一部纪录
片。片中，巴勒斯坦外交部前部长纳比勒·沙阿斯（Nabil
Sha'ath）回忆道："布什总统对我们所有人说，'上帝托我执
行这一使命，他对我说，"乔治，去吧，去和阿富汗的那些恐
怖分子战斗吧"。所以我去了。然后上帝又对我说，"乔治，
去吧，去终结伊拉克的暴政吧……"所以我去了。现在，我
又听到了上帝的话语'。"

倘若其言为真，那么在这场冲突爆发之前，必有振聩之
声从天而降。先是一声"萨达姆总统啊"，继而是《但以理
书》4:31的内容："有话对你说，你的国位离开你了。你必
被赶出离开世人，与野地的兽同居。"还可以用《列王记》
式的语言，来描述与萨达姆·侯赛因生命最后时刻有关的各
种细节：

那是安息日的早晨，太阳还未升起。他们把他带到城
中，押上刑场。

他们按照处决惯例，捆住了他的双手和双脚。然后对
着他辱骂道：那有权能的怎会落到如此下场，愿你受到主
的诅咒。

他们将绳子绕在他的脖子上，继续辱骂他，然后一边
赞美他敌人的名字和头衔，一边说：愿神诅咒你，愿你下
地狱。

然后他回答道：你们还算人吗？一帮无耻之徒！

他们又对他说道：准备见神吧。于是他向真主祷告，

说：除了真主，没有别神。

　　接着，他们给他上了绞刑，而后刑场、街道和集市上爆发出一阵巨大的欢呼。那是安息日的早晨，太阳照耀着巴比伦的城墙。

套用《圣经》的时代背景来阐述乔治·W. 布什（George W. Bush）所发动的伊拉克战争，并不只是作家的幻想，对和我一样从小就通过《圣经》了解中东历史的人而言尤其如此。萨达姆本人也把自己视作古代统治者的继承人。他特意模仿的对象尼布甲尼撒二世（Nebuchadnezzar Ⅱ，公元前 605～前 562 年在位）曾攻占和摧毁耶路撒冷及其神庙。萨达姆称尼布甲尼撒为"来自伊拉克的阿拉伯人"，认为他和自己一样抗击波斯人和犹太人，但这个表述有一些时间线上的错误。［尼布甲尼撒并非阿拉伯人，而是迦勒底人（Chaldean）；伊拉克要再过两千五百年才会出现；我们所知的犹太教那时也还没有出现。］在 1988 年国际巴比伦节的徽章上，萨达姆和尼布甲尼撒的头像被叠放在一起。《纽约时报》的记者称，徽章上的头像拉长了萨达姆鼻子的轮廓，使其与那位美索不达米亚的君王更加相似。萨达姆还推崇凭"以牙还牙"的法典而著称的古巴比伦王朝统治者汉谟拉比（Hammurabi，约公元前 1795～前 1750 年）。萨达姆将伊拉克军队中最强大的军事打击力量命名为"共和国卫队汉谟拉比装甲师"，还有一支部队被命名为"尼布甲尼撒步兵师"。

　　英国广播公司的约翰·辛普森（John Simpson）说，这位伊拉克领导人"沉湎于为自己树碑立传"，通过兴修宏大的建筑，来有意识地模仿杰出的前辈。在他的巨幅画像上，萨达

3

姆就如同古代苏美尔的君王一般，将建筑工的篮筐放在肩上，尽管古代国王背的可能是一担制砖用的黏土，而萨达姆则背着一筐水泥。萨达姆开始大兴土木，重建古巴比伦遗址，但一名建筑历史学家称，萨达姆的重建是"劣质的拼凑，而且常常在规模和细节上出错……"萨达姆还效仿古代的君王，把自己的名字刻在砖块上。于是，成千上万块砖上都刻着红色的字样："尼布甲尼撒的巴比伦重建于萨达姆·侯赛因总统领导时期。"然而，萨达姆使用的雕刻文字是现代阿拉伯文而非巴比伦的楔形文字，因为除非有必要，否则他是从来不会展现高品位的。

萨达姆·侯赛因极力让自己的国家与受伊斯兰教影响之前的久远历史产生关联，这样做的政治意图简单明了。1971 年，伊拉克的邻邦伊朗的国王宣布，他与阿契美尼德（Achaemenid）王朝（波斯第一帝国）的建立者居鲁士大帝（Cyrus the Creat）存在血缘关系，引得举世瞩目，此事和萨达姆的做法如出一辙。可见任何试图称霸中东地区的人，都要先推翻一种说法，即沙特阿拉伯境内的先知之城——圣地麦加和麦地那——是该地区领导权的唯一正统性来源。

极为讽刺的是，英美的中东政策，从 1953 年罢免民主选举产生的伊朗总理、社会主义者和世俗主义者穆罕默德·摩萨德（Mohammad Mossadeq）的"阿贾克斯行动"，到 2003 年推翻世俗民族主义独裁者萨达姆·侯赛因的"伊拉克自由行动"①，都在无意之中巩固了该地区几乎所有国家的伊斯兰政权。这无疑宣扬了萨拉菲主义所奉行的政治模式，即建立合法政治制度的

---

① 即 2003 年由美国发起，多国参与的伊拉克战争。

唯一有效原则是依靠先知的直系继承者们。　　　　　　　　4

也许，萨达姆——不管在其他方面表现如何，他实际上既不愚蠢也不缺乏洞察力——也看到了中东权力政治中另一个更加重要的真相。自古代以来，我们的生活和了解世界的方式可能已经完全改变；但倘若认为在过去的几千年里，我们的举止行为有了任何的不同，或是人性发生了多么大的改变，我们就太自欺欺人了。

历史告诉我们，在那个因处于底格里斯河和幼发拉底河这两条"河流之间"而被希腊人称作美索不达米亚的地区，罗马人和帕提亚人（Parthians）、拜占庭人和萨珊人（Sassanians）、穆斯林和祆教徒（Magians）① 都曾为之而战，直到来自中亚甚至更远之地的外来者——蒙古人和突厥人占领该地，摧毁一切，该地才归于所谓的和平。无论是 20 世纪 20 年代伊拉克摆脱奥斯曼帝国的统治之后，该地区风云再起，还是控制了前奥斯曼帝国三大省的阿拉伯复兴社会党分裂后，该地区陷入乱局，每一个对这片土地的历史稍有了解的人，都不会对这些形势感到惊讶。这里的各国相互敌对，似乎只有在国际联盟② 允许列强前来攫取石油时，它们才稍显团结。

然而，这种想要征服美索不达米亚丰沃平原的企图，早在罗马时代之前便已存在，甚至还可追溯到更久远的时期。虽然在此争夺统治权的古代帝国早已化为尘埃，但它们相互碰撞的余音仍在空中回响。

---

① 祆教起源于古代波斯的古老宗教琐罗亚斯德教，又称拜火教。

② 国际联盟简称"国联"，1919 年根据《凡尔赛和约》建立，通常被视作联合国的前身。

* * *

伊朗西南部扎格罗斯山脉（Zagros Mountains）的山麓绵延至美索不达米亚平原，此处有一个现在名为舒什（Shush）的城市，它熙熙攘攘，兴旺繁华，距离伊拉克边境不到 55 千米，距离底格里斯河 70 千米。舒什的街道在卡尔黑河（Karkheh River）缓缓流动的支流两侧延展开来，疏于保养的汽车在大街上与人群、自行车和装载着重物的人力推车争抢地盘，空气中弥漫着灰蓝色的汽车尾气。舒什古时称苏萨（Susa），曾是《圣经》书卷《尼希米记》《以斯帖记》《但以理书》中故事的发生地。《但以理书》8：2 陈述了但以理见到的异象："我以为在以拦省书珊城（即苏萨城）中。我见异象又如在乌莱河边。"今天站在这与河流平行的主街道上，你总能想起这个地方的古代辉煌历史。

5　　　在你们面前的道路与河岸之间，据说屹立着但以理本人的古冢，那是一座毫无希伯来风格的平凡伊斯兰建筑，建筑顶部矗立着一个用白色石膏筑成的螺旋状锥形尖顶。（但以理的故事发生于公元前 6 世纪，然而这座陵墓只能追溯至 1871 年。）当地的什叶派穆斯林尊这座陵墓为圣地；进入这座建筑的访客络绎不绝，他们双膝跪下，诵读祷文并亲吻为保护石棺而精心制作的格状镀金金属栅栏。

穿过街道，有一处隆起的巨型高地，那里便是古城的遗址，上面还留有波斯阿契美尼德王朝冬日都城的碎石残片。走在废墟之上时，脚下会传来砖石和陶器碎片的吱吱嘎嘎声，这些碎片都有近五千年的历史。在公元前第二千纪中期，这里曾是埃兰王国（Elam）的都城，早在波斯人到来之前，埃兰人就统治着现属于伊朗的该地区。从语言学的角度看，建立埃兰王国的民族可能与使用达罗毗荼（Dravidian）语系的民族有关联，他们的语言包括坎纳达语（Kannada）、马拉雅拉姆语（Malayam）、泰米尔语（Tamil）和泰卢固语（Telugu）。如今差不多只有在印度南部地区才能听到这些语言。

如果你像我2001年时那样拜访此地，就会在身旁看到屹立在遗址下方道路旁的一座单层临时建筑。里面有一场令人毛骨悚然的展览，它详尽地展示了这座城市在两伊战争期间所遭受的苦难。这场持久的战争因1980年萨达姆·侯赛因发动对伊朗的袭击而开启，而后以1988年阿亚图拉霍梅尼（Ayatollah Khomeini）勉强接受停火而告终。霍梅尼认为接受停火就像在"服毒"。据《纽约时报》报道，2003年3月17日双方进行了最后一次战俘交换，但仅过了六天，又一场灾难降临了："自愿联盟"（Coalition of the willing）[1] 对萨达姆·侯赛因发起了攻击。试想一下那些前战俘的处境，他们在历经多年的痛苦监禁后刚刚恢复自由，旋即又不得不承受美国的震慑与威胁。

舒什虽然从未被伊拉克的军事力量控制，但距离残酷的战争前线仅3000多千米，那里正在重新上演1914～1918年欧洲的战场上最糟糕、最残忍的一幕：壕沟战、刺刀冲锋、自杀式袭击，同时其中一方还任意使用化学武器。由此产生的便是伊朗的人海战术以及用年轻志愿者的身体进行排雷的荒唐对策。此次战争导致超过100万军队人员伤亡，数万平民亦非死即伤。

6

---

[1]　即美国在伊拉克战争前组建的非约束性反伊拉克联盟。

伊朗文化向来崇尚神圣殉道。舒什的主街上依然保留着一条防御壕沟,最初修筑这条壕沟的原因是担心这座城市可能会受到萨达姆的武力攻击。到了 2001 年,壕沟中还散落着可显示它曾遭到一枚炮弹袭击的残留物:一顶凹陷的钢盔、一只血迹斑斑的破靴子,还有一把破碎变形的冲锋枪。而那些被展出的舒什伤亡人员照片则带给人无以名状的惊恐,同时提醒着西方参观者:在向公众展示恐怖事物时,该国与西方国家间存在着可接受度方面的文化差异。尽管伦敦的帝国战争博物馆(Imperial War Museum)里旨在还原第一次世界大战真实场景的展品足以令人惊骇,但无法与这个临时展览所展现的恐怖镜头相比,后者重现了就在十多年前发生于此的那场可怕的流血冲突。在展览的出口处还贴有一段关于该冲突的文学,其中说明了萨达姆企图占领胡泽斯坦省(Khuzestan)、伊拉姆省(Ilam)和克尔曼沙汗省(Kermanshah)以将其并入伊拉克复兴党的帝国的过程;也说明了在此期间,伊朗如何英勇抵抗,而后扭转局势,大举攻入伊拉克,直至最终出于人道主义原因,以高姿态接受联合国的停火决议。

如果你同我那时一样,刚刚走出那片伟大高地上的古城,那么你也许会不禁回想起入口售票处那块涂层正在剥落的大型标识牌。在这块牌子上也有一段长度差不多的文字,具体讲述了埃兰王国苏萨王朝的国王们试图统治美索不达米亚地区的城邦和帝国的历史,甚至有一份被埃兰王国掠夺的艺术品的清单,这些物件中有著名的汉谟拉比法典石碑,它最终被现代欧洲考古学家在苏萨挖掘出土;到了公元前 7 世纪,亚述国王亚述巴尼拔(Ashurbanipal)摧毁了苏萨城,这场权力的斗争最终以一种最具戏剧性的方式落下帷幕。

* * *

奥斯丁·亨利·莱亚德爵士（Sir Austen Henry Layard）在 7
尼尼微（Nineveh）的废墟中挖掘出了一块泥板，上面记载着
苏萨征服者对其行动的自述。在探访舒什许久之后，为了更加
细致地探究美索不达米亚的历史，我拜读了这份自述：

> 朕征服了苏萨，伟大的圣城，众神之地，神秘之所。
> 朕进入他们的宫殿，开启聚满金银财宝的宝库……朕摧毁
> 苏萨的金字形神塔，朕碾碎那闪闪发亮的铜角。朕将埃兰
> 的神庙夷为平地，将其诸神驱散于风中。朕捣毁他们祖先
> 和近代诸王的陵墓，将其尸骨曝于日光之下，并带往亚述之
> 地。朕毁灭了埃兰的国度，在他们的土地上撒下诅咒之盐。

此外，我还在大英博物馆仔细观察了描绘攻占场景的雪花石膏
浅浮雕：亚述的工兵用铁锹和镐摧毁城墙，闪烁的火光飞越主
城门和高耸的城楼，一批批俘虏和带着丰厚战利品的士兵穿行
于周边的树林。

这些都表明两伊战争不只是一场由一名邪恶的现代独裁者
发动的杀戮，或是一个由地域因素、人员因素和临时性因素触
发的偶然事件。它不是一场孤立的冲突；相反，有一场长达千
年之久的暴力争端，而两伊战争只是这场争端在过去几个世纪
中的最近一次演绎。而且毫无疑问，未来这场美索不达米亚控
制权争夺战将持续下去，两河流域若非被其西部的势力控制，
就是被其东部的力量统治。

这片土地被夹在沙漠与山丘、闪米特人（Semites）和伊朗人之间。它继承了闪米特人和伊朗人的文明，也曾被双方于不同时期统治。这使得该地区的命运在其历史的最初阶段就被定形了。

* * *

事实证明，想要深入探究远古历史的细节并非易事。我很快发现，任何人若想通过阅读古代文献来提升自己对于当代地缘政治的理解，那么他/她即刻就会发现有关美索不达米亚的学术研究浩如烟海。自从 1815 年旅居巴格达的英国年轻学者克劳迪斯·里奇（Claudius Rich）的《巴比伦遗址实录》（*Memoir on the Ruins of Babylon*）一举成为畅销书以来，整个欧洲对于那个失落文明的遗迹的兴趣便一发不可收拾，无论是学术界的同行评审的期刊论文、专题著作，还是大众读物、宣传小册、报刊文章，都乐此不疲地书写该内容，几乎每天都会有新的作品出版。尽管我们对两河平原的古代生活已有所了解，但事实上已知的部分只是冰山一角。人们仅仅探寻了许多早已被认定的考古遗址中的一小部分；而在这一小部分中，得到挖掘的又仅仅是十分有限的区域；从这有限区域中出土的上百万件文物目前散落于世界各个博物馆和私人藏馆，人们仅对它们中很少的一部分进行了全面研究、破解和翻译。与此同时，仍有数倍于此的文物有待重见天日。明尼苏达大学（The University of Minnesota）藏有一个刻有文字的泥锥，自 20 世纪 70 年代起它就被遗忘在该校一个置物架上的鞋盒中，直到 2008 年才被人们发现，上面记载着先前不为人所知的一位古代乌鲁克（Uruk）王的统治历史。

对于该领域的认知在不断变化。不久前我们还认为几乎所有文化变革都是入侵和征服造成的，然而现在我们已不再如此确信。四十年前，我们认为阿卡德（Akkad）帝国的萨尔贡（Sargon，活跃于公元前2300年前后）是最早尝试建立帝国的君王，且是闪米特人征服本地苏美尔人的典型代表。现如今，大部分证据表明这两个民族自古以来就在该地区和平共处。同一个人名在不同的文献中可能会发生变化。公元前2000年前后有一位著名的苏美尔王，最初他的名字为同基（Dungi），近期他被称为舒尔吉（Shulgi）；另一个今天广为人知的苏美尔人名吉尔伽美什（Gilgamesh）最早出现于1891年，在此之前它一直被误写为艾泽迪巴（Izdubar）。翻译的文本也可能存在差异，有的甚至意义完全相反。公元前20世纪，尼普尔（Nippur）大会前曾有一场关于谋杀案的宣判。一位学者将其解读为其中一名被告被判死刑，而另一位学者则认为这名被告被判无罪。

历史年代也在不断被修正。古代美索不达米亚人拥有自己的纪年体系（他们的记录未必可信，例如一些国王的在位时间长得简直令人难以置信），但按照我们的历法换算相应的时间仍十分困难。令人庆幸的是，古代最早的科学研究之一便是准确的天体观察；而且古人对预兆和异象的迷信，也确保了特殊的天体现象都会被细致地记录下来。既然我们能够依靠牛顿天文学来确定诸如日食和月食等可预测的天文现象发生的日期，那么确定古代记录的具体日期也是有可能的。

然而，那些记录文本又是如此高深莫测，我们即使已经研究了一个半世纪，也无法完全理解其语言，因此难以准确理解

9

文本中的内容。1948 年，在叙利亚的拉斯沙姆拉（Ras Shamra）出土了一块泥板，上面详细记录了一次日食的情况："黑牙（Hiyaru）之月的那一日是羞耻的一天。太阳与其守门人拉夏普（Rashap）一同下山了。"（拉夏普可能是火星的名称。）有两位学者将这一记载与发生在公元前 1375 年 3 月 3 日的一次日食联系在一起；而后另两位学者将其发生的时间重新判定为前 1223 年 3 月 5 日；近期，这一记录又被认为与前 1192 年 1 月 21 日和前 1012 年 5 月 9 日发生的日食有关。还有一些同样知名的研究者对这块泥板上的内容是否真的是指日食怀有疑问。

由于这些争议，立法鼻祖、著名的巴比伦国王汉谟拉比的统治时期也存在不同的版本：公元前 1848 ~ 前 1806 年（根据长纪年确定）、公元前 1792 ~ 前 1750 年（根据中纪年确定）、公元前 1728 ~ 前 1686 年（根据短纪年确定）和公元前 1696 ~ 前 1654 年（根据超短纪年确定）。

这类事情并非最近才出现。早在 1923 年，《笨拙》（Punch）杂志的编辑欧文·希曼爵士（Sir Owen Seaman）就曾作诗抗议，声讨大英博物馆楔形文字专家西里尔·加德（Cyril Gadd）修改亚述古都尼尼微陷落的最终日期——加德只将其前移了六年！希曼爵士称加德的这种行为令自己心神不宁。

> 但我仍坚信过去，
>
> 信其稳固如磐石；
>
> 我曾言历史不渝；
>
> 尼尼微的消息，
>
> 竟这般笨人听闻，

令我痛苦不已。

他们告诉我们（公元前）六〇六年

无神之城被夷平；

而今又有新记录加以纠正，

更改其为更早的年份；

尼尼微城亡于前六一二年，

故他们所言并不属实。

算出时间之人，

从泥板上知晓；

眼见古老真理就此消失，

我的心神困惑难安；

（加德）带来此等幻灭，

足以使人心乱意狂。

我们大可以跟欧文爵士一起嘲笑西里尔·加德，嘲笑那些像加德一样认为有必要在两千五百多年的跨度中区别出六年时间差的人，嘲笑那些花费毕生精力将消失已久的世界的准确信息、玄妙细节拼接在一起的研究人员——他们凭着如苏联斯达汉诺夫（Stakhanovite）运动①中的那种为提高生产定额而拼命的精神，努力从事一项在许多人看来无益于现代社会的工作。但我们必须承认，如果没有这些数据，就没有关于过去的知识，没有这些知识就无从了解历史。任何有关过去人类如何共同生活的认知，都必将在某种程度上影响现在和未来。

_____

① 即20世纪30年代中后期，苏联兴起的社会主义劳动竞赛。

众所周知，要想全面地掌握历史，就要平衡好树木和森林间的关系。就古代美索不达米亚的历史而言，虽然个中细节可能有所差别，甚至发生较大变化，虽然相关知识可能还需要经历很长一段时间的积累，但我们依旧可以辨认出某种规律。尽管树木可能在不断更替，但我们已经能辨识出整片森林。因为有无数学者和学生孜孜不倦的智力劳动和对该学科无法扑灭的热情，一百五十多年来，亚述学（Assyriology）经久不衰。尽管最初呈现的只是模糊的影子，但就是这样的大致轮廓，已然勾勒出一段独立、完整的中东古代史——只可惜"亚述学"这一命名有误，因为亚述只是这段叙事中的主角之一。

我发现，这段历史的形态是如此出人意料、卓尔不凡、非比寻常而又令人难以置信。

说它出人意料，是由于它持续时间很长。如果根据对"历史"最普遍的定义，那么它应始于有文字记载之时。如此一来，古代美索不达米亚的历史从诞生、繁荣再到衰亡，足足跨越了人类历史的一半之久。在公元前3000年之前的最后一个世纪，一种由芦苇笔在泥板上书写而成的楔形符号首次出现，楔形文字就是从这些楔形符号演变而来的。这是起点，是历史的发端。公元前539年，波斯帝国的居鲁士大帝攻占了巴比伦，独立的美索不达米亚自此从记载中消失。这是终点，是一段历史的完结。以整数计算，这段历史持续了两千五百年，而从公元前500年到现在，正好也是两千五百年。今天我们回首波斯皇帝的胜利，就如同居鲁士回望那被他征服和继承的古文明的源头。

说它卓尔不凡，是因为它具备延续性。纵贯古今，我们从希腊古典时期出发，历经古罗马帝国、拜占庭帝国、哈里发帝国、文艺复兴和各个欧洲帝国的兴衰浮沉，直至今日；而在相同跨度的进程之中，美索不达米亚一直保持着单一文明，从始至终使用着独一无二的书写体系——楔形文字，也持续发展着其特有的文学、艺术、符号图像、数学和宗教传统。诚然，不同的地区和时代有不同的文化。若是一个生活在公元前3000年的苏美尔人"移居"到公元前7世纪的亚述帝国，他定会经历无尽的困惑和巨大的文化冲击。苏美尔人主要使用两种语言，其中的苏美尔语（Sumerian）很早就不在日常生活中使用了，而另一种语言阿卡德语（Akkadian）先是分化为多种不同的方言，最终被阿拉姆人（Arameans）的语言替代。但即便如此，人们依然将这两种语言用作书面文字，沿用至该文明的尾声。亚述巴尼拔（公元前685～前627年）是亚述帝国最后一位帝王。他最引以为傲的是自己能够阅读"艰深的苏美尔泥板和晦涩的阿卡德语，要想正确使用阿卡德语是很困难的；阅读这些大洪水之前的石刻铭文让朕十分享受"。

说它非比寻常，是出于它拥有的创造性。在两千五百年的历史中，这一以楔形文字为基础的古老文明所发明或发现的事物，几乎涵盖了当代人眼中代表文明生活的方方面面：从新石器时代的村落，到自给自足的农耕社会，再到一个拥有城市、帝国、技术、科学、法律和文学的世界。不仅如此，它还具有一张联结各个国家的网络，即所谓的世界体系。这张网触及全球的大部分地区，体系中的各国相互沟通、贸易、交战。所有 12 这一切辉煌成就都是楔形文字的书写者们造就的。

说它令人难以置信，是鉴于它的非种族性。这个古老文明的开拓者并不是一个民族或一个种族。起初，居住在这片土地上的群体至少有两个——闪米特人和非闪米特人。他们一个来自西部沙漠，另一个则可能来自北部山区。后来在这些种族的基础上，又融入了许多入侵者和征服者的基因。其中古提人（Gutians）、加喜特人（Kassites）、阿摩利人（Amorites）和阿拉姆人几乎都被苏美尔－阿卡德的语言和文化同化，并且在大多数情况下，他们都乐于进一步推广他们所接纳的生活方式；而那些不愿意被同化的种族便成为人们记忆中受到鄙夷的对象。萨达姆·侯赛因崇拜的两位英雄——阿摩利人汉谟拉比和迦勒底人尼布甲尼撒，以及美索不达米亚历史上的众多人物，均来自外来家族，拥有移民血统。

因此，在两河流域诞生、繁荣和衰亡的文明，不是某一个民族的成就，而是各种思想、风格、信仰和行为经过岁月沉淀而产生的独特融合。虽然在不同时代，美索不达米亚的历史经历了不同的主宰者和传播者，但它依旧是一种独立且具有延续性的文化传统。

此外，另一个意想不到的特点也给我带来了强烈冲击。因为这段历史早已结束，我们能够保持足够远的距离来观察它，所以我们能够很自然地注意到，美索不达米亚古文明在发展过程中犹如一个受到自然规律支配的生命有机体。这就好比我们在电视上的自然频道播放的延时影片中看到的场景：一粒种子开始萌芽，接着破土而出长成幼苗，而后植物不断生长、变得茂盛、开花、结籽、繁衍、枯萎，最后死亡——整个过程仅持续半分钟左右。

但是人类建立的社会、帝国以及文明，难道不应该是主观性的偶发产物，本质上取决于有思想的个体做出的不可预知的决定，而非根据某些数学模型就可以推导出的结果吗？事实可能并不是我们所设想的那样。如果有人为美索不达米亚文明的活力、创造力和生产力绘制一张图，不难想象被呈现的将是一条长长的钟形曲线：先从基线处缓缓上升，接着迅速升至最高点，并在相当长的时间内保持生机与活力，尽管其中会有一些波动，而后毫无预兆地快速下滑，直到最终极其缓慢地趋向零基线。这个过程可以被概括为诞生、发展、成熟、式微、衰弱和最终消亡。

13

公元前10000年前后，大陆冰川即将完全消融。自那时起，人类便开始采用具有更强定居取向的生活方式，尽管初期的进展相当缓慢，但群体聚居的村落还是形成了。人们不再只是依赖自然的恩赐，而是开始支配他们赖以生存的植物和动物。人们种植庄稼，饲养牲畜，通过选择性育种改变维持人类生存所需的动植物的基因，培育出可供人类使用的优良品种。

就在这样一个由自给自足的农民和村落组成的相对统一、差异甚微的世界中，在某个地方的某个时间点，文明的概念孕育而生。自那时起，文明的概念就从那个地方以惊人的速度传播开来，踏上了征服世界的旅程。

然而，并非所有的族群都抓住了这一机遇。抗拒者之所以却步，可能是因为人们在现有的乡村生活中，既建立了良好的日常规范，也掌握了必备的生存技能，日子过得十分舒适而富有成效。如同人类在诸多其他领域奋斗时遇到的情况，美索不达米亚平原上的人们也只有直面尴尬现实的挑战，应对周边地区不友善的抵触，以及在动荡之地上解决生存难题，才能使人类社会向前迈进一大步。这些困难好比牡蛎中的沙砾，最终会结成珍珠。

由于年降水量极少，美索不达米亚平原上具有肥力的土地往往会显得贫瘠荒芜，这就需要人们团结起来建造灌溉系统。最早提出"水利文明"这一说法的是德裔美国作家和思想家魏复光（Karl Wittfogel）。他认为水利控制需要通过集体行动来实现，这可以促进组织性机构的形成，其发展的必然结果就是典型的东方专制统治。虽然这一说法在20世纪早期产生了极大影响，但学术界已不再认同此观点，学者们指责魏复光为了塑造一个诱人的理论而忽视历史事实。然而，不可否认的是，中东地区两河流域的环境的确需要人们在灌溉工程上共同协作，以保障居民的生存。这也在某种程度上促进了城市生活的形成。

此后的历史人尽皆知，无须赘述。从神秘朦胧的起源到史料盈积的结局，古代美索不达米亚就像一座文明的实验室，其中的实验往往以失败告终。它试了各类宗教，从早期人格化的自然力量，到宗庙神职制度的全面发展，再到一神教的萌芽；它检验了一系列经济和生产体制，从（美索不达米亚人自创的）国家规划和集中管理，到（他们自成一派的）新自由主义私有制；还有各式各样的政治体制，从原始民主制和协商君主制，到残酷的暴政专制和扩张性的帝国主义。所有这些宗教、制度和政体，几乎都可以在近代历史中找到类似的参照物。有时，整个古代史看起来就像是为下一个文明进行的带妆彩排。公元前6世纪，最后一个美索不达米亚帝国灭亡后，伯里克利时代的希腊雅典便是今天我们的文明的滥觞。

尽管古代的实验者们早已离我们而去，他们的名字大多被忘记，他们的家园被埋葬，他们的财产散落天涯，田地荒芜，庙宇坍塌，他们的城邦被厚土掩埋，世人也只记得他们的帝国之名；但他们的故事仍指引着我们，告诉我们历史的车轮是如何将我们带到今日的。正如马克·吐温所言，历史不会重演，但总是惊人的相似。

第二章　天赋王权：城市变革

公元前 4000 年之前

埃利都

在牛津的圣吉尔斯街（St Giles'）和博蒙特街（Beaumont Street）上，自行车、轿车和货运卡车来来往往。避开这繁忙的现代交通，穿过阿什莫林博物馆（Ashmolean Museum）浮夸的新古典主义外立面，你会在馆中某个展厅的玻璃橱内看到一个黏土烧制的物品。它的横截面呈方形，颜色灰暗，局部残损，一眼看去表面还有鸟爪般的印迹。要想找到这件物品可能不太容易，因为它只有 20 厘米高、9 厘米宽。

虽然看起来毫不起眼，但它的确是一件非常重要的文物。细细观察，它会带你穿越时光，回到文明的起点。1921 年，它的捐赠者在探访美索不达米亚时将它买下，后来这件物品就以捐赠者的名字命名——"韦尔德-布伦德尔立柱"（Weld-Blundell Prism）。1841 年，C. R. 科克雷尔（C. R. Cockerell）仿照巴塞（Bassae）的阿波罗神庙建造了阿什莫林博物馆，因为像他那样的维多利亚时代的建筑师认为那就是文明的根基。然而，这块立柱把我们带回比古希腊人、所罗门王、摩西、先祖亚伯拉罕，乃至诺亚和他所在的大洪水时期更加久远的过去。那时候，人们刚刚萌生对城市的设想。

立柱上鸟爪般的印迹其实是字迹：立柱的四个侧面均有两栏紧凑的文字，记载着"苏美尔王表"（Sumerian King List）的一个早期版本，详细列举了美索不达米亚不同城市所经历的王朝，以及其统治者的在位年限。其中也包含一些令人难以置信的记载，如阿卢利姆（Alulim）在位两万八千八百年，阿拉尔加（Alalgar）在位三万六千年。该表记录了从埃利都（Eridu）到巴德－提比拉（Bad-tibira），再到拉尔萨（Larsa）、西帕尔（Sippar）、苏鲁巴克（Shuruppak）的历代王权，"而后便是大洪水泛滥的时期"。立柱上的这些符号便是楔形文字，约公元前 1800 年，巴比伦的拉尔萨城中有一位不知姓名的书吏将它们印在了这根立柱上。

楔形文字的文本看起来可能有些枯燥乏味，但事实上它们也包含着一些个人化的东西。这些记号让我不禁想象，制作它们的人很可能有家庭，有妻儿（学者们认为大多数书吏是男性）。即便是在一个如此不同的时代、如此不同的社会，他的生活经历也应与我们并无二致，他同样会遇到蛮不讲理的青少年，也会与上司发生争执。如果我们能够像这些古代书吏一样熟悉楔形文字，那么我们肯定能够分辨出每个人的字迹笔锋。遗憾的是，我们中的大多数人对此一窍不通。楔形文字极难阅读，但至少学者们已经琢磨出这根石柱所讲述的内容，它的开头是这样的："王权从天而降，落在了埃利都。"

"苏美尔王表"并非由这位拉尔萨书吏首创。可以断定，其已知的最老版本在很早以前就被编写好了。乌鲁克位于美索不达米亚最南端的苏美尔地区，是世界上首个真正意义上的城

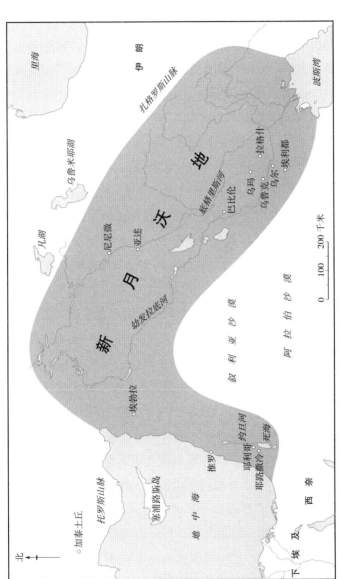

北

里海

伊朗

扎格罗斯山脉

乌鲁米耶湖

凡湖

尼尼微
亚述

新

月

沃

地

底格里斯河

巴比伦

幼发拉底河

乌玛
乌鲁克
乌尔
拉格什
埃利都

埃勃拉

叙利亚沙漠

阿拉伯沙漠

波斯湾

○加泰土丘

托罗斯山脉

塞浦路斯岛

推罗

地中海

耶利哥
耶路撒冷

约旦河
死海

西奈

下埃及

0   100   200 千米

新月沃地

市。乌鲁克国王乌图赫加尔（Utu-hegal）自诩为"天下四方之王"。在稍早于公元前2100年的时候，他宫廷中的一位资深大臣根据口头传统编制了最早的"苏美尔王表"。这想必也是出于政治目的。此前，乌鲁克国王乌图赫加尔曾率军驱赶古提人。这些古提人占领了伊朗山区至东部地区，冥顽不灵且对文明一无所知，使美索不达米亚南部陷入黑暗长达一个世纪之久。事成之后，乌图赫加尔便急于确立埃利都在整个苏美尔地区的地位，使其成为唯一合法的统治城市，同时也让他自己和乌鲁克成为该地区名正言顺的王权继承者。诚然，这是虚构的故事，但其中也不乏真相。因为古代的美索不达米亚人都知道，最南端的埃利都就是文明的起源。埃利都位于南海（即我们所说的波斯湾或阿拉伯湾）沿岸一个现在被称为阿布沙林（Abu Shahrein）的地方，距海边约190千米。

两千年以后，乌图赫加尔时代的文明销声匿迹。埃利都被世人遗忘，古城遗址也杳无踪迹，直到1854年东印度公司代理和英国驻巴士拉（Basra）副领事约翰·泰勒（John Taylor）代表大英博物馆来到此处主持发掘工作。就在这个被他称作迦勒底沼泽的地方，泰勒发现了一批土丘和一座"被高墙围绕的荒废堡垒，墙的一端还有一座城楼或塔楼"，它们就在一个干涸湖泊中央的山丘之上。这个地方实际上隐藏于一个约25千米宽的山谷中，山谷南端的开口朝向幼发拉底河。泰勒写道，大部分地方"覆盖着一层含氮的沉淀物，但偶尔也有几处冲积土层，上面零星点缀着沙漠特有的灌木植物"。泰勒还在附近发现了一条古代运河的痕迹，该运河宽5.5米，流向西北方向。他知道他发现的是一处重要的遗迹，正如后来的一位发掘者所描述的，"沙林地区的一个显著特点就是土丘外围的扇形碎石，它们夹带着无数来自土丘下层的物质，一直延伸到沙漠……每年冬天，这些沙质松散的土丘都会经历大量雨水的冲刷……古往今来的所有痕迹都会被带走"。

作为一名职业外交官，泰勒没有接受过考古专业培训，他虽然也断断续续地在一些考古坑中挖掘过，希望能给老家的博物馆运回一些像样的物件，但总是很遗憾自己未能发现那种所谓的重大文物。而他难得的发现——一尊"漂亮的黑色花岗岩狮雕"，却因无法运输而只好作罢。其实，泰勒曾发掘出几块上有楔形文字的泥砖。就在几年之前，人们刚刚能够解读楔形文字中的某些符号，但这已足以让人们了解到，泰勒发现的是著名的古代圣城埃利都，它是所有美索不达米亚人（包括乌图赫加尔的王表编制者）都知道的文明发祥地。

* * *

阿布沙林（意为"双月之父"，可能人们在那里的古代泥砖上发现了印有象征月神的新月图案）看起来极其不像是曾经见证人类迈出重要一步的圣地。这里天干物燥、尘土飞扬、荒凉一片，黄褐色的土丘凌乱得如同一张有人在上面睡过懒觉的床。在这些土丘的四周，赤裸的大地无边无际，寂寥坦荡的沙漠绵延不绝。一眼望去，四处都了无生机，荒无人烟，没有任何文明的痕迹。就连那曾经孕育了埃利都的河流，如今也远离此地，从视线中消失了。

若想了解这片土地的历史，你就得想象一个特殊的场景。首先让时光倒流，回到约七千年前，直至看见海湾南边的盐堆，看到从（今天的）巴林岛（Bahrain）、卡塔尔（Qatar） 19

和阿曼（Oman）驶来的海轮，还有经过海水冲积而成的大片海岸湿地，那里的游鱼、飞禽、走兽足以供养规模不断壮大的人口。回到现代伊拉克穆萨纳省（al-Muthanna）的荒沙大漠仍是一片水草丰美的大草原的时候，那时部落的牧民赶着羊群，迁徙于波光粼粼的湖泊之间，而今天这些湖泊都已化作沙特阿拉伯著名的大内夫得沙漠（an-Nafud）。接着再回到那条早在七千年前便已车水马龙的通商大道，这条商道从东伊朗高原贯穿到美索不达米亚南部。那时的人们背着沉重的物品，耐心地用脚步丈量着道路；他们成群结队地走着，时刻提防着野兽和劫掠者的袭击。（当时，驮兽还未被驯化，连驴都没有，更不用说骆驼和马了。）下一站是一处6米深的湖泊洼地，洼地中央有一座山丘，看上去就像是从一个陨石坑中升起的水上高地，四周环绕着水流造成的冲积泥层。我们要回到它还是一片巨大的沼泽湖的时候，那时湖水甘甜，湖中满是淡水鱼贝，引得周围的人类和动物纷纷前来。苏美尔人把这座山丘称为"阿卜苏"（Apsu），并且认为这里是"淡水之洋"的涌升之地，而整个大地就漂浮在这个"淡水之洋"上。让我们回到伟大的幼发拉底河还在这片土地附近流淌之时。几千年来它不断地在美索不达米亚平原上变换着蜿蜒的河道，将大量的淤泥沉积在这片每千米落差不到6厘米的平缓坡地。那时，河上可能还有乘舟而至的北方开拓者，他们在建造用于控制河水的堤坝和运河方面有着丰富的经验。

这里十分需要他们的技术，因为幼发拉底河不像温和友善的尼罗河——每年夏季季末，尼罗河如期带来洪水，为冬季的小麦种植备好丰沃的土壤。苏美尔人将幼发拉底河称作"布拉努"（Buranun，一个很有意思的民间用语，未经证实，可能是从苏美尔语中意为"迅猛大洪水"的词演变而来的）。春天，肆虐的洪水恣意地破坏着河流沿岸已经播种的土地。而这些种子就算逃过了被洪水浸泡的命运，之后在烈日暴晒下也可能干萎，因为炙热的太阳会使一半以上的河水在流入大海之前便蒸发殆尽。

因此，最早在此定居的人并没有选择那条最容易的道路。他们在水边修筑芦苇屋，开垦田地以种植小麦和大麦，开辟园地以种植蔬菜和枣椰树，并将他们的牲畜赶到大草原上牧养；而不是定居在年降水量大、适宜农业生产的地带，选择一种轻松的方式生活。在该地区，有一条隐形的分界曲线，曲线外侧的年降水量超过 200 毫米，这条线即地理学家所说的 200 毫米等降水量线，它东起扎格罗斯山脉山脚，穿过北部的托罗斯山脉（Taurus），一直延伸至西部的地中海海岸，围出一个巨大的半圆。受这一形状的启发，美国考古学家詹姆斯·亨利·布雷斯特德（James Henry Breasted）把该地带命名为"新月沃地"。然而在美索不达米亚南部，即曲线的内侧，一年中的大部分时间几乎没有任何降水。因此，当地的新居民只能用河水浇灌农作物，但在此之前他们还需要对土地本身进行改造，如修洪堤、挖沟渠、建蓄水池和开凿运河。

几千年来，世界上其他地方的人一直幸福地过着自给自足的农耕生活，这种生活方式可以很好地满足人们的需求，到我们所处的时代它才开始从本质上有所变化，当然在许多地方，同样的生活方式至今仍存在。然而，美索不达米亚平原的开拓者们并不满足于此。虽然他们拥有充足的适宜传统农业生产的土地，且这里地广人稀，有大量空间可作为新的农业定居点，但来到这里的人显然无意追随先人的脚步，不愿像前人那样调整自己的生活方式去迎合大自然；相反，他们决定让周围的环境去适应他们的生活。

这是人类历史上极具变革性的转折点。这批开拓者就是冲着改变世界而来的。他们坚信，改造和改善自然并成为大自然的主宰，是人类的权利、使命和命运。他们是世上最早秉持这一信念的人，该信念推动了历史的发展与进步；时至今日，它依然是大部分人前行的动力。

从公元前 4000 年以前，到之后的十到十五个世纪，埃利都人及他们的邻邦为几乎所有我们今天所知的与文明有关的事物奠定了基础。这个时期被称为"城市革命"，尽管城市的形成实际上只是其中最微小的一部分。随着城市的发展，中央集权、社会等级制度、劳动分工、有组织的宗教活动、纪念性建筑物、土木工程、写作、文学、雕塑、美术、音乐、教育、数学和法律应运而生；另有一系列广泛的发明和发现，从最基本的带轮载具和帆船，到陶窑、冶金术和合成材料出现。最为重要的是，除此之外，还有大量思想和概念诞生，它们都从根本上影响着我们今天看待世界的方式，例如独立于实际物体而存在的数字或重量概念（数字 10 或 1 公斤）。我们早已忘记它们原本也是通过发现或发明才产生的。这一切都源于美索不达米亚南部。

同国王乌图赫加尔的宫廷大臣一样，在阿什莫林博物馆的立柱上留下文字的书吏也认为这一伟大跨越是因为天降王权才产生的。疯狂任性的现代评论家埃里希·冯·丹尼肯（Erich von Däniken）和撒加利亚·西琴（Zechariah Sitchin）也有类似的想法，他们提出这一切都是拜外太空的外星人所赐。受到所处时代中的偏见影响的另一些人认为，每个种族都有其各自的特点和本领，当不同种族的人聚集到一起时便会产生剧变。

马克思主义传统则毫不意外地强调，这类变革的产生离不开社会因素和经济因素的影响，例如苏联最伟大的亚述学家之一I. M. 狄雅可诺夫（I. M. Diakonoff）就将其著作的副标题命名为"最古老的阶级社会与首个奴隶制文明中心的诞生"。而在当下时兴的环境理论看来，气候变化，即干热气候与湿冷期的交替，才是促使人类不断改变生存方式的原因。当然，还有人认为，文明的产生是始于上一个冰川时代末期的人类智力进化的必然结果。

不过，无论是古人还是现代人，大家都有一点共识，即将人类视为被动的对象、外部影响的接受者、外部力量作用的目标，顺从于外部行动的工具。但其实人类并非如此，我们的举动也不会如此盲目。

事实上，冲突才是历史的永恒旋律，其中包括激进派与保守派之间的矛盾，前瞻者与后顾者之间的碰撞，提倡"革旧鼎新"之人和提倡"发扬传统"之人之间的摩擦，以及"追求不断进步"者和"不愿没事找事"者之间的抵触。没有冲突，就没有文化的巨变。

这种情况至少已经发生过一次。

新石器革命让我们祖先的聚居方式从以狩猎和采集为生的小型血缘族群，向开展自给农业的固定集体村落转变，这是人类历史上对技能、文化和语言的一次前所未有的大规模打击。经上万年积淀下来的知识和苦心建立的传统，就这样被抛之身后。近期，有关人类这一重要历史时期的研究也验证了这一点：所有以狩猎和采集为生的族群都不可能轻易放弃已有的知识，在进入定居农耕社会之前，他们必然要经历激烈的思想斗争。

22

　　狩猎和采集是一种相对轻松的生活方式。乍看之下，新的生存方式似乎要比人类先前长久以来一直适应良好的模式更加艰苦和低效。

　　对于《创世记》的作者而言，新石器革命意味着人类的堕落："地必为你的缘故受咒诅。你必终身劳苦，才能从地里得吃的。地必给你长出荆棘和蒺藜来，你也要吃田间的菜蔬。你必汗流满面才得糊口。"科普作家科林·塔奇（Colin Tudge）近期发表了类似的言论："新石器时期的农耕作业显然十分艰苦。第一批从事农耕的民族不如之前的狩猎和采集的民族那般强健，同时还承受着营养不良、创伤和传染性疾病的痛苦，这些是他们的先辈所不曾经历的。"从这一角度看，农耕业成为人类生存基础的这种重大改变，应该是受到了一种强大且传播广泛的新型意识形态的推动。在那个时候，这种新的意识形态的表现形式必然是一种全新的宗教，正如著名史前史学家雅克·考文（Jacques Cauvin）在其著作《诸神的诞生与农业的起源》（*The Birth of the Gods and the Origins of Agriculture*）中所说，这种新宗教宣扬的是一种"救世主式的自信"。

　　在这之后的价值观和理想上的巨大转变，便是最终导致农耕村落走向现代城市文明的转变了。虽然城市革命造成的破坏不像从狩猎和采集过渡到农耕社会时那般严重，但是选择这条路的人还是得做出巨大牺牲，因为他们不得不放弃他们的自治、自由和自力更生的独立身份。在这份牺牲背后，一定有某种强有力的信仰，来说服人们追随这样一个既不可预见又遥不可及的梦想，它要让男男女女们相信，为了此做出牺牲是值得的——城市有可能带来更加美好的未来，这个未来也必能为历史翻开新的一页。总而言之，这是一次意识形态的选择。

埃利都的沙土早已将这种新型意识形态的源头掩埋，我们只能在这里探寻古代城市从无到有的过程。

进步之神

随着第二次世界大战进入尾声，英国也准备终止对伊拉克的控制。对于该地区来说这意义重大。在历经阿契美尼德王朝、希腊人、罗马人、哈里发帝国、伊朗萨法维王朝、奥斯曼人和英国人的统治之后，美索不达米亚终于获得了真正的自由和独立。如果从公元前 539 年波斯居鲁士大帝攻占巴比伦算起，这条独立自由之路一共走了约两千五百个年头。

四千多年前，乌鲁克国王乌图赫加尔在驱赶古提人之后，为了巩固苏美尔的独立及自己的统治合法性，下令编制了"苏美尔王表"并以天降王权的埃利都作为王表的开篇。在 20 世纪，伊拉克文物局为迎接伊拉克的独立，下令对阿布沙林进行科考挖掘，以此来展示"伊拉克历史的伟大延续性"。

于是，考古学家们开始对约翰·泰勒口中的巨型"荒废堡垒"进行挖掘，他们已经能够断定这处遗址的建造年代是公元前 21 世纪。然而，随着挖掘的深入，他们在遗址的一个角落底部发现了一个年代更早的小型建筑，可再往前追溯近两千年。而后在这座小型建筑之下，他们又发现了堆叠了 16 层的居住区遗迹，可追溯至公元前第五千纪之初。考古学家们最后挖到的是"一堆纯沙"，上面原本屹立着"一座简陋的神庙"。该神庙由日晒砖建造而成，面积略大于 10 平方英尺，入口处的对面还有一座祭祀台和一个嵌入式壁龛，那里或许曾供奉了一座雕像。

这些堆叠的土层让考古学家们无比欣喜，因为现在他们可以沿着时间的脉络细细追溯长达几千年的历史。它们同时也向我们揭示了有关遗迹建造者的重要信息。用于建造神庙的日晒砖需要经常性的养护，否则它们就会分解还原成灰土。所以，苏美尔大部分的古代城市之所以化为土丘，不是因为它们遭到破坏，而是由于年久失修。然而，古代埃利都的建筑师从不满足于建筑的修复或翻新。他们会虔诚地保留旧建筑的残迹，并在其上方重新建造更加宏大、精美的建筑。从那座仅 4.5 米长、3.5 米宽的简陋"神庙"出发，一千年之后，他们建造了一座雄伟的神庙，其最里层的空间（即内殿）的长就有 15米。不同于同时代的其他人，这些建筑师从来不受传统的束缚，也从不满足于已有的成就，他们追求的是不断进步。在近一千年的时间里，他们对这些建筑进行了十一次拆除和重建，平均约九十年一次。由此可见，他们迫不及待地破旧立新，在程度上几乎可以与现代美国人相媲美。

对于一个相信或者说发明了进步这种意识形态的社会而言，埃利都神庙是最好的见证。在这一意识形态下，人们认为他们有可能且有意愿不断地改进过往的事物，未来能够而且应该变得比过去更好（和更大）。在神庙中受到赞美和敬拜的神力，就像是一位文明之神，成为这种进步思想的代表、化身和拟人化象征。

* * *

那么，在如今这片荒凉的土地上，人们最初是如何想象出这样一位奠定了现代文明基础的进步之神的呢？可以肯定的是，在人类发明书写之前，进步之神就已存在，因为书写本身便是进步思想的后期产物。就这一问题，我们所能借鉴的只有考古学家挖掘出来的那些无声的证物。

但他们发现的证物实在少得可怜。这些文物中包含一些陶器，它们都优雅、薄壁、装饰精美，但有的破损，有的完好。这一时期的美索不达米亚遗址中大都出土过这类陶器。日常使用的器皿不会如此脆弱而昂贵，据推测它们应该是上层人士的器物。此外，考古学家还发现了一些琐碎之物，如珠子、小饰品、护身符和陶俑。但不断出现在他们眼前的多数还是大量的鱼骨和灰烬，不论是在地板之下、墙壁之后、祭坛之上，还是在他们自己的房间中。对鱼骨的检验结果表明，鱼骨是鱼肉被食用后留下的。这说明在当地举行的宗教仪式中，"圣鱼餐" 25似乎发挥着某种重要作用。

也许，最早的崇拜者是从遥远之地来到埃利都的潟湖阿卜苏周围的。这些远道而来的人一定受到了某种召唤，那可能是某种精神力量，某种超自然的影响，希腊人称之为努秘（numen），意为神灵的应允。埃及古物学者安东尼·多诺霍（Anthony Donohue）表示，古埃及重要宗教中心的所在地，大多拥有某种被古埃及人认为能跟诸神的形象联系起来的自然景观。可在埃利都，有的只是沙、泥和盐，连一块岩石都找不到。或许这里出现过某种现象，可能是一场夹杂着巨型闪电的大风暴，划破幼发拉底河河谷的整个上空，抑或是一颗陨星撞击地表，带来雷鸣嘶吼。深厚的地壳就这样被冲破，奇迹般地释放出不含盐分的地下水。这种撞击说是一群南非学者的推测。否则，难道是上苍为了消除无情烈日下的盐沼，降下神迹，而让凉爽甘甜的淡水喷涌而出吗？我们可以想象，最初的造访者或许偶然来到此地，恰好碰上湖水高涨的短暂时节，这片沼泽当时变成了一个相对较大的湖泊，同类变化现在仍时有发生。这些造访者来自不同的社会群体，除了结伴出访，他们在一年的其他时间里彼此疏离，有着不同的文化，甚至说不同的语言，自然也过着不同的生活。直到今天，像西非马里这样的国家仍保留着这种传统的生存方式。对此有所了解的人都知道，从一个遥远村落传出的面具舞的鼓声，会在短时间内将周边地区的上千人吸引到尼日尔河畔：农民说班巴拉语（Bambara），渔民说博若语（Bozo），牧民说富拉尼语（Fulani），商人说桑海语（Songhay）。

不难猜到，这些来到圣地阿卜苏的人会聚集到一起举行仪式并尽情享用这片湖沼的丰厚馈赠；考古学家也在该遗址最古老的考古层中发现了大量淡水蚌的贝壳。对于我们的祖先来说，食物在仪式中总是承载着重大意义（对于今天的宗教人士而言依旧如此）。在埃利都，圣餐尽管并不十分庄重，但仍是一个严肃的仪式。于是，在这种于海滨神圣湖沼之畔每年或每月举行一次的活动中，一种全新的群体认同逐渐衍生出来——"那些来到阿卜苏的人"。与定居在美索不达米亚最南端的先辈们一脉相承，这些人的存在与生存方式反映了他们坚定的决心，他们要改变这片大地的风貌，要获得与众不同而又更加美好的未来。他们在水边举行的宗教仪式会永远将阿卜苏的神灵与他们的这种信仰联系在一起。

又过了不知多久，或许在几百年后的某一天，人们决定为赋予他们进取精神的水灵建造永久的神龛，于是就有了那座小型神庙。然而，这座神庙能够在此地留存至今，着实令人惊讶。同当时美索不达米亚南部的人以及现在当地的"沼泽阿拉伯人"（Marsh Arabs）① 一样，"那些来到阿卜苏的人"也住在用芦苇编织和捆扎而成的苇草屋中，但他们的纪念建筑是用砖石建造而成的。这一决定象征着一个全新历史时期的到来。

英国著名的考古学家科林·伦福儒（Colin Renfrew）指出，文化不一定只反映社会现实，也可能体现现实形成的过程。伦福儒在其著作《史前时代：人类思维的形成》（*Prehistory, the Making of the Human Mind*）中，探讨了人们首次将永久性纪念建筑视为一项工程的举动意味着什么：

> 为了落实该工程，这块领土上为数不多的居民必须投入大量时间。他们也需要求助于相邻领土的居民，而在美食款待和当地庆典的驱使之下，其他人也一定会伸出援手。可以想见，当该纪念建筑竣工后，它就可能成为日后年度庆典和宴会的举办地。因此，该建筑除了是埋葬逝者之地，更是当地的社交中心。

于是，在这些活动的影响下，这座纪念建筑成了不久之后出现的生活社区的中心。

此外，该地区长期肆虐的风沙总是将人们熟悉的一切事物掩埋；河道不断改换的河流和灾难性的洪水时常毁灭人类尝试在大地上留下的各种印迹。因此，这样一座永久性纪念建筑的

---

① 沼泽阿拉伯人指生活在伊拉克东南部幼发拉底河和底格里斯河交汇处沼泽地带的人。

意义就显得尤为重大。在经历变化无常的生活之后突然迎来这样的建筑时，人们会获得一种延续感，甚至是一种历史感和时间感。人们可以凝望这座建筑，想着"我的祖先曾帮忙建造了这座建筑"，并且感受到血脉的联系与传承。而在此之前，这一切总是随着时间逝去。在反复扩建的同时，老建筑的残骸也被仔细地埋存在新建筑下方或内部，作为崇尚进步与发展之信念的象征。成就了这座人们在远处便能一眼望见的建筑的，正是这一信念。

这种信念也在埃利都的近邻间传播。苏美尔大地上首次出现的纪念建筑，将给其他族群以启发，成为他们效仿的对象。岁月流转，新的崇拜者群体会在周边地区形成，继而是其他神灵的庙宇，它们将如同种子一般被撒遍从底格里斯河河谷和幼发拉底河河谷一直到南方的大海边的整片区域。

我们还依稀记得，苏美尔人及其后代在后来的神话中编织了有关他们的起源和神明的故事，故事中不乏对这个早期时代的记忆。尽管这些故事极富虚构、浪漫和政治色彩，但只要美索不达米亚文明一直延续，人们就会永远铭记一点：每一座城市都是某位神明在人间建造的家园。这些城市的名字中包括一个表示"神明"的符号，一个表示神之名的符号，以及一个表示"居所"的符号：尼普尔（Nippur）的写法是"神明恩利尔之所"（GOD. ENLIL. PLACE），乌鲁克则是"神明伊南娜之所"（GOD. INANNA. PLACE）。（苏美尔楔形文字的符号或语素通常用大写罗马字母表示。）

从此以后，埃利都所纪念的神明便作为文明的艺术灵感启迪者而为人们所铭记，且凭借着一种出人意料的方式，他时至今日仍被铭记着。

与地形有关的名称，也就是我们对河流、山川和峡谷等自然景观的称呼，是人类保存时间最长、最古老的文物。在英格兰，亨伯河（Humbe）和乌兹河（Ouse）是以一种未知的语言命名的，它们的名字从新石器时代被一直沿用至今；在法国，巴黎这个地名起源于铁器时代的凯尔特部落巴黎西（Parisii）。

除了地名，天文学名称亦是如此，且后者鲜有变更。我们现在所知的星象和星座的名称，基本上是从希腊人那里流传下来的；其中一些星座，如狮子座和金牛座，则继承了巴比伦人的叫法。当然，还有更为古老的事物，那便是经过古人口口相传，仍在发出遥远、微弱却又持久的回响的故事，即人们在埃利都这个地方为之建造庙宇的神的故事。

如果你生活在北半球，并在 9 月的某个无云之夜，于九十点钟来到户外，手执星图，举目望向天际之南，你就会看到一组呈三角形排列的微亮星群。它们组成的就是摩羯座。尽管轮廓不是很明显，但只要稍加想象，你便能看到上为山羊头、下为鱼身的摩羯座。据说该星座是最早被人们注意到的星座，这也许是因为在古时候，太阳在一年中白昼最短的冬至时节正好处在摩羯座；抑或是因为从一开始，人们便将由群星勾勒出的星座形状视为埃利都进步之神的化身。

古代美索不达米亚历史的神奇之处在于，它有助于我们探索塑造了我们当下世界的各种事物的起源，宗教神话便是其中之一。当然，这并不是说宗教最初发源于这片位于海湾顶部的冲积平原。宗教的发端显然与人类的起源一样久远，甚至可以追溯至人类祖先开始为去世的同伴举行葬礼的远古时代。然而，在这片新土地上，拥有全新生活方式的定居者几乎摈弃过去，开始创立新的宗教。正因为如此，我们至少还能了解到一些有关神明诞生的故事是如何形成的，还能看到美索不达米亚的众神是如何在人类的想象中变为自然之力的人形化身的。

T. S. 艾略特在诗中写道："我不太了解神明；但我以为这条河/准是个威武的棕色大神——阴沉、粗野而又倔强。"[1] 神明宁吉尔苏（Ningirsu）亦被称为"吉尔苏之神"，是拉格什城邦主要城市吉尔苏（Girsu）的保护神，也被视为战争和毁灭之神。20 世纪最杰出的苏美尔学家之一陶克尔德·雅克布森（Thorkild Jacobsen）就以该神为例说：

> 人们必须意识到，宁吉尔苏是底格里斯河洪水的人格化身。每年，伊朗高山上的冬雪开始融化后，雪水便会顺着山间无数的溪流流入水量暴涨的底格里斯河。在神学层面，这被认为是远处大山之神库尔加勒（Kur-gal）夺去山之神母宁胡尔萨格（Nin-hursag）贞操的情景，那洪水便是他的精液。因此，库尔加勒［又名恩利尔（Enlil)］就是宁吉尔苏的父亲，而山之神母宁胡尔萨格就是他的母亲。从山间流过、夹带着泥土的棕红色洪流，则被视为宁呼尔萨格的贞操被夺走时的落红。

> 战神宁吉尔苏化身而成的洪水着实令人惊叹。我曾在巴格达目睹底格里斯河淹没开阔的山谷的情形，上涨的河水有四层楼之高。这样的景观让人毕生难忘。

---

[1] 诗句来自 T. S. 艾略特的《干燥的萨尔维吉斯》（"The Dry Salvages"），译者为裘小龙。

再来看看被称为祖（Zu）、安祖（Anzu）或伊姆杜吉德（Imdugud）的神鸟。强烈的阳光常年直射在苏美尔的平原之上，但这里偶尔也会有突如其来的风暴降临。南部天际首先出现如墨一般乌黑的云团，接着黑云迅速蔓延开来，遮天蔽日，而后电闪雷鸣，大雨滂沱。但顷刻间，黑压压的云团就又在另一个方向消散了。不难理解，苏美尔人为何会将此风暴云想象成一只拥有狮头和鹰翅的巨型恐怖雷鸟。

这些形象并不仅仅是一种拟人化的象征。将自然现象细腻地解读为神祇的活动，这种做法展现出苏美尔人强大的想象力和对最高秩序的诗意联想，同时还强调了一种概念，即宗教是全人类集体创造的最伟大的艺术品。诚然，随着时间的推移，所有的象征均褪下鲜亮的外衣，众神鲜活的形象也都化作象征性图案。埃利都所赞颂的神明象征着丰美水域中蕴含的建构力、创造力和想象力。正如陶克尔德·雅各布森所述："这个水中的尚未成型的超自然意志，化身为一只巨型的山羊（ibex），它浮出水面的羊角就是人们看到的芦苇。"就这样，摩羯凭着羊角浮于水上、鱼身隐于水下（我觉得这也折射了其创造者的渔民和牧民身份）的形象，被人铭记，流传后世。同样被人们记住的还有作为其诞生地的圣湖——阿卜苏。在美索不达米亚地区后来的每座神庙中，都能见到一个盛满淡水的水盆；这样的水盆，以及如今伊斯兰教清真寺中用于"渥都"（Wudu）或小净的水池，乃至基督教堂中进行洗礼的圣池，可能都源于阿卜苏。

再后来，埃利都神灵的形象被印刻在图章之上，他身着荷叶边羊毛长袍，头顶羊角圣冠，肩旁流动着两道充满游鱼的水流，它们可能是幼发拉底河和底格里斯河的象征。直到神庙创 30

建约两千年之后，苏美尔的书吏才记录下这些神话，这位神灵的名字才得以揭晓。根据这些记载，在埃利都诞生的这位神灵被称作恩基（Enki），亦作"大地之主""埃利都之王""阿卜苏之王"。之后在《创世记》4：17～18 中，他被记为该隐（Cain）之子："以诺［恩基］生以拿［埃利都］。"

美索不达米亚人认为恩基是为人类带来文明的神灵。是他赋予了统治者智慧和知识；是他"开启了了解世界的大门"；是他教会人类如何修筑运河和设计神庙，"如何将桩基打在准确的位置"；是他"为粼粼的江河带去丰盛的物产"；他不是宇宙的统治者，却是辅佐众神的贤士和兄长；他是"万众之主"；他是努迪穆德（Nudimmud），即精于设计的"塑造者"，是工匠和手艺人的庇护神。此外，他还让人类开始说不同的语言——这不仅是对其信众最初使用多种语言的解释，也是"巴别塔"① 故事的前身。

> 恩基，丰盛之主，值得信赖，
>
> 智慧之主，天下之事无所不知，
>
> 埃利都之主，
>
> 引领众神，睿智慧聪，
>
> 改众人言语，［使］交流不通，
>
> 此前众人，言语相同。

最重要的是，恩基还掌管着"密"（Me）。这个词应当念作

---

① "巴别塔"故事记载于《圣经》中《创世记》11：1～9，讲述了人类使用不同语言的原因。

"Meh"，是苏美尔语中无法翻译的一个词语。伟大的亚述学家萨缪尔·诺亚·克雷默（Samuel Noah Kramer）将其解释为"文明生活……中权力与职责、规范与标准、规则与条例的全面且不可改变的根本集合"。（其他人可能会更精练地将其定义为文明的基本原则。它反映了古代美索不达米亚人已清楚地意识到，文明不同于其他生活方式，而是具有某种优越性，因此他们使用了一种全新的认知概念对其进行描述，然而以我们现在的思维方式已无法对这一概念进行对等的解读。）此后，巴比伦神话的作者们又对"密"所包含的内容进行了扩展，其中涉及的统治与管理元素包括高层祭司、神学、贵族和世袭、君主王权和至高权杖、法杖、神圣的量杆和圈绳与至高宝座；涉及的战争元素包括武器、英雄主义、城市的毁灭和胜利与和平。"密"也包含人的能力和品质，如智慧、判断、决策、权力和敌意，还描述了强烈的情感，如恐惧、争执、疲倦和内心的不安。此外，"密"还包含书吏、乐师、金属工匠、铁匠、皮革匠、建筑工和编篮工的技艺，以及不同的神职人员、各类宦官的技艺。

美索不达米亚人从未忘记埃利都之神在创造文明的过程中发挥的作用，尽管有关这位神灵的故事随着时间的推移而不断变化。在第一座神庙于阿卜苏旁建造起来的约四千年后，近东地区处于雅典人的统治之下，当时一位名叫贝罗索斯（Berosos）的巴比伦祭司记下了自己国家的历史。根据他的记述，一个生物从水中出现，该生物是神灵及其信众的中间人，向人们传授文明："他教人们建设城市、修建神庙、编制法律，向人们解释几何学原理。他教会人们区分大地上的种子，向他们展示如何采集果子。总之，他向人们教授的所有内容都

31

是为了让他们更加通情达理，过上更加富有人性的生活。从那以后，人们就完全遵照他的教导生活。"

城市与性

美索不达米亚南部的早期定居者尽管在他们的新家园发现了新的神明，但并没有完全抛弃之前的宗教传统。在变化无常的布拉努河的另一侧，也就是太阳升起的那一侧，距离埃利都65千米处，也有一群定居者在另一座神庙周围繁衍生息。这里最早被称为乌努克（Unug），后来成为苏美尔大地上的乌鲁克，再往后它又成了希纳尔（Shinar）大地上希伯来人口中的以力（Erech）。他们在乌努克的神龛中敬奉的是一位起源于古老的石器时代的"大女神"，她象征着女性的三重神圣身份：处女、母亲和妓女。

作为母亲，她是哺乳的奶牛。有一首赞美诗唱道："月神变为壮硕的公牛，为美丽的母牛送去疗愈的膏油。"她神圣的牛奶是王室的滋养品。亚述的文字记载中曾有这样的赞美："当我将你送到尼尼微女王（即大女神）那里时，亚述巴尼拔啊，你是多么的幼小；当你坐在她的膝上，她将四个乳头送入你口中时，你是多么的虚弱。"她是牧场的保护神，守护着神圣的畜群。今天，我们仍可在大英博物馆中陈列的雕刻图章和早期神庙的壁雕上看到这样的景象。神圣的牛舍大门和牛栏出入口就是她的象征。牛舍的入口由两束芦苇搭建而成，顶部有一些圈结，用来固定一根竹竿，竹竿上曾悬挂着一扇用芦苇席做成的门。这两束芦苇也就此成为女神的象征，日后出现在苏美尔的楔形文字中。很久很久以后，人们用意为"牛舍"的

Bucolium 一词纪念这个神圣的畜栏。据亚里士多德称，就是在这个牛舍之中，每年都会举行雅典统治者之妻与酒神狄俄尼索斯的象征性婚礼。在后来的某一天，基督教的圣母在一个遥远的地方诞下了她的救世主婴孩，而这个地方也是直接从神母的牛舍演变而来的。

在乌努克，人们以伊南娜（Inanna）之名纪念这位伟大的女神，但她在该地最为突出的身份是妓女。在进入现代社会之前，各个城市的死亡率总是居高不下。人们在恶劣的卫生条件下密集聚居，高墙窄巷中的人群挤在各种家禽和牲畜间，大量流行病在其中传播，人们的寿命都不长久。尽管我们没有关于古代苏美尔的记录，但从罗马统治时期埃及俄克喜林库斯（Oxyrhynchos）地区的记录看来，在这个与乌鲁克规模大致相同的城市中，"1/3 的婴儿在 1 岁前死去，半数儿童在年满 5 岁前死亡，不到 1/10 的人口年龄超过 55 岁……有 1/3 的儿童在进入青春期之前便失去了父亲，超过半数人在 25 岁前失去了父亲，年满 10 岁的儿童平均只有一半的概率有在世的祖父母相伴"。在美索不达米亚南部，沼泽、运河和沟渠中缓慢流动或几乎停滞的水，使得蚊媒疾病和疟疾广泛传播。

历史学家并未将传染病作为影响古代历史发展的一项决定性因素。据考古学家称，苏美尔地区的城市时常会被遗弃数年或数十年，甚至偶尔长达几个世纪，而后才又重新发展。除了战争因素，这种情况通常被归因于当地环境的改变：河流改道、地下水位上涨或下降、沙漠侵蚀，以及总体的气候变化。但我们是否也应当考虑另一种可能性，即疾病和瘟疫夺走了大量居民的生命，从而导致城市生活无法继续，因为每一位城市居民对这台城市机器的正常运转来说都是不可或缺的齿轮。

33

不论这种可能性是否存在，当时如此高的死亡率必然给男性和女性都带来了巨大的生育压力。力比多（Libido），即性冲动，对于人口的维系无比重要。控制着交配冲动的伊南娜，也就是文明社会中的所谓的爱神，其神力直接关乎生死存亡。要么生孩子，要么消亡。一旦伊南娜离开了这个世界，灾难就会降临：

> 公牛不再与母牛交配，公驴也不再使母驴受精，
> 年轻男子不再让街上的女孩怀孕；
> 年轻男子睡在自己的房中；
> 女孩也跟她的朋友们睡在一起。

伊南娜的魅力令人无法抗拒。她在梳妆打扮后"来到牧羊人的羊圈……她的生殖器无与伦比。她赞美自己，为自己的生殖器感到无比欢喜"。包括神明在内，所有人都无法抗拒她的魅力。苏美尔的神话创作者写下了关于伊南娜与恩基的故事，对这些创作者而言，性魅力是恩基的进步思想以及文明本身的重要基石。

苏美尔神话，或者至少那些用楔形文字记载的神话，与大部分其他的古代故事相比有很大差异，特别是《圣经》中的故事。这些神话通俗接地气，且引人入胜；其复杂的故事情节以及第一人称的叙述视角，很容易让人联想到现代的肥皂剧，与古代希伯来诗人的高深见解大不相同。伊南娜和恩基的故事也不例外。

在神话中，伊南娜决定离开她在乌努克的住所。"我应当让我的脚步走向恩基，"她自语道，"走向阿卜苏，走向

埃利都，我要在阿卜苏和埃利都哄骗他。"由于该文本缺失了开头的几行，我们无法知晓她最初的目的是什么，但很快我们就可以看到她想要从恩基那里得到一些东西。她说："我要向神灵恩基诉说我的请求。"反观恩基"这位知识渊博的神明，他对天地间的各种神力了如指掌，在自己的住所内便可知晓诸神的所思所想……早在神圣的伊南娜距他6英里之遥时，他便知道了她的所有企图"。他叫来他的侍从，谨慎地指示道："来人哪，听我说……当女神伊南娜进入阿卜苏和埃利都时……向她敬奉黄油蛋糕，让她饮用清凉的水。在狮子门前为她倒上啤酒，让她感到仿佛到了朋友家，让她受到同僚式的欢迎。你要在圣桌上欢迎女神伊南娜。"这名侍从按照恩基的吩咐安排好一切。不久之后，恩基就与伊南娜一起在阿卜苏对饮啤酒，享受枣酒的甘醇之味。"铜杯斟满美酒"后，两人便开始比拼酒量。

故事的下一节也是缺失的，但从随后的情节中我们可以清楚地看到，在他们渐渐喝醉之后，伊南娜果不其然地施展了她的性感魅力，并成功地从恩基那里骗走一百种"密"，也就是翻译该史诗的第一人克雷默所描述的"作为建立苏美尔文明的文化之基的圣令"。当恩基最终从宿醉中醒来，环顾四周时，他发现伊南娜早已离去。他叫来大臣伊斯穆德（Isimud）。

　　"伊斯穆德，我的大臣，我美丽的天神之名！"
　　"恩基，我的主人，随时为您效劳！您有何吩咐？"
　　"因为她说她还不会离开这里……我还能追上她吗？"
　　但此时女神伊南娜已带走神力并登上天船，天船也已驶离。随着醉意散去……恩基把注意力转向了埃利都。

35　他环顾四周，惊愕地发现他的"密"不见了。这些"密"似乎是实体的物件，可能类似于刻了字的泥板。

　　　"高阶祭司、拉格祭司、神威、巨冠、王座都到哪里去了？"
　　　"我的主人已经把它们交给了他的女儿。"
　　　"至高权杖、法杖和曲柄权杖，至高华服、牧养之道和君主王权都到哪里去了？"
　　　"我的主人已经把它们交给了他的女儿。"

恩基按照清单一一核对"密"的所有物件，惊恐地发现他已将它们全数送出。因此，他命令他的大臣以及若干头骇人的怪兽前去追赶天船上的伊南娜，并劝说她归还"密"："即刻启程！恩库姆（enkum）怪兽要拦下她的天船！"

然后我们跳到了追逐的一幕。

　　　大臣伊斯穆德对女神伊南娜说："我的女神！您的父神派我前来……恩基所言甚为严肃。他的重要指令不得违抗。"
　　　女神伊南娜回答道："我的父神对你说了什么，他说了什么？为什么他的重要指令不得违抗？"
　　　"我的主人恩基对我说，'伊南娜可能会前往乌努克，但你要把她的天船带回来。'"
　　　女神伊南娜对大臣伊斯穆德说：
　　　"我的父神怎能改变他曾对我说的话？他怎能改变他对我的承诺？他怎能收回他对我说的重要指令？我的父神跟我说的话难道是谎言吗？他对我说谎了吗？难道他以他

的权力和阿卜苏之名立下的誓言是假的吗？难道他如此奸诈地派你来传信吗？"

　　伊南娜话音未落，伊斯穆德便指使恩库姆怪兽扣下天船。

但是伊南娜仍然逃脱了。恩基又六次派遣伊斯穆德和怪兽追击天船拦截伊南娜，其中包括"埃利都五十巨人"和"所有的大鱼兽"，但每一次"伊南娜都守住了她获得的神力和天船"。 36

　　当天船靠近乌鲁克时，

　　　　女神伊南娜的大臣宁舒布尔（Ninshubur）告诉她：
　　　　"我的女神，今天您将天船带到欢乐门，带到乌努克。现在全城一派欢腾。"
　　　　女神伊南娜回答道：
　　　　"今天我将天船带到欢乐门，带到乌努克。它将庄严地驶过街道。站在街道上的人应该充满敬意……国王应当祭杀牛羊。他应当从碗中倒出啤酒……外邦也应当称颂我的圣名。我的人民应当对我敬拜赞美。"

遗憾的是，泥板边缘，尤其是其顶部和底部，总是最易破碎剥落。正当我们还在猜想这两位强大神灵之间的争端会迎来怎样的结局时，故事的文本却已碎落一地，无法完全还原。但我们知道恩基和另一位神明设法进行和解。而伊南娜则宣布了庆祝活动的举行，还给一些地方起了相应的名字，以示纪念："她将天船停靠的码头命名为'白色码头'。"但是，除非人们能够发现该神话的另一份更加完整的文本，或至少是与目前缺失的部分相关的文本，否则它的结局将成为永恒的不解之谜。

* * *

那么从这个故事中，我们能了解些什么呢？乍看之下，它似乎只是简单地叙述了乌鲁克如何在女神伊南娜的永恒荣耀下，从埃利都那里学会了什么是文明。但同时，这个故事又给我们留下了许多未解的谜团，例如恩基为何如此不愿将"密"拱手让人。

我们还应当记住，我们所看到的这个神话并非上天启示的神圣经文，而是人类创作的文学作品。但不可否认的是，这些创作者必然是出于某种目的才写下这些文字的，极有可能是为了赞美这位伟大的女神，以显示她超凡的机智。鉴于此故事中出现了大篇幅的文字重复，就像歌曲的副歌部分一般，所以这些文字也可能是人们在她的神庙中，用来伴着乐器的弹奏吟唱的歌词。

37   然而，这也可能是为了强调文明的实现必然要依靠一定程度上的自由解放，并以此来解释或证明城市生活中性放纵的合理性。纵观历史，这种性放纵的思想总为乡村居民所批判，其中自然也包括古代的乡村居民，当时的城市中不乏交际花和妓女，同性恋者和异装癖者，以及"热衷社交的年轻男子和为了获得伊什塔尔（Ishtar，女神伊南娜后来的另一个名字）的民众的膜拜而男扮女装的人"。著名的《吉尔伽美什》（Epic of Gilgamesh）是古代世界最伟大的文学作品之一，史诗中记载了一个厚颜无耻的娼妓引诱野蛮人恩奇都（Enkidu）

的故事。恩奇都"出生于大山，习惯同瞪羚一起吃草，同牛一道饮水"。娼妓引诱他是为了让他脱离原先的生活，使其开化，教他进步的方式。恩奇都尽管后悔受到诱惑，但仍然学到了很多。古代美索不达米亚人认为（或许我们仍然是这么认为的），性与城市生活相辅相成；性压抑和道德保守的乡下人只会扼杀创造、想象和进步的欲望，而这些欲望恰恰能够改善人类的境况。

　　每一个美索不达米亚人都知道，文明诞生于埃利都，但埃利都的神灵恩基把神力隐藏在阿卜苏，仅供神明使用，人类无法获得。后来，性之女王——女神伊南娜将这些神力释放，让她的人民获得了进步与发展的意识，也使得位于大洪流东侧的乌鲁克成为世界上第一座真正的城市。

第三章　吉尔伽美什之城：神庙法则
约公元前 4000 至前 3000 年

乌鲁克

瞧那外壁吧，铜一般光亮；①

瞧那内壁吧，任啥也比它不上。

察一察那基石，验一验那些砖；

登上乌鲁克城墙步行向前；

看一看它是如何建成；

在城墙上看到种植的和荒闲的田地，

池塘和果园。

一里格②是都城，

一里格是果园；

一里格是四郊和伊西塔的神庙区域。

三里格和伊西塔的神庙区域

把乌鲁克围在了里边！

---

① 选自《吉尔伽美什》第一块泥板，译文参考了赵乐甡 1980 年的翻译文
本，本书译者稍有修改。

② 里格是长度单位，1 里格约等于 4.8 千米。

　　吉尔伽美什是乌鲁克的传奇统治者，也是出了名的嗜酒之人、好色之徒，同时他还是抗击怪兽的勇士。他是古代美索不达米亚平原上的亚述国的国王，为追求永生而启程寻找圣杯。他的形象很可能以一个历史人物为基础：考古发掘者已经发现相关铭文，可证明基什城的恩美巴拉格西（Enmebaragesi）等之前被视为纯粹神话人物的君王，在历史上的确存在过。根据《吉尔伽美什》的记载，在吉尔伽美什去世时，城中的居民先改变了幼发拉底河的河道，将他埋葬在河床之下，而后又恢复河道，让河水重新流过他的下葬地。同样夸张的故事也发生在其他许多人身上，比如先知但以理、匈奴王阿提拉（Attila）、哥特王阿拉里克（Alaric）和成吉思汗。2003年，德国的一队考古学家曾在该地进行了一次地磁测量，测量报告称："我们在幼发拉底河原河道的中部探测到了一处建筑遗迹，它有可能是一座陵墓。"

39

　　我之所以以吉尔伽美什开篇，是因为它可能是现在唯一一个仍为人们所熟知的苏美尔人物，这要归功于1853年从尼尼微亚述王亚述巴尼拔的图书馆废墟中出土的泥板，因为从这块泥板上，人们重新了解了吉尔伽美什的故事。但这些文字也只是后期复制版本，最早的文本是由一个名叫辛－莱克－乌尼尼（Sin-Leqi-Unninni）的书吏在公元前1200年前后，根据另一份距当时八百多年的材料编写而成的。但是，如果吉尔伽美什真的存在并统治过乌鲁克，那么他在位的时间应该在公元前2600年前后。即便是这个时间，实际上也在他的这座城市经历兴起、繁荣和衰弱的几个世纪之后了。乌鲁克既是苏美尔世界的文化之源，又开创了所谓的神庙规则。

* * *

公元前第四千纪末，人类刚刚发明了书面文字，但这种文字还无法传递太多信息。在那时，乌鲁克已占地400多公顷，其面积和人口远超三千年后伯利克里时代的雅典或罗马共和国。针对美索不达米亚南部定居方式的调查显示，该地区的农村居民人数急剧减少，而城市人口不断增长。环境历史学家猜测，大量人口从乡村迁移到城市可能是气候变化造成的，因为这一时期的气候较为干燥，导致自给农业难以为继。但是，这些历史学家也可能夸大了气候的影响而低估了城市的吸引力。乌鲁克的魅力不容小觑。我们都知道现代城市就好比一块强力磁铁，对于远近各地的居民都具有不可抗拒的吸引力。虽然前来的每一位新移民各自怀揣着不同的目的，但总的来说他们都有一个简单的目标：改善生活方式。或许那些来到乌鲁克的人亦是如此，因为城市才是他们最想定居的地方。

根据后来的记载和考古发现可以判定，乌鲁克是一个活动丰富、公共生活充满活力的城市。在城中作为主要通道的运河上，满载货物的小圆舟和平底船来来往往，如同一个史前威尼斯；背负沉重物品的搬运工在街巷中用胳膊肘为自己开道，经过其身旁的有祭司、官僚、学生、工人和奴隶；参加宗教仪式和活动的人还要和妓女以及街头帮派争夺地盘。根据用防水窑烧砖制成的水道和水箱的遗迹，一些学者认为这里也有过绿树成荫的公共花园。神庙、公共建筑、神殿和集会场所都汇集在一个被称作"伊安那"（Eanna，意为"天之屋"）的圣区周边，后来这里也被视为女神伊南娜最早的居所。在这个圣区附近还有另一个宗教区，那里侍奉的是天神安努（Anu）。这些圣区并非只对祭司和信众开放，这点与后期其他地区的许多神庙不同，后者多是秘密且不对外开放的场所。格温多林·莱克（Gwendolyn Leick）在她的著作《美索不达米亚：城市的创立》（*Mesopotamia*, *the Invention of the City*）中写道："乌鲁克的纪念性建筑给人的总体印象是公共空间得到了良好的规划……设计上确保了最大程度的开放性，并且在保障流动性方面下足了功夫。"

想必乌鲁克有时看起来就像是一个巨大的建筑工地，城内回荡着各类器物的撞击声和人们的喊叫声，这些工人包括木匠和脚手架工人，砖匠和砌砖工，泥水匠和马赛克手艺人，以及正在对从城市以西80千米外运回的石料进行处理的石匠。大量石料被用来建造乌鲁克的纪念性建筑，而乌鲁克的建筑师和建筑工人开发的建造工艺，在几个世纪后依然无可匹敌。施工几乎一刻不停，因为乌鲁克人同样热衷于新兴事物，不断废旧立新，这也是古代美索不达米亚城市生活的鲜明特色。

在公元前第四千纪中叶，有一座部分或完全使用外地石灰岩建造的巨型建筑屹立在伊安那圣区的中央，其规模超过了雅典的帕特农神殿。它是一座神殿，它的不寻常之处还在于其布局同早期的基督教堂几乎一模一样，但在时间上比后者早了整整三千年。神殿内有中殿、十字形横厅、前廊或前厅，殿内的另一端是一个半圆形后殿，两侧各有一个房间，这两个房间在基督教堂中分别被称为"圣器室"和"圣餐台"。精美的走廊两侧是宽敞的公共区域。柱廊间的巨型暗柱直径2米，内部由日晒砖建成，再由捆扎紧实的芦苇束加固。为防止损坏，其外部还使用了美索不达米亚的一种特殊发明——泥锥。泥锥的形状类似于尺寸过大的高尔夫球钉，有红、白、黑三种颜色。它们被敲入柱体表面，紧密排列，最终形成的图案类似芦苇席的纹路。神殿附近的另一座建筑被称作"石锥神庙"，其墙体表面的泥膏层上装饰着彩色石锥。它除了部分使用石灰岩以外，还用了一种特别的新型合成材料——砖粉与石膏灰泥混合而成的混凝土。这一发明也是美索不达米亚智慧的典型代表。

反复重建这些建筑的劳动量极大，需要数百万个小时。让乌鲁克人心甘情愿地投身于城市建设的，必然是一种十分强大的思想动力。这一动力成为这些惊人创新的基础，进而使吉尔伽美什之城成为第一座世界工厂。可是，尽管后来的许多文本描述了乌鲁克及其著名的君王，却丝毫没有关于该动力的记载。

乌鲁克全城范围的建设热潮持续了几个世纪，但这与稍晚些时候的古埃及没有可比性。在古埃及，纪念性建筑的建造是为了让残暴的统治者得到荣耀和永生。此外，埃及建造的陵墓和神庙必须经得起岁月的考验。而在乌鲁克，类似的建筑是出于人们开展反复重建的热情，这在美索不达米亚的所有早期社会中都有所体现。此外，虽然美索不达米亚地区会不时出现强大的统治者，但没有迹象表明该时期的某个社会曾聚集了巨大的财富或权力。

对此，我们还需继续探索。因为目前的考古挖掘主要集中在神庙周围，而乌鲁克［今天的瓦尔卡（Warka）］的大部分地区还沉睡在沙土之下。迄今为止，人们在出土文物中发现的两个不同寻常的形象，均创作于乌鲁克是世上唯一真正意义上的城市的那个时期。其中一个形象展现的是某个族群平等地共同膜拜他们的至高女神及其所代表的伟大思想。这位女神以浅浮雕的形式被雕刻在一个约 1 米高的雪花石膏容器上。这一容器后来被称为"瓦尔卡石瓶"（Warka Vase），石瓶共有五层雕刻，描绘了将祭品呈送至女神神庙门口的队列。另一个形象 42 则很可能是女神的头像：瓦尔卡面具（Warka Mask），亦被称为"乌鲁克女神像"。

* * *

这尊五千年前的乌鲁克女神像尺寸如真人大小，但文物本身已遭到损坏。其眼部只留下黑色的空洞，额头上原本镶嵌着眉毛的鸟翼式深槽已空无一物，曾覆盖她光滑头顶的假发早已丢失，鼻尖也已损毁。尽管如此，这副历经五千年沧桑的面容依旧光彩夺目。法国顶尖考古学家安德烈·帕罗（André Parrot）极富诗意地说："我们似乎从那空洞的眼窝之中感受到了充满灵性的目光；从那展现了卷发之曲线的额头，察觉到了那背后清晰敏锐的头脑。双唇不用开启，我们便能倾听她的话语；起伏的唇形和双颊上的纹路，是其无声的表达。"即便乌鲁克女神像有所残损，但它仍旧是世界艺术史上最伟大的作品之一。

瓦尔卡石瓶上的多层雕刻使这位伟大女神的形象更加完整。该石瓶属于宗教器物，展现了公元前第四千纪的乌鲁克女神神庙伊安那圣区中进行的活动。瓶上精心雕饰的人物散发出一股灵性，他们显得庄重肃穆、平静高贵、自信沉着。远处，也就是石瓶的底座上环绕着的波形水纹，可能象征着这座城市的母亲河——宽广的幼发拉底河。在这之上是田野和果园，以及相间种植的大麦秸秆和枣椰树，它们是乌鲁克财富和福祉的最重要来源。同时，神圣的畜群穿行其间，包括毛茸茸的绵羊和须长角宽的公羊，这些都是献给女神的祭品。然后就是有人类参与的部分：十名剃光毛发的裸体男子正徐徐向前，每个人手里都有一个篮子、罐子或陶制容器，其中盛满从土地里、树枝上和藤蔓上收获的果实；此外还有一些可能是祭司或者神庙侍者的人。在石瓶的顶部，这支行进的队伍抵达了圣区，他们来到装饰着芦苇束圈的仪式入口。迎接他们的是一位女性，她是代表女神的最高女祭司。只见她身着长及脚踝的长袍，站在入口处，伸出右手，拇指朝上，以示问候或祝福。她从裸体男子头领的手中接过盛满祭品的容器；该头领身后还有一个人，但其形象已被毁坏，只能看到他的一双赤脚、带有边饰的衣服下摆，以及由一位身着正装的女性侍从手持的精美流苏腰带。我们猜想，他也许是一位大祭司或是某个尊贵的人物，也很可能是一些历史学家想象中的"祭司王"。在这些人物的周围，有一对装满祭品的容器和两大盘食物。除此之外，还有对瓶、牛头、公羊、狮崽和两名手持不明物件的女性。就这些神秘的祭品，格温多林·莱克表示，其中一件物品的图形后来可能演变成了表示高阶祭司的书面符号。诚然，参加敬拜仪式的人一下子就能领会这些物品的含义，就像在基督教中，我们知道狮子代表圣马可，飞鹰代表圣约翰，牛犊代表圣路加；但如果我们无法对瓦尔卡石瓶上的象征符号进行解密，那么就无法了解它们的含义。

　　有人认为，石瓶上描绘的是城市统治者向创造该城的女神供奉祭品的场景；也有人觉得它表现的是人们庆祝季节性收获的场面；还有人猜测它展示的是神秘的"神婚"（*hieros gamos*），即大祭司和地位最高的女祭司在众人面前结为夫妇，以模仿伟大女神与其伴侣的结合。尽管我们无法确切地知晓这个石瓶描绘的是何种活动，但透过它展现的画面，我们还是对乌鲁克人及其思维方式有了一定了解。

游戏的人

瓦卡尔石瓶展现的是一个正式的仪式场景，这一仪式不同于早些时候流传下来的自发、即兴的面具舞和萨满仪式，但后两者也都延续到了下一个历史时期。石瓶上那些行进中的裸体男子尽管没有被阉割，但毛发尽除，且被除去了任何能够体现个体、身份和地位的标志。他们的表情极其严肃。他们同该时期许多男性雕像一样脸上毫无须发，这表明他们并不因回归孩童时期的纯真而感到羞耻。在行进中，每个人都有其特定的角色，这让我们联想到宗教仪式其实和所有仪式一样都是一出剧，剧里的演员们认真地遵照既定的剧本演出，同时也通过主动抑制自我意识与怀疑，来使自己全身心地投入孩童的角色。英国人类学家罗伯特·马雷特（Robert Marett）提出，所有的早期宗教都含有"表演"和"假扮"的元素。 44

公元前 360 年，希腊哲学家柏拉图在其撰写的《法律篇》（*The Laws*）中进一步提出，宗教仪式是整体人生的模型："一个人应该在游玩中度过他的一生——游戏、献祭、唱歌、跳舞。这样他才能赢得众神的恩宠，保护自己不受敌人的侵犯。"①

1938 年，荷兰历史学家和哲学家约翰·赫伊津哈（Johan Huizinga）出版了《游戏的人：文化中的游戏成分研究》

---

① 译文引自张智仁、何勤华译本（上海人民出版社，2001）第 244 页。

（*Homo Ludens，a Study of the Play Element in Culture*，拉丁语中的 Homo ludens 可大致译作"游戏的人"）。赫伊津哈认为游戏是"在特定时间和空间中进行的活动，具有明显的秩序，遵照自愿接受的规则，不受需求和功利的约束"。他还指出，从"游戏"一词最广泛的意义来看，游戏在文明的多数领域中都是基本的要素。他认为法律就是一种游戏，宗教、艺术和对知识的追求同样如此，就连战争也包含游戏的要素。对此，赫伊津哈引用了《撒母耳记下》2：14中两支军队的元帅押尼珥（Abner）和约押（Joab）在基遍池旁相遇的场景：

> 押尼珥对约押说，让少年人起来，在我们面前戏耍吧。
> 约押说，可以……他们彼此揪头，用刀刺肋，一同仆倒。

（希伯来语中"游戏"一词源于 *sachaq*，意为玩耍、游戏、大笑、庆祝、尽情欢乐。）即使在第一次世界大战中，西部前线交战双方的军队也彼此以礼相待，按照"游戏规则"行事，同样的情形也出现在孟加拉国解放战争期间的印度和巴基斯坦军队之间。

20世纪60年代，赫伊津哈的这本书再版，并被那个时期的寻欢作乐的嬉皮士们奉为教科书。1970年，当时还是伦敦地下出版社元老的澳大利亚作家理查德·内维尔（Richard Neville）出版了一本名为《玩权力》（*Play Power*）的书。内维尔认为，西方社会对游戏精神的重新认识，可能会改变保守价值观下的社会面貌和体制。如果他的观点正确，那么这种对游戏的认识或许可以让我们更好地理解吉尔伽美什之城的兴

起，它提示了我们可以参考一个大家意想不到的地方，那个地 45
方在相似的时间跨度内也经历了迅猛的发展与变化。

* * *

人文学者赫伊津哈生于 1872 年，他目睹了自己的家园被
第一次世界大战摧毁。他认为由于游戏的缺失，那时的西方文
明在逐渐被毁灭。他写道："19 世纪似乎没有游戏的容身之
所。与游戏的概念背道而驰的趋势正在渐渐成为主流……工业
革命及其在科技领域的成功正使这些趋势愈演愈烈。"但我认
为，赫伊津哈的观点并不正确。凡是见过儿童自娱自乐的人都
能意识到，文明中的科学和技术恰恰是最纯粹的游戏成果。就
像孩子们在不断地探索、试验、测试和尝试新事物时，他们的
行为不带有目的性，只是为了体验游戏带来的巨大快乐，纯粹
的科学和应用技术也在玩一种思想的游戏，将世界的规则和物
质当作玩具，并不断地思考"假设……"或发问"如果……
会怎么样呢"。

事实上，除了被诋毁为狭隘的唯物主义思想（赫伊津哈
的态度），科学还常常因其明显的无关性或缺乏实用性而受到
批评。这一点让英国数学家 G. H. 哈代（G. H. Hardy）引以为
豪，他曾提出大多数科学学科是无用的："就我个人而言，除
了纯粹的数学，我从不觉得我拥有的这些科学知识给我带来了
任何优势。"

纵观历史，全世界的主流社会总是具备严肃性、传统性、
一致性，且固守设立已久——通常是依照神的旨意——的行为
方式，并将它们尊为需要严格遵守的规则。这些社会中的人不

苟言笑，也缺乏幽默感和轻松感。对于他们而言，变化总是值得质疑且通常应该受到谴责的。这些人对于人类的发展几乎没有贡献。相较之下，在社会、艺术和科学显著发展、技术显著进步的地方，统治文化和意识形态都准许人们开展各类游戏，不论游戏的对象是思想、信仰、规则还是物质。此外，如果游戏性质的科学改变了人们对物质世界运作方式的理解，那么政治上的变化乃至革命也将接踵而至。

因此，尽管这个对比可能显得有些突兀，甚至有点令人匪夷所思，但我们的确可以看到，公元前第四千纪的乌鲁克所经历的爆发式创新与发展，与公元 18 世纪末发生的那场全球性变革极为相似。二者均颠覆了设立已久且备受推崇的生活方式，人们从乡村拥入城市，新发明、新材料应接不暇，社会结构也以前所未有的形式被重新塑造。正如著名的历史学者安德鲁·谢拉特（Andrew Sherratt）所写："通过比较时间间隔久远的两个事件，可对二者都有更深入的理解——了解城市变革可以增进对新石器革命的认识，反之亦然……那么研究工业革命的历史学家是否同样能够从对这些早期变革的了解中受益呢？"

也许反向的了解会对我们更有帮助，因为我们对现代世界的形成已经进行了大量的理论研究，对乌鲁克女神崇拜的细节却知之甚少。虽然我们不知道她在美索不达米亚人眼中代表的是何种思想，但我们看到在公元前第四千纪，美索不达米亚人凭借他们的信仰，迎来了社会、物质和技术的空前进步。这也是当代工业革命之前最伟大的一次进步，而且与工业革命相比，其变革速度之快可谓有过之而无不及。用当今最为德高望重的人类学家之一彼得·米哈沃夫斯基（Piotr Michalowski）教授的话说："在公元前第四千纪末的乌鲁克时代晚期，发生

46

在美索不达米亚的复杂的社会和政治变革，不是历史演变中的渐进式发展，而是一次前所未有的巨大突破。"

它爆发出惊人的创造力与想象力，不正是（最广泛意义上的）"游戏"作为一种与世界进行合理互动的结果吗？公元前第四千纪的乌鲁克应该是一片欢声笑语吧。

* * *

走进芝加哥大学东方研究所（Chicago University's Oriental Institute）的博物馆，或是登录其网站，便可确认游戏在古代美索不达米亚世界中的重要性。看看从阿什玛尔（Tell al-Asmar），即古代埃什南纳（Eshnunna）的废丘中挖掘出的可爱的拖拉玩具。这个玩具长约 13 厘米，用黏土烧制而成，主体是一个大型圆柱体，外加一个小巧的公羊头，底部还有四个小轮。圆柱体前端有一个小洞，拖拉绳可从中穿过。这样的外形并非刻意模拟任何真实的动物，这个公羊头也只是稍做象征。（那些跟我一样一直以为拖拉玩具的造型是模仿火车头的人，会发现这个空心圆柱体还挺像托马斯小火车的。）这个简单纯粹的玩具是为 3～5 岁的儿童准备的。

虽然这个玩具发现于神庙的废墟中，而且可能蕴含某些宗教意义，但它的造型不禁让人联想到这样一个场景：五千年前，一个小男孩将其拖在身后，穿过尘土飞扬的院子或是经过繁忙的城市街道。在他玩耍的同时，周围的大人也在玩他们自己的游戏，想着许许多多的新创造和新发现。如今，这些创造和发明的成果都作为乌鲁克及其周边地区发现的文物而首次被载入考古史册。

仅仅在两个世纪前，工业产品开始掌管我们生活的方方面面。而在此之前，支撑人类生活的大部分基本技术是由这一时期的乌鲁克首创的，如家庭作坊中酿酒师的啤酒桶、陶工的烧窑以及织布机，田地里的犁、播种机和农车，河流和运河上的风向标和帆船，演奏音乐使用的竖琴、七弦琴和鲁特琴，建筑中的烧砖、拱顶和真拱。

还有轮子。不论在街上、田里或是河岸，包括芝加哥博物馆里的拖拉玩具上，那些随处可见的轮子都代表并给了人类移动的能力。

有些发明似乎确实需要乍现的灵感，即"头脑游戏"（*jeu d'ésprit*）才能诞生，轮子的发明便是其中之一。对于轮子的起源，学者们争论已久，说法不一。有人断言，人类曾长期使用木质滚轴在短距离内移动重物，因此轮子是从这些木质滚轴演变而来的。其他人提出，完整的旋转运动本身就是一个重要的新理念。而另一些历史学家令人信服地指出，滚轴和轮子是完全不同的概念：滚轴实际上是物体在被移动时，承载物体重量的表面的可移动延伸；轮子则是移动中的物体本身的一部分。

48　他们还提出了一种不同的观念：在轮子出现之前，考古记录中就已出现过转台这种围绕中心点旋转的事物，它被应用于圆形壶罐的制作。如果第三类学者所言为真，这就意味着在某一天，某个人捡起了这个可转动的圆形物体并碰巧使用了该物体的边缘进行滚动。然后，至关重要的一步是他发现从这个旋转物的中心点到地面的距离一直是相等的。受此启发，人们开始将一组旋转物加装到类似雪橇板的结构上，从而将这种绕中心点旋转的装置从制陶领域延伸到了运输业。

不过，渐进式的发展也可能产生许多新事物。例如，陶器在平炉内的烧制过程中，有时会受热不均，而且燃烧的木料会在陶器上留下斑点、污迹和烟熏痕迹，这无疑会令那些精益求精的制陶工匠十分沮丧。对此最直接的办法就是将器皿与火焰分离。在他们的不断尝试和调整后，我们最终看到的是典型的美索不达米亚蜂窝形陶窑，其顶部为通气口，并使用多孔底板隔离烧炉中的燃料。

有时，这种渐进式的发展还会带来惊喜。上述蜂窝形陶窑除了能够防止陶器受损，还具有一项意料之外的功能，即它能够承受更高的烧制温度，这使得简朴的陶窑成为古代美索不达米亚主要的实验设备。正如现代化学工业的形成并非人们的有意之举，而是人们对合成染料的无意识发现的结果，乌鲁克的实验家取得的成就同样不是功利性行为的结果，而是产生于他们忠实于游戏的精神。

* * *

在古代，蓝绿色的青金石是一种珍贵的宝石，被用于制作印章、珠宝、珠子、镯子，以及雕塑上的镶嵌物和装饰品。苏美尔文学作品也提到了用青金石装饰的城墙："现在，阿拉塔（Aratta）的城垛上满是绿色的青金石，它的城墙和高耸的砖塔呈现出鲜亮的红色。"神庙也是如此："他用珍贵的金属建造神庙，用青金石加以装饰，并在外部覆上大量黄金。"还有某个女神指示拉格什（Lagash）国王古地亚（Gudea）："打开你的仓库并取出木材；为你的主人建造一辆战车，然后套上一匹驴子；用纯银和青金石来装饰这辆战车。"

可是，青金石非常稀有，仅出产于中亚的几个地方，其中 49

比较有名的是今天阿富汗北部的巴达赫尚（Badakhshan）山区，距离美索不达米亚南部 2500 千米。距离如此遥远的两地竟可能有过频繁的贸易往来，这着实令人震惊，因为在当时，为运送这些珍贵的石头，从而满足美索不达米亚诸神和君王的虚荣之心，人们只能依靠双脚穿越茫茫的荒山野岭和有致命风险的沙漠。但整个中东地区出土的大量青金石足以证明两地间的确曾存在蓬勃的贸易往来。

鉴于青金石不菲的价格以及运输的不便，充满智慧的人类很快就开始探寻人工仿制这种亮蓝色颜料的方法，而且获得了成功，并由此创造出第一种完全人造的材料——这既不是一个偶然结果，也不是意外所得，而是思考和实验的成果。

先驱们在五千年前发明的这种合成化学工艺，直到 20 世纪 60 年代仍在被使用，我亲眼见过这件事：在阿富汗赫拉特（Herat）一座清真寺的后面，有一座生产人造青金石（现在被误称为"埃及彩陶"）的作坊。这个肮脏的大作坊中充斥着呛人的化学烟雾，稀稀落落的阳光透过破洞的屋顶射入室内，却抵不过角落里的炽热火炉发出的刺眼火光。一个戴着大大的头巾帽的小男孩正迷迷糊糊地用一个硕大的风箱给火炉送气。作坊的主人骄傲地向我展示了他们的产品：釉面有些粗糙的深蓝绿色的珠子和饰品。

我们大致可以猜到这种工艺是如何产生的。早在旧石器时代，属于碳酸铜矿石的孔雀石和石青就被用于制作装饰手工器具的颜料。同时，人们也将这些颜料涂在脸上：先把矿石研成粉末，再跟油脂混合在一起，这样就制成了眼影。如果把孔雀石或石青放入火中，火焰就会呈现明显的蓝色或绿色。但因为不了解光谱学或高温化学，古人很可能觉得是高温促使矿物将颜色释放到火焰中。因此，他们也很自然地认为可以先采集这些颜色，然后用它们给另一件物品上色。但是，如何才能防止这些颜色因随着烟雾扩散到空气中而被浪费呢？解决办法就是将要上色的物品连同经研磨的矿物一起放入密闭的容器中，然后把该容器放入窑中加热。实验者很快发现，这种方法要耗费很长时间，通常需要一整天不低于1000℃的高温烧制。尽管如此，这种工艺确实有效，就和我在赫拉特看到的场景一样。从火炉中取出的物品，其表面坚硬、有光泽，呈深蓝绿色，虽然可能不及真正的青金石那般精致，但也算不错了。 50

　　将不同的矿物混合后置于高温之下，就可完全改变其性质，产生全新的材料。这一发现为人类带来了深远的影响。这些"游戏的人"一定用过各种岩石和其他材料来不断试验这一方法。或许这些实验结果还带来了更多新发现，尽管它们不是每一次都会出现，但足以激励人们不断尝试。这些新发现中就包括盐釉砖的制作方法，之后的亚述文明对此方法进行了记载："沙子、从'带角'植物中获取的碱、白花草，研成粉末并混合；放入带有四个通风孔的冷窑中并堆积于各通风孔处；点无烟小火；取出、冷却，再次磨成粉末，加入纯盐；放入窑中；点无烟小火；一旦呈黄色，立即将其涂抹于砖石表面，名为玻砂(frit)。"

　　其他的新生事物还包括玻璃和水泥，还有铜的熔炼方法。后来，人们又发现在铜矿石中加入锡石可产生质地更好的金属。这种合金更坚硬、更牢固，可以更长久地保持其锋利的边缘。更重要的是，它的熔点低，便于铸形。最终，这种金属将美索不达米亚南部的人从石器时代带入了青铜时代，同时也带来了影响深远的文化、社会和政治变革。

诸神的工匠

《吉尔伽美什》中记述了这样一段内容——乌鲁克收到基什（Kish）国王阿伽（Aga）发来的恐吓信息，后者扬言要攻打乌鲁克：

> 吉尔伽美什将此事告知城中长者，询问解决之道："……我们不要向基什屈服，让我们向他们宣战！"
>
> 集结而至的城中长者答复吉尔伽美什："……我们向基什屈服吧，我们不要向他们宣战！"
>
> 吉尔伽美什……不顾城中长者所言，转而寄希望于女神伊南娜。他将此事告知城中的年轻人，询问解决之道："……我们不要向基什屈服，让我们向他们宣战！"
>
> 集结而至的年轻人答复吉尔伽美什："恪尽职守，坚定不移，护卫王储——就像人们所说的要擒住驴的后腿——舍我其谁？我们不要向基什屈服，让我们向他们宣战！"
>
> "乌鲁克，诸神的工匠；伊安那，从天而降的圣所，诸神赋予他们以形制……你是他们的君王，他们的斗士！神明安（An）就要降临，他至爱的王子啊，碾碎敌人头颅者，何必恐惧？敌人的军队人数寥寥，其后方一派乌合之众，我们终将所向披靡！"

吉尔伽美什率领他的年轻人出征，擒获基什国王阿伽，而后又出人意料地释放其返回故土，宽宏无量。

虽然这是文学史诗而非历史，但仍可反映出乌鲁克与距其

西北部约 150 千米的基什之间存在真实的冲突。从时间上看，
这些作品距离冲突发生的时间，大约等同于亚瑟王和他的圆桌
骑士距离我们现在的时间。当然，同亚瑟王传奇一样，《吉尔
伽美什》的创作意图不仅在于记述古时候的故事，更多在于
借古鉴今，反映其所处年代的世事。

　　不管怎样，我们还是可以通过这些故事对乌鲁克的历史有
一个大致的了解：不论是从石器时代逐渐走向金属时代（"诸神
的铁匠"）；还是从陶克尔德·雅各布森所说的原始民主，即统
治者仍会与其民众进行商议（"城中长者"的集会），逐渐走向
王权和专制，即统治者独断专行，不听取民众意见；抑或是从
和平共处逐渐走向激进好战的常态（"让我们向他们宣战"）。
这些变化不论好坏，都是人类从村落生活向高度成熟的文明迈
进的必由之路。

　　　　　　　　　　＊　＊　＊

　　村落社会依靠自然发展来适应环境和政治形势，而文明则
是一种人为计划的结果。在乌鲁克，适用于物质世界的实验方
法，同样被用来指导在城市中共同生活的人们。城市就像一台
机器，市民就是机器运转所需的零部件。

　　在乡村，大部分家庭相对平等；在城市，不同身份等级分　52
明。在乡村，"你是做什么的？"这一问题从来不为人所关心；
在城市，知道如何回答这个问题十分重要。在乡村，生存有赖
于成为某个家庭的一员，即便只是作为一个奴隶；在城市，众
多全新的谋生方式突然涌现。不同于帮助大家族维持生计这种
自古以来的唯一选择，现在你可以在神庙或王宫中就职，你获

得的回报也不再是火炉旁的落脚之地，而是一份工钱。从留存下来的遗迹判断，吉尔伽美什之城的许多居民正是这样谋生的。

乌鲁克遗址出土的最具特色的物件为斜沿碗。这些粗糙丑陋的陶碗有的完好，有的破损，数量占所有出土陶器的一半以上。它们与前一时期雅致的彩陶相比简直存在天壤之别。它们既没有采用盘筑的方法，也没有使用轮盘制胚，只显示出创作时使用了简单模具的迹象。（为验证这一分析，近期已有实验者制作了类似器皿。）这可能是历史上首次运用大批量生产的方式来制造消费品。在农耕村落，农家制作的陶罐往往基于极高的审美标准，并使用传统且对使用者本人来说有寓意的设计风格与形式，十分美观。相较之下，商业作坊中批量生产的斜沿碗就仅有实用价值。

这种改变可被称作"简化发展"（Evolution of Simplicity）。随着城市的发展，由于专业工人人数有限，制造业受到制约，因此便产生了某位历史学家所描述的"对非精英阶级的审美剥夺"。现在，陶器的制作效率和经济性被摆在第一位：标准化容器虽然丑陋，但只要它们质量够好且够便宜，就能满足这一新社会的需求。维多利亚时期的从手工艺品到工业产品的转变与此极为相似，尽管遭到了浪漫主义流派和工艺美术运动的抵制和反对，但那无济于事。或许，在古代美索不达米亚也曾有人提出类似的抗议。

斜沿碗的制作工艺比回答其为何产生容易多了。在瓦尔卡石瓶上，我们看到前往女神神庙的裸体男子手举盛满物品的容器，斜沿碗就与这些容器的形状十分相似。但是，石瓶上的容器看起来精细雅致，这些斜沿碗却十分粗糙简陋，很难想象有人会用它们进食，更别说用它们向女神敬献祭品。这些碗上多半有气孔，无法被用来喝水或喝酒。它们很可能是供一次性使用的器皿，因为考古发掘中出土的完整斜沿碗与破碎了的几乎一样多。（它们就好比今天我们丢在大街或沙滩上的一次性发泡汉堡盒。）尽管有一些学者认为，送到神庙里的祭品是被装在斜沿碗里的，但大多数人觉得这些碗被用于分发定量的面包或谷物，作为人们的工钱或配给。当文字出现时，书写中代表食物、配给或面包的标记就酷似斜沿碗。

工钱和配给意味着独立劳工不再需要自给自足，在现代欧洲，乡村的农民阶级向城市的工人阶级过渡时，就出现过这种情况。如果乌鲁克也发生过类似现象，那么这些新兴工人阶级是从事何种劳动，又为什么人工作的呢？这其中自然少不了建筑工程一类的工作。建造神庙虽与修筑住宅十分相似，但其工程规模要大得多。神庙有自己的田地、花园和果园，这些都需要季节工来打理，还要有水利工专门负责灌溉并对防洪灌溉系统进行维护。此外，也有负责牧养绵羊、山羊和牛的牧人，生产手工艺品、纺织品、篮筐和陶器（包括那些斜沿碗）的工人，当然还有那些雕刻师、宝石匠、实验者、铜矿熔炼工、冶金家和金属工，他们都是诸神的工匠。

与现代城市革命不同的是，那时候没有相互竞争的独立商人。世界上的首座城市是以神庙为中心发展起来的，宫殿到后期才开始发挥作用。于是，该城市的世界观也同所有古代社会一样，受到极权宗教信仰的影响。因此，呈现在我们眼前的是一个以神权为主导的经济体，它等级分明，受中央指挥，实施管控的是祭司们所推崇的意识形态。五千年后，祭司所扮演的角色被一些人称为"人类灵魂的工程师"。这便是神庙统治。

＊　＊　＊

在很长的一段时间内，这种以祭司制度为支撑的经济和社
会体系大获成功。公元前第四千纪后半期，在这种生活方式的
影响下，乌鲁克和其他美索不达米亚的南部城市空前繁荣，不
断扩张。此外，在整个美索不达米亚乃至以外的地区，人们开
始在主要的通商道路沿线定居，并同时向外展示他们故土特有
的文化。例如，他们在那里建造乌鲁克式的神庙，不仅使用与
乌鲁克神庙规格一致的砖石，以完全相同的方式堆砌，还用类
似的泥锥进行装饰。他们对食物也有类似的偏好，运用了相同
的管理技术，并生产了同样的斜沿碗。这些都反映了他们所遵
循的社会制度和采用的工作方式。这些乌鲁克特有的发明的广
泛传播说明，乌鲁克式的政治体制被积极地向外输出，从南部
平原输出到整个地区，甚至到了今天土耳其、叙利亚和伊朗所
在的地区。伴随着这种传播，我们仿佛又看到了雅克·考文提
出的推动新石器革命的那种"救世主式的自信"。

在这些偏远的居民点中，有些是全新开辟的处女地，人们
仿照他们故乡的城市建立起微型城市。其他居民点建立在存在
已久的大型村落或小型城镇的基础上，它们此前一直遵循的石
器时代的生活方式被乌鲁克文化取代。还有些居民点更像是一
块飞地，城镇某些区域中的乌鲁克人按照自己的方式生活，而
周边区域的居民仍然保留古老的传统。

在某些学者眼里，"乌鲁克的扩张"只能说明一点：乌鲁
克是一个依靠军事称霸的殖民帝国，旨在夺取其所处地区缺乏
的自然资源。但我们要知道，以下情况早在乌鲁克的许多技术

被发明之前就已出现，即使现在看来这类技术似乎是凭借武力统治一个庞大帝国的先决条件：快速高效的通信方式（直到乌鲁克统治后期文字才出现）和依靠家养役畜提供有效的交通运输（先说驴，当它从北非抵达美索不达米亚时，乌鲁克已日渐衰弱；而当地的马科动物——亚野驴，其驯化难度众人皆知）。

另一些考古学家通过对某项证据的解读，提出这些定居点只是商贸站，或是难民的逃亡地。这些分析都基于一点，即定居点的新居民就是那些离开乌鲁克本城的外迁者。但我们也不可低估思想的力量，它足以吸引人们自愿接受全新的生活方式。近代历史清晰地见证了马克思列宁主义受到广泛而狂热的追捧。除此之外，一种"现代性"信仰——西方技术、西式建筑、西式服装、西方食品——已在世界各地快速地传播开来，甚至包括那些从未被欧洲帝国影响或只是曾被短暂影响的地方。今天，几乎在全球各个角落，我们都能找到西方的品牌，而类似的场景似乎在公元前第四千纪就曾上演。后者所产生的影响要比任何一个历史阶段的都要深远，因为文字便产生于那时。

55

* * *

2008 年 2 月，伦敦大学学院（University College London）的大卫·温格罗（David Wengrow）发表的一篇文章震荡了学术界和商界。他在文中宣称乌鲁克文明才是品牌概念的首创者。随着大规模生产的出现，消费者希望确保他们使用的产品，包括纺织品、陶瓷、饮品和加工食品，都能有可靠的货源和良好的品质。于是，这些商品被印上了独特标记以供人识别其产地和来源。我们今天使用的文字商标是从烧制在物品上以显示产地的标记发展而来的，而美索不达米亚人则使用标记了简易识别符号的泥块来封上篮筐、匣盒、壶罐及其他容器。

这一切可能就是从很多人佩戴的描绘有宗教或神话主题的护身符发展而来的。护身符作为一种手工艺品，样式各不相同，且与佩戴者或委托制作之人密切相关。因此，通过印在泥块上的护身符图纹，即可识别出该物品的主人。

很显然，接下来的一步就是制作一块凹雕印模，专门用来印在泥块上。"印章"也是印刷的雏形。但是，雕刻一个大小合适的图案需要一枚尺寸较大的章，这样的章不便于携带。人们很快发现，如果围绕圆柱体的曲面进行雕刻，那么印在泥上的图纹长度将是圆柱体底面直径的三倍以上，所以"滚章"由此诞生。这种外形美观的印章也是乌鲁克最具特色的发明之一，直到美索不达米亚文明的晚期，它都在人们的日常生活中发挥了重要的作用。

56　　这些滚章高度不到一英寸，制作材料多种多样：有石灰岩、大理石、赤铁矿石；有半宝石，如青金石、红玉髓、石榴石和玛瑙石；甚至还有耐火泥和彩陶。由于它们质地坚硬，考古学家在当地挖掘时总能发现大量滚章。

后来，滚章的雕刻越来越精细，历史学家们猜测雕刻师一定使用了光学辅助设备，或许是使用了针孔照相机的原理——在美索不达米亚炙热的阳光下，即便是最小的孔眼也足以让光线射入。更有人提出人们在发明透明玻璃后，便开始对某种形式的透镜加以利用，虽然于 1850 年从亚述古城尼姆鲁德

（Nimrud）出土的椭圆形水晶已不再被研究古代技术的学者们认作透镜了。

对于历史学家而言，滚章具有不可估量的价值，因为章上雕刻的图像让我们第一次有机会看到古代美索不达米亚南部及其周边地区的生活场景。可以肯定的是，许多图像呈现的是宗教场景，如朝拜者乘船前往神庙。更常见的是一些不知名的神祇出现在山水风景、宫殿庙宇，以及聚集在大女神芦苇牛舍周围的神圣畜群之中——图中的牛舍同今天的沼泽阿拉伯人建造的芦苇屋惊人的相似。有的图像展现的是神话中的英雄人物相互格斗或与动物搏斗的重要场景。其余的滚章则呈现了日常生活的景象：田地中的动物、牛奶房的工人、织工、陶匠和冶金匠；随着时间的推移，还出现了越来越多的军事战斗和破坏的场景。

虽然这些印章最初被用作品牌标识，但它们很快就成为类似于个人签名的身份识别标识，因为在当时尽管书面文字已经出现，但仅为极少数人所掌握，所以滚章除了被广泛应用于各类文书，还被用来鉴别个人财产。事实上，古人使用这些印章的范围之广，让人不禁联想到刚刚学会写字的孩童，他们会在所有物品上写上自己的名字，包括墙壁和家具。这也说明乌鲁克及其周边的居民非常重视培养个人的身份意识，在程度上一点也不亚于现在的我们。不同于古往今来的诸多文明，这里的人不甘于默默无闻，他们每个人都希望在这个世界上留下自己的印迹。

这种情况在文字书写广泛普及后更为明显。与古代世界的其他地方相比，我们知道更多美索不达米亚地区的个体的姓名。我们会在各种各样的文本上看到人们的名字：收据、送货单和提货单，商业合同和法律判决，结婚证书和离婚协议等。目前已知最早的个人签名出现于公元前3100年，那时乌鲁克的一名抄写员在他的抄写练习背面签下了自己的名字：GAR. AMA。

或许正是这种希望永久为个人存在保留记录的渴望，促使乌鲁克的某些居民将一种简单的记录方式发展为一套成熟的泥板标记系统，这套系统先是被用于拟写协议与合同，而后又记录了思想和信仰、歌曲和故事、诗歌和散文。如果这一推测成立，那么古代美索不达米亚人对个人身份的重视就是改变人类发展进程的因素。文字书写的理念无疑是吉尔伽美什之城赠予这个世界最好的礼物。

楔形文字之谜

传说"七十士译本"（即《希伯来圣经》的希腊文译本）之所以产生，是因为埃及亚历山大图书馆馆长德米特里（Demetrius）敦促托勒密二世（Ptolemy Ⅱ Philadelphus）获取犹太教的律法书"摩西五经"①。为了向国王复命，耶路撒冷的大祭司从以色列十二支派中各派出六人，因此共有七十二名学者前往亚历山大。这些学者住在法洛斯岛（Pharos）上，每天早晨在海中例行沐浴，之后便各自进行独立的翻译工作，在这种情况下他们竟奇迹般地给出了相同的译文。（尽管"七十士译本"说的是七十而非七十二，但就像古老的犹太笑话中提到的：谁又会真的去数呢？）

---

① 即《希伯来圣经》最初的五部经典，具体为《创世记》《出埃及记》《利未记》《民数记》《申命记》。

或许正是基于这个故事，1857 年，伦敦的英国皇家亚洲学会（Royal Asiatic Society）将一份新发现的美索不达米亚文本交给四位当时的顶尖学者：爱德华·辛克斯（Edward Hincks）、朱尔斯·奥佩尔（Jules Oppert）、亨利·克雷齐克·罗林森（Henry Creswicke Rawlinson，后被封为爵士）和威廉·亨利·福克斯·塔尔博特（William Henry Fox Talbot，此人在摄影方面享有盛名）。他们被要求在不互相商讨的前提下尝试对该文本进行翻译，并且他们所完成的译文在提交之前都是保密的。然而奇迹发生了，他们的译文竟十分相似，学会也因此得以宣布楔形文字之谜终于破解："审查人员从总体意义和字面翻译两方面验证了这些译文之间惊人的一致性。大部分译文表达的意思都高度相似，偶尔对于某些词他们使用了相同的表述。"

如果我们把书面文本作为历史的开端，那么这四位解码学者的成就足以让这一开端的年代提早上千年。在此之前，人们认为最早的书面文本出现于古希伯来人的年代，现在确定的这一年代完全早于人们以往的设想。

* * *

事实上，早在半个世纪之前就有人尝试破译美索不达米亚文字。二十岁出头的格奥尔格·格罗特芬德（Georg Grotefend）是德国的拉丁语教师。他在酒吧里跟朋友们打赌说，他可以解读古波斯都城波斯波利斯（Persepolis）的一些楔形文字文本。在向哥廷根的威廉皇家学会提交的一篇报告中，他提出有三种各不相同但又相互关联的楔形文字，其中一种就是现在所知的古波斯语，它在本质上由字母组成，每个字母表示一个音，阅读顺序由左至右。他无疑很有天分，还有极好的运气和不懈的努力，凭借这些，他终于解读出一些人名——大流士（Darius）、薛西斯（Xerxes）、希斯塔斯普（Hystaspes），以及一些王室头衔。

第二个推动美索不达米亚文字解密的人同样是一个年轻人，他叫亨利·罗林森，是一名英勇无畏的英国军官。亨利冒着生命危险爬上波斯西北部贝希斯敦（Behistun）的悬崖峭壁，为的是拓印波斯皇帝大流士在约公元前 500 年于该崖壁上留下的长篇铭文。这篇铭文也使用了三种语言。

在格罗特芬德的解读成果的基础上，古波斯语版的大流士铭文很快就被翻译出来，也为破译刻在岩石上的其他语言带来了可能性。被破译的第二种语言使用的是一种音节文字，每个字母都对应一组音节，如 "a"、"ba"、"ab" 或是 "bab" 等。当借助波斯语文本对其进行翻译时，人们发现这是一种未知的语言。后来在波斯的其他地方也发现了使用这种文字的文书，那个地方古时被称为埃兰（Elam），于是人们把这一语言称为埃兰语（Elamite）。

59　　与前两种楔形文字相比，在贝希斯敦发现的第三种楔形文字的破译工作要困难许多。这种文字使用了大量符号，字符数量远远高于其他两种文字。它既非字母，也不完全是音节。相同的符号经过与楔形标记的组合，有时就形成了意符文字，即它们代表一个完整的词语，这种情况也出现在现代汉语中；而在其他情况下，这些组合又是一种标音符号，用来表示发音。某些符号可以表示几种不同的事物，也有几种不同的发音；与此同时，几种不同的符号又可以表示某些相同的发音。此外，还有一些符号本身看似毫无意义，却能指明跟在其后或在其之前的符号的基本含义，这也就是现今的语言学家所说的限定词或量词。于是，竖状楔形符号总是与人名一起出现，神明的名字总是带有星形，但地名旁边跟着的符号时有时无。难怪伟大的法国亚述专家让·博泰罗（Jean Bottéro）把楔形文字形容为"鬼画符"了。

尽管如此，研究人员最终还是证实了这种文字是一种闪米特语，它与古腓尼基语、古希伯来语和现代阿拉伯语都有所关联。正是基于这种理解，辛克斯等专家才能在1857年接受英国皇家亚洲学会的挑战并提供相似的翻译文本。（他们曾经以《圣经》中记载的嗜血之国亚述把这种文字命名为"亚述语"。如今人们称其为"阿卡德语"，其中包含作为南部方言的巴比伦语和作为北部方言的亚述语。）

然而，故事还在继续。随着文本解读的不断深入，学者们渐渐意识到在阿卡德语文字体系之下，还暗藏着另外一种人们未曾发现的更加古老的语言。学者们之所以意识到这一点，是因为有许多符号被用作表意文字或音节。有时，表示"牛"的符号被用来表示"gud"这个音；"分开"被用来表示"tar"；"嘴"有时被用来表示音节"ka"。但这些音在闪米特语中都不曾出现，因为"牛"念作"alp"，"分开"念作"paras"，"嘴"念作"pu"。由此可见，对于这一文字体系的创造者而言，在他们使用的语言中，"牛"是"gud"，"分开"是"tar"，"嘴"是"ka"。

用这种语言取代中东地区原来的第一语言闪米特语的尝试最初受到了极大的抵制。带头抵制的是来自阿德里安堡（Adrianople）的法国犹太裔东方学学者约瑟夫·阿莱维

60

（Joseph Halévy）。他曾扮成来自耶路撒冷的拉比，在阿拉伯半岛南部一边游历，一边为穷人筹集救济品，并由此成名。

在当时，欧洲的犹太人刚刚因为与闪米特文明起源沾上关系而赢得各方的尊重。阿莱维听闻其闪米特祖先的地位将因被某种新发现的苏美尔民族取代而变得岌岌可危，感到惊愕万分。他拒绝相信历史上有过这样的民族，还坚称这种苏美尔文字只不过是闪米特祭司发明的一种秘密符号，为的是不让普通老百姓知晓某些内容。1900 年，他出版的著作《苏美尔和巴比伦历史》（*Le Sumérisme et l'Histoire Babylonienne*）还引得两位著名院士在巴黎的社会科学高等研究院的走廊里用雨伞相互攻击，上演了一出人尽皆知的闹剧。

随着一批苏美尔语铭文译文的出版，这个争议终于在1905 年解决了。通过这些明确可靠的翻译，苏美尔语的语法结构得以重现。事实证明，苏美尔语确实是一种非常奇怪的语言，它不属于任何已知语系，它不仅句法特殊，其词汇中还包含大量单音节词。因此，苏美尔语中存在许多同音异义词，在有些情况下，发音相同的不同单词可能多达十个。于是，"A"可指水、运河、洪水、眼泪、精液、后代或父亲，"E"可指房子、神庙或地块，"U"可被译为植物、蔬菜、草、粮食、面包、草原、负载、强壮、有力、滋养或供养。将这些音节组合在一起，就可产生新的单词："e"（房屋）加上"an"（天空或天堂）就是伊安那，意为"天之屋"，即乌鲁克大女神的神庙；"lu"（人）加上"gal"（大）就变成"lugal"，意为大人物、主人或君王。

可是，学者们仍对此有所疑虑。有些人认为，这些看似相同的音节是有区别的，就像汉字用不同声调或语调来区分。20 世纪 80 年代末期，让·博泰罗指出，单音节词可能是一种假象，而造成该假象的原因是文字的发明者仅标记了每个单词的首个音节，他将此现象称作"截头表音法"。后来又有一位丹麦学者提出，苏美尔语可能是一种克里奥尔语（Creole），即其使用者儿时作为母语习得的语言是混杂语言，这种拼凑而成的语言可以使说不同语言的人相互交流。那些建立了埃利都、乌鲁克及其周边居民点的各个族群，就是通过苏美尔语来实现基本交流的。因此，苏美尔语后来也被尊为文明开创者的语言。

61

* * *

对于苏美尔文字的起源，各界尚未达成一致看法。目前，有两大观点冲突最为激烈。一方认为，苏美尔文字经过几千年的演化后才逐渐形成。它的雏形是古人用卵石记录动物和商品数量的体系，后来人们开始使用泥制标记（clay token）记录，它们被完好地保存在泥制容器里。人们先是把泥制标记印在容器外部，以说明容器内是什么，后来又用有尖头的棍状物把标记刻在泥制容器上。最后，他们抛弃了泥制标记，只留下容器，相关记录就以泥板的形式被保留下来了。

其他人认为，苏美尔文字是为富有创新精神的美索不达米亚南部地区所特有的一次重大飞跃的成果。它在公元前第四千纪末期突然出现，并在短短几个世纪中从一种初级的简略记录发展为一种成熟的文字体系，可用于记载诗歌和散文，乃至合同和账务。

然而，人们对于约瑟夫·阿莱维提出的理论还是基本上达成了共识，尽管这有些讽刺，但从原则上看他的观点并非一无是处。最早的苏美尔文本其实并不是书面文字，而是一些代码；这些初期的符号被用于指代物品，而算不上语言。人们通过简易的图画符号，记下物品被送出或收到的交易信息，它们包括动物、人员和商品。例如，一个牛头的图案就表示一头牛，一个斜沿碗的图案则指粮食。有时图案也不一定指物品本身：星星代表神明，一幅平面图表示的可能是一座神庙。

在该文字体系的早期阶段，文本仅是一种辅助记忆的简易个人备忘录，含义并不明确，如"二｜羊｜神庙｜神｜伊南娜"。此外，用这种模棱两可的方式进行记录的官员或行政人员会选择用自己偏好的符号和绘画方式。因此，要想让看到记录的人都能够识别这些符号的真正用意，就需要制定一套全员认同的标准。于是，一份登记有一长串职务、工作、动物和商品的"词汇表"应运而生。当时的人用这样一份类似于词典的词汇表来进行基础学习，以确保每个人都用完全相同的图案来表示牛、粮食、羊、神庙和女神。

以简单的词汇表为基础，经过几个世纪的积累，一个包含数千个符号的词库最终形成了。但是，这种符号也有其局限性，因为从原则上讲，需要用符号表示的物品数量是无限的，且几乎没有人能够记下表示世上物体的所有符号。为解决这一困难，当时的人采用了一种我们今天非常熟悉的图像表示法。

以飞机的图标为例，在机场航站楼中，它可以用来指示航班抵达或出发的区域；在公路标识上，它可以指示"前往机场"的道路或是警告附近有低空飞行的飞机；在广告里，它可以指旅行团出游或泛指出国旅行。换言之，图标的含义可以从"飞机"引申到"飞行""度假""旅行"。毋庸置疑，它还可以表示许许多多与之相关的内容。同样的，在乌鲁克早期的符号体系中，小腿的图像不仅可以指下肢本身，还可以表示"脚""行走""出发""站立""踢腿"等，具体含义为何由语境来决定。如果引申含义仍不够用，就将符号组合在一起形成复合式图像。例如，一个饭碗旁边加上一个人头就可表示"吃"，"女人"加上"山"（三座小山丘）最早表示的是"外来女人"，后来指"外来女奴"。

有些图像组合是为了区分某一图像所具有的不同含义。例如，一把犁加上一个人，这样的图像组合表示"犁田者"；而一把犁配上"木头"的标志，则指犁本身（犁是用木头制作的）。神明的姓名之前就会缀上表示神的星星符号，这样的符号被称为限定性符号。在美索不达米亚文字发展后期，这些符号被大量运用。

显而易见，"游戏的人"在其中发挥了很大作用，因为许多符号的创作方式很是有趣。举个例子，在含有人头的图像组合中，最有意思的要数表示"葬礼"的符号：一个脑袋且头顶全是竖立的头发。"女人"这一概念本可用许多不同的符号来表示，但有人偏偏选择了女性阴部的三角区；与此同时，代表"男人"的是一根射精的阴茎。

但是，采用尖头工具徒手绘画确实需要一定的绘图能力，不是所有书吏都有望成为技艺精湛的绘图员的。于是，这些符号越来越不像图像，而是渐渐接近格式化的标志。最终，它们在视觉上完全脱离了最初描绘的与其相关联的物体。人们也不再使用尖头工具来绘制，而是使用带有三角形或方形截面的

63

"笔"在泥板上进行刻印，形成楔形标记，楔形文字由此得名。在这个过程中，这些符号也丧失了其原本可能包含的趣味。

然而，楔形文字接下来的发展，不仅弥补了之前丢失的趣味，更成了一场真正的变革。而且可以肯定的是，这种发展最初必定是由人们的玩笑引发的。

* * *

无论人们创造出的这些符号多么实用，它们也只是记录事件和物品的工具，而非一个文字体系。"二｜羊｜神庙｜神｜伊南娜"这样的记录，无法告诉我们那些羊是要献给神庙的，还是从神庙那里得来的；它们是已被宰杀的，还是有待屠宰的，抑或是另有他用的。但这显然能满足行政记录的需求。早期的美索不达米亚社会是一个口述社会，记忆力深受重视。人们需要的只是简单的提醒，比如我们可以用各种语言解读指向左边的手指这类中性符号：英语"go left"、法语"à gauche"、德语"links gehen"、意大利语"a sinistra"、俄语"влево"或波斯语"دست پ"（均意为"去左边"）。要想使意思表达更加准确，则需要使用真正的语言，但是长久以来都没有人想到要用泥板上的记号来准备一场真正的演讲。

在我看来，从记录物品到记录语音，这种文字用途上的"质"的飞越或启发了这一飞越的思想，极有可能源于某种逗趣的游戏。苏美尔语中含有大量同音异义词，这为那些喜欢双关语的人提供了有利条件。类似的例子不胜枚举，如"箭"和"生活"这两个词的发音均为"ti"，再如"芦苇"和"复原"都念作"gi"，所以可以利用它们组成一些滑稽的表述。
不难想象，苏美尔神庙官员中某些头脑灵光的人会从刻在泥板 64
上的符号中提炼出一些蕴含双关或富有趣味的内容。当时的这
种"游戏"，就好比20世纪70年代电视上播放的喜剧小品，
当顾客拿着购物单在五金店里询问"叉子柄"时，售货员却
听成了"四根蜡烛"。①

玩笑归玩笑，但有一个问题，即一些事物确实无法通过图
画或符号来记录（例如"生活"），或人们尚未发明出表示相
应对象的符号。为了表示苏美尔地区一种叫"提吉"（tigi）
的鼓，人民就用发音为 ti 的"箭"加上发音为 gi 的"芦苇"
来表示。（但也正因为如此，我们无法知晓这种提吉鼓的样
子，这着实令人遗憾。）

一旦形成了这种思路，很快就有人想到可使用文字符号来
表示词语乃至语音，而不是物品。然而，这种新思路似乎需要
经历好几个世纪才能得到普及。好在随着时间的推移，用符号
表示语音而非物品的原则终于得以确立，尽管在楔形文字的使
用历程中，表音文字从未在书面文本中完全取代表意文字。

表音文字充分证明，它们不仅可以被用来表达那些无法用
图画表示的词语，如"生活"或"提吉鼓"，更重要的是，它
们还可以表示语言中那些最为基本但其本身毫无意义的词，例
如英文中的介词"to""with""by"，以及语言学家所说的黏
着语素——前缀、后缀和虚词。这些词在任何一种语言中都存
在，被用于语句的塑造，如区分单数与复数、现在与过去、主

---

① 在英文中，"叉子柄"fork handles 与"四根蜡烛"four candles 的发音十
　分相似。

动与被动，还包括表示衍生的含义，如在形容词"happy"（快乐的）之后添加"ness"，就产生了名词"happiness"（快乐）。鉴于苏美尔语一直都包含大量的单音节词，所以很容易为虚词找一个现存的且发音相近的符号。

久而久之，人们制定了一套既实用又优雅的苏美尔文字体系。但是，这套文字体系学习起来可不那么简单。当时的书吏需要经过多年的学习和培训，才能熟练地掌握所有文字。此外他们还需要花费更多的时间，才能将它们运用得游刃有余。似乎正是因为如此高的学习难度，人们分外喜爱和珍惜这套文字。其他民族，如埃兰人、波斯人和乌加里特（Ugarit）的居民，他们使用简化的符号并且减少符号的数量，最终创造出一份简短的字母表，其中的每一个字母就代表一种发音；但在美索不达米亚，人们在其文明存世的整整三千年间，坚持完整地保留复杂而烦琐的楔形文字。也许，字母表在他们眼里代表一种非常低级且贫乏的文字系统。那些丰富多样的楔形符号，以及它们所蕴含的不确定性和多重含义，从整体上影响着用它们写就的文本，它们的作用同高超的书法对东方文学的促进有异曲同工之妙。

楔形文字的使用当然不局限于高水平的文学创作，它也为我们留下了第一份有关那个时期的人物和事件记录。从那一刻起，世界上发生的任何事情都不再只能被遗忘。遗憾的是，虽然五千年后的考古学家将这些文字视若珍宝，但该发展的影响范围仅限于它所处的那个时代。而今世事变化，沧海桑田。

我们所处的时代同样可能面临相似的命运。与乌鲁克的技术和政治变革最为相似的要数我们近代的工业革命。此外，由一个简易的会计方法发展而成的有效沟通媒介，也预示着后现代的到来。矿业工程师赫尔曼·何乐礼（Herman Hollerith）为1890年美国人口普查设计的电动打孔卡片制表机只是一台不起眼的行政工作设备，然而从它开始，人类竟勇敢地一步一步开辟出了信息时代的新世界。在公元前第四千纪晚期，使用泥制标记的简易会计方法在吉尔伽美什之城得到不断发展，然后成为一种成熟、多样且灵活的文字体系。这一成就标志着真正的历史将由此展开。

　　但每一次全新的开始，必然意味着一个时代的结束。过去与当下的分割线也就此画下。

第四章　大洪水：历史的休止

迦勒底人叙述的大洪水

66　　　神话时代与传说时代的分界点是大洪水，口述传统和文字记录的分水岭也是大洪水。在《创世记》第 1~9 章提到的世界在美索不达米亚的诞生，和第 12 章的迦南沙漠牧人的故事之间，《希伯来圣经》讲述了诺亚、方舟和诺亚的后代的故事。

上帝消灭众生，唯独保全一人及其家庭和他用巨型方舟拯救的所有生物。不论在犹太教、基督教，还是在伊斯兰教的教义中，该故事都是人类历史的核心部分。17 世纪初，爱尔兰天主教会大主教詹姆斯·乌雪（James Ussher）凭借自身的数学天赋，推算出这艘方舟曾于公元前 1491 年 5 月 5 日星期三停靠在阿勒山（Mount Ararat）。自那时起，已有两百多名探险者出发前往亚美尼亚寻找方舟的遗迹。根据乌雪的推断，这艘方舟已经接受自然界的洗礼长达三千五百多年，但人们仍寄希望于找到其可能早已腐朽的残骸。尽管如此，在返回的人员中约有四十人称，他们亲眼看见了冰川之下或岩层之中的木质结构，那看上去就像是一艘海船的局部构造。

还有一些人既不相信《圣经》的叙述，也不接受天地之神惩罚人类无可救赎的罪恶这一理念，但他们仍然认为这个故事所基于的至少是历史上真实发生的一场灾难。有一种说法是该故事记录了洪水重新填满波斯湾的过程。波斯湾曾是一个干涸的河谷，直到约公元前 10000 年，阿拉伯海海平面上升，淹没了霍尔木兹海峡的岩礁。也有人提出另一种可能性，即地中海海水冲过博斯普鲁斯海峡，填满黑海盆地，而在约七千五百年前，该盆地内还只有一个很小的淡水湖。2003 年，美国地质学会（Geological Society of America）收到的一篇论文称："可能是此次洪水所造成的深远影响，导致旧石器时代的人类创造了大洪水神话。"

* * *

1879 年的一份公开声明使人们更加坚信诺亚与洪水的故事基于的是真实的历史事件。该声明表示，在古亚述人间流传的一个故事与《创世记》的描述有惊人的相似之处，它包含了《圣经》故事所涉及的所有主题：仅有一位将被拯救之人得到警告、建造方舟、暴风雨、大洪水、水势消退、停船于山边、放出乌鸦和鸽子、献祭、上帝也"闻到馨香之气"。

亚述文明中的这一巧合可谓一个重大发现，然而更令人惊奇的是，这个巧合的发现者乔治·史密斯（George Smith）竟是一个自学成才的业余人士，这在英国学术界是绝无仅有的。史密斯生于 1840 年，14 岁离开学校，开始在大英博物馆附近的一家钞票刻模公司里当学徒。也许是因为这种艰苦拘谨的手工劳作无法使他活跃的思维得到充分的利用，所以他利用就餐和晚上的时间，在博物馆中探究和学习中东藏品。有一次，他碰巧见到了破译美索不达米亚文本的知名学者之一亨利·罗林森爵士，并且听到了一位博物馆馆员无意间的一句评论：遗憾的是没有人愿意尝试为他们解译馆里收藏的泥板，那上头有成千上万个"鸟爪"一般的文字。经此启发，史密斯开始自学如何解读楔形文字和亚述语。令博物馆的学者惊讶的是，这个没有受过高等教育的年轻工匠仅在短短几个月的时间里就掌握了这门语言。他们注意到史密斯似乎不是靠掌握这种古语的词汇和句法来进行解译的，他凭借的是某种直觉和充满灵感的预见力。当史密斯于 37 岁去世时，人们在讣告中这样赞美他："史密斯先生凭借精妙的直觉，能在无法对亚述铭文进行语言学分析的情况下，判断铭文的篇章要义，这为他赢得了'智能解锁人'的美名，人们有时就是这样称呼他的。"

史密斯很快就取得了好几项重大发现，这也令罗林森对其十分钦佩。罗林森向博物馆的受托人提出建议说，是时候为史密斯提供一份正式的工作了。于是，他们任命 27 岁的史密斯担任亚述研究部助理。在那里，史密斯对在伊拉克北部的尼尼微出土的一块泥板进行了破译，发现它是《吉尔伽美什》第十一块泥板的一部分，他也因此蜚声国际。"当我正在查看第三部分的时候，"他后来写道，"我注意到一段有关船停靠在尼什尔山（Nizir）的陈述，接下来它讲述的是放出鸽子，但鸽子找不到落脚之地，然后飞回原处。我立即意识到我所发现的至少是迦勒底人对大洪水的叙述中的一部分。"

可惜的是，史密斯破译的那块泥板并不完整，其中缺失了好几行重要的陈述。尽管如此，他还是于 1872 年在圣经考古学协会（Society of Biblical Archaeology）的一次演讲中，向公众展示了他的发现，而当时在座的听众都是格莱斯顿首相一类的大人物。《每日电讯报》（*Daily Telegraph*）认为这是一个很好的题材，就提出资助一支考察队前往尼尼微遗址找回泥板缺失的部分，尽管这项任务可能以失败告终。于是，史密斯出发前往中东，并在长途跋涉之后抵达了古丘库云吉克（Kouyunjik），这里曾是亚述国王亚述巴尼拔北宫的所在地。

可是，史密斯面前只有一片废墟。他在《亚述发现》（*Assyrian Discoveries*）一书中写道：

> 这个大坑是先前的发掘者留下的，从中出土过许多泥板；在上次发掘结束后，这个坑就成了采石场，建造摩苏尔（Mosul）大桥所使用的石料就是从此处定期挖取的。现在坑底满是宫殿地下室墙体的大块碎石，还混杂着大量石头、水泥、砖块和黏土的小碎片，简直是一片狼藉。

尽管他已经不抱有太大希望，但还是用铁锹撬起一些石头，尽　69
力搜集可以找到的所有泥板残片。在搜集工作结束之后，

> ［我］坐下来查看白天挖来的那批楔形铭文碎片，先除去或刷掉其表面的泥土，然后阅读上面的内容。在清理其中一块碎片时，我发现上面包含了迦勒底人对大洪水叙述的第一部分的十七行铭文的大部分内容，恰好填补了该故事的空白。这让我既惊喜又感恩。在该泥板的内容首次发布时，我曾推测这个故事可能还缺失十五行文字，现在有了这一部分铭文，我就能基本还原整个故事了。

（人们仍可在大英博物馆内找到该泥板残片，上面还贴有标签，用黑色墨水写着"DT"字样，代表《每日电讯报》。）

由此，人们开始认为早在《创世记》写成之前，古代美索不达米亚人就已经知道了这个有关上帝为毁灭人类而降下全球性大洪水的故事。其他语言对相关内容的记述也相继被发现，包括苏美尔语、古阿卡德语和巴比伦语，同时同一个语言中还存在不同的版本。最古老的版本出现在尼普尔城的一块泥板上，泥板的制作年代约为公元前1800年。在这个苏美尔语版本中，诺亚的角色被换成了苏鲁巴克王祖德苏拉（Ziudsura）或祖苏德拉（Ziusudra），该名字意为"他看见生命"，因为他被诸神授予永生。在公元前17世纪的阿卡德语版本中，主人公的名字为阿特拉哈西斯（Atrahasis），意为"智慧超凡"。

美索不达米亚的大洪水故事与《希伯来圣经》的一个重要区别在于上帝降下大洪水的动机。《创世记》给出的理由是人类的邪恶，而《阿特拉哈西斯史诗》提供的解释是至高之神恩利尔因失眠而毁灭人类：

> ……领地扩大，人口增长。
> 大地像一头公牛般吼啸，
> 神明不堪这喧嚣之扰。
> 恩利尔听到人类的聒噪，
> 并对众神说：
> "人类的声音太吵了，
> 他们的喧哗令我无法入眠。"

70

恩利尔在多次尝试而不得成功后，最终通过泛滥全世界的洪水来毁灭人类。有些人试图解读这个故事的道德含义，猜测这个"噪声"或许与邪恶、罪孽有关。但情况是否也可能相反？会不会是人类向恩利尔做了过多的祷告，供奉了过剩的祭品？让我们回忆一下《以赛亚书》1:11~14中，上帝对骚扰者的反应：

> 耶和华说，你们所献的许多祭物，与我何益呢？公绵羊的燔祭和肥畜的脂油，我已经够了。公牛的血，羊羔的血，公山羊的血，我都不喜悦。
>
> 你们来朝见我，谁向你们讨这些，使你们践踏我的院宇呢？
>
> 你们不要再献虚浮的供物。香品是我所憎恶的。月朔和安息日，并宣召的大会，也是我所憎恶的。作罪孽，又守严肃会，我也不能容忍。
>
> 你们的月朔和节期，我心里恨恶，我都以为麻烦。我担当，便不耐烦。

如果只有《圣经》这一项证据，可能不足以为信，但现在我们已发现多份可能相互独立的文本，它们之中有关全球大洪水的内容是一致的，这似乎也验证了该段历史的真实性。接下来我们要做的就是找到实物证据。1929年3月16日，考古学家伦纳德·沃利（Leonard Woolley）在写给《泰晤士报》（Times）的一封信中宣称，他找到了能证明诺亚的洪水存在过的证据。

后来，沃利在自己的畅销书《发掘乌尔》（Excavations at Ur）中写道，他在挖一个坑，当挖到3英尺深时，"既没有陶器碎片，也没有灰烬，只有水分充足的干净泥土。在底部的阿拉伯工人告诉我已经挖到了原生土层"。对此沃利并不理会，他根据自己的判断说服工人继续挖。在又往下挖了8英尺深后，工人挖到了另一个土层，人类居住的迹象再次清晰地显现出来。

71　　　我再次进入坑中，查验四周，待我写完笔记后，我已非常确信这一切意味着什么；但我希望看看其他人是否也会得出相同的结论。于是，我将我的两名助手带到现场，向他们指明实际情况，然后询问他们的看法。他们不知道该说些什么。随行的还有我的妻子，我等她看完后也问了她同样的问题，她转身离开时随口说了一句："这当然是那场大洪水。"这便是正解。

这个精彩的故事让沃利声名远播，也使他成为与家喻户晓的埃及古物学家霍华德·卡特（Howard Carter）齐名的人物。1922年，卡特在埃及帝王谷发现了图坦卡蒙（Tutankhamun）的陵墓。然而，沃利的报告并不真实。一名15岁的男学生雅各布·吉福德（Jacob Gifford）写了一篇极为出色的论文，他在文中指出，实际上监督挖掘的是沃利的助手马克斯·马洛温（Max Mallowan，后来成为"阿加莎·克里斯蒂先生"①），而且马洛温详尽的现场笔记虽然与沃利的叙述大不相同，却更加贴近现实。这篇论文于2004年获得了牛津大学颁发的"近东考古学温莱特奖"（Wainwright Prize for Near Eastern Archaeology）。

---

① 阿加莎·克里斯蒂（1890~1976）是英国女侦探小说家，代表作有《东方快车谋杀案》《尼罗河上的惨案》等，马克斯·马洛温是她的第二任丈夫。

年轻的作者吉福德还引用了 1928 年一名外交部官员写给伊拉克高级专员公署的一封信，信中重点说明了他们有意"激发人们对伊拉克考古的兴趣，且愿意帮进一步的发掘活动协助筹集资金"。论文的结论点明，沃利的目的在于自我标榜，他提供的大洪水故事版本是为了"向公众宣传他本人以及他的研究课题"。

当然，在前辈们"不发表，便发丧"的告诫下，所有需要为自己的专题研究吸引资助的学者，都能够理解沃利为何要弄虚作假。沃利可以宣布他发现的不是大洪水的证据，而是乌尔发生的一次洪水的，且乌尔至少曾经历了两次洪水，它们的间隔时间长达好几个世纪。他也可以宣布，这种厚薄不一的水淹层形成于不同的年代，被发现存在于很多（但不是所有）南部城市中。但如果他这么做了，还能获得如此大量的关注吗？在某些遗址，如距离乌尔仅是十一千米的埃利都，人们没有找到丝毫洪水的迹象。

那么有人就要问，既然在具体细节上有所出入，为什么中东地区的所有古文明都一致认为曾经有一场大洪水摧毁了整个世界，只留下一小撮幸存者呢？这是因为像这样一场充满恐慌和令人惊惧的灾难性事件，不论其何时发生，人类都不会忘记；关于它的故事只会被一代接一代地传承下去，直到最后人类可以用文字将其记录成不同的版本。

不论这场灾难的存在真实与否，美索不达米亚人之所以不断地传述大洪水故事，还有一个更为重要的理由：这个故事在古人的历史观中发挥着关键的结构性作用。对于苏美尔人而言，大洪水是文字出现前和文字出现后这两个时期的分界点，也是民间传说的时代和人类记录历史的时代的分界点。更准确

72

来说，它是划分美索不达米亚的两大文明阶段的分水岭，即此前所有文明都在追随乌鲁克的文化和意识形态，此后美索不达米亚平原最南端的苏美尔地区的各个城邦开始寻求各自发展。

考古学使我们了解了公元前3000年前后发生的重大变化。分布在美索不达米亚大平原上的许多文明仿佛在刹那间中断了彼此间的往来。例如，去往阿富汗青金石矿区的通商线路被切断，乌鲁克分布在伊朗、叙利亚、安纳托利亚等地的居民点也全部消失。生活在南部地区之外的城镇和乡村里的居民又回归到他们以前的生活状态，也恢复了古老的饮食习惯；人们不再进行记录，文字的艺术被遗忘。在乌鲁克的核心地带，从尘土之下的遗迹中可以看出，农业生产亦不再受到重视：谷物间满是杂草，土壤高度盐化。人类的寿命急剧缩短。人们抛弃乡村的住所，要么投奔到城市，要么四处流浪。在乌鲁克城中，神庙的土地被农民占据，他们摧毁了伊安那的纪念建筑，在那里搭建起平台以及用柱子和芦苇建造的房屋。

这一切都表明，几个世纪以来成功维系乌鲁克文化统治的准平等主义社会体系和占主导地位的神庙经济遭到瓦解。据推测，引发乌鲁克意识形态崩溃的原因包含以下几点。第一，气候变化使得天气变得干冷。降水减少，无法为该丘陵地带的土壤直接提供充足水分，或无法保证河流的水位高度，以满足灌溉需求。第二，满怀嫉妒和敌意的外族发动了袭击和侵略。外围定居点周边修筑起巨型防御工事，尤其是厚达十英尺的城墙，其顶部加盖了瞭望塔，城门上加装了尖刀利器，此外城墙后方15英尺处还有第二道坚固砖墙。这一切都是为了保卫哈布巴－卡比拉（Habuba Kabira）这座位于叙利亚北部幼发拉底河沿岸的前乌鲁克殖民城市。

　　但这些只是乌鲁克衰亡的外因，同时有迹象表明乌鲁克的内部也不太安稳。从我们所处的时代来看，在看似平等的推行管制经济的社会中也可能暗流涌动，自愿接受乌托邦思想的尝试常常因反抗和起义而终止。随之而来的暴政统治总会令社会动荡不安，并导致贫困加剧。

　　乌鲁克式生活方式的普及，其实不总是和平主张的成果。近日，一次由芝加哥大学和叙利亚文物局组织的考察，在今叙利亚境内的哈穆卡尔（Hamoukar）遗址发现了一个令人触目惊心的交战区。来自美国的联合领队克莱门斯·瑞切尔（Clemens Reichel）说，这场"公元前第四千纪的战争'不是小打小闹'，而是'血雨腥风'"。3 米高的城墙曾遭到弹射式球弹的重创，战场上曾一片火海、血流成河。"南部的那些人极有可能参与了毁灭这座城市的战争。挖开残垣断壁，我们看到的是无数巨坑，坑里有大量来自南部的乌鲁克陶器。那个场面着实令人震惊。即使乌鲁克人不是这场战争的参与者，他们也必然是其受益者，因为战争刚一结束，他们就接管了该地。"而后在这个时代的末期，就连乌鲁克的南部核心区域也需要使用暴力手段来巩固政权。

　　刻有已知最早个人签名的乌鲁克泥板，其实是书吏学校一项练习的产物，该练习要求学员列举官衔和职业。列举的第一项内容应该是最高一级的头衔，即 NAM GIS SITA，意为"权杖之王"，权杖也是当时广受青睐的一种近战武器。到了稍晚的时代，该头衔的意义就变成了"君王"。出土的滚章上的图像反映了执行严苛法则的场景，最典型的就是殴打囚犯：不停求饶的囚犯双臂被反绑在背部，负责的长官手持一根矛，站在边上看着。但这不是战斗的场面，囚犯看起来也不像是士兵，

而更像是劳工。这种惩罚很容易让人联想到这是为了逼迫劳工
加大农业生产强度，以应对不断增加的城市人口。如同 20 世
纪苏联推行的农业集体化运动，其产生的后果与初衷背道而
驰，因为农作物的产量不仅没有增加，反而还减少了。

盐化指下层土壤中的矿物盐上移至表层土壤，它使农业用
地遭到了破坏。这是灌溉可能引发的一种危害，也是现代发展
研究专家在付出代价之后汲取的教训。古代苏美尔地区饱受土
壤盐化之苦，是因为底格里斯河和幼发拉底河的河水中的矿物
质含量异常之高。但经过数百年的耕作，美索不达米亚的农民
已经学会如何处理这个问题，他们部族的后裔至今仍然采用先
人的办法，即每隔一年便进行一次休耕。对此，芝加哥大学教
授麦圭尔·吉布森（McGuire Gibson）做了详细说明：

由于灌溉，临近收获期时的农田水位在表层土壤约半
米以下……野生植物从土地中吸取水分，从那时起至冬
天，这些植物不断将下层土壤中的水分吸干……到了春
天，因为田地没有受到灌溉，野生植物继续吸收水分，使
下层土壤的水位下降 2 米……这些植物都是豆科植物，它
们为土壤添加了氮养分，延缓了表层土壤的风化。到了秋
天，当人们在此耕作时，表层土壤中的盐分就会被灌溉用
水带入干燥的下层土壤。这样，盐分就被锁在下层土壤中
而不会造成危害。

不难想象，随着需供养人口的数量不断增加，神庙中的权力阶
级将必然坚持"大跃进"式的谷物生产活动，并且禁止这种
在他们看来每年都要浪费一半土地产出量的休耕，毕竟这些管

理人士对农业生产几乎一无所知。他们只能采用强迫手段来达
到他们的目的。《阿特拉哈西斯史诗》就描述了这一做法所导
致的无可挽回的后果：

> 黑土成了白土，
> 广袤的平原被盐分淤塞。
> 第一年，他们食草；
> 第二年，他们饥饿难耐。
> 到了第三年，
> 他们的意志被饥饿［扭曲］，
> ［他们］垂死挣扎。

高度组织化的复杂社会实际上是一台精致的机器，但只要稍加 75
折腾，便会将其破坏殆尽，正如古老的歌谣里唱的："少了一
个钉子……丢了一个王国。"以意识形态为基础的文明也比大
多数文明更加脆弱。回顾 20 世纪的历史，我们看到一旦人民
不再相信某种制度，那么该社会离终结也就不远了；即便是高
压政治也不可能保证其无止境地运转。当晚期的乌鲁克人环顾
四周，看到被毁坏的田地、受胁迫的民众、受侵袭的居所，他
们必然会质疑他们长久以来一直被灌输的信仰。老百姓不再相
信这种信仰会给他们带来益处，也不再相信这种意识形态能够
确保他们过上幸福快乐的日子，而这种信仰崩塌所造成的影响
并不亚于任何外部压力所带来的破坏。

此后的苏美尔人遗忘了或选择去遗忘这一切。我们在流传
下来的神话、传说和史诗中找不到相关的具体内容。或许这是
因为当时的文字还处于原始阶段，仅用于记账而非记录历史。

我们只能从古老的口述中，找到一点点有关信仰丧失的模糊叙述。《阿特拉哈西斯史诗》中写道，在大洪水来临之前，神明恩利尔曾试图通过瘟疫来减少人口的数量，紧随其后的便是土壤盐化、干旱和饥荒，这也引发了人类的反抗：

> 我已召集长老和长辈。
> 在本地发动起义吧，
> 让报信人去通报……
> 让他们的声响震动大地：
> 无须对神明有所敬畏，
> 无须再向女神祷告。

在"乌图赫加尔王表"所列出的苏美尔官方历史中，这段历史被完全省略。它仅仅宣布旧制度突然之间完全消失，"然后大洪水席卷大地"。这仿佛是新一代的记录者想要画一条分界线：那是过去，这是当下。大洪水就象征着对过往的全盘否定。该地区的乌鲁克统治时代已然完结，最好还是忘却，崭新的世代即将到来。

北

底格里斯河

迪亚拉河

阿什玛尔。
卡法迦。
　　　阿格拉布。

西帕尔。

阿 卡 德

底格里斯河

。捷姆迭特·那色

苏萨。

幼发拉底河

基什。
　。阿布·萨拉比克
　　尼普尔。
　阿达卜。

巴德-提比拉。

埃 兰

卡尔黑河

苏鲁帕克。

苏 美 尔
　　　乌玛。
乌鲁克。　吉尔苏。
　　　　　。拉格什

。拉尔萨

乌尔。

埃尔-欧贝德。

。埃利都

阿拉伯河

卡伦河

波斯湾

0　50　100 千米

苏美尔城邦

第五章 伟人与君王：城邦

约公元前 3000 至前 2300 年

五千年后依然清晰可见

2003 年 4 月，网络上出现大量言论，宣称"巴格达陷落后，伊拉克的两大城市库特（Al-Kut）和纳西里耶（Nasiriyah）立即发动互袭，以确立对新国家的统治"。该消息还指出，西方占领者做出回应，命令两城停火并确认巴格达仍将是伊拉克的首都。据称，纳西里耶立刻停火，但"库特一方仍在入城主干道部署狙击手，并下令不得让侵略部队入城"。

我们难以判断这一消息是部分真实还是纯属虚构，也找不到消息的来源。但无论真假，这种局面似曾相识。时光倒转五千年，让我们回到古代中东地区首次出现城市的那个时候。

大约在公元前 3000 年至前 2900 年，随着史前社会刚刚揭开面纱，历史的细节在人们面前缓缓显现，我们也能大致看出世事的未来走向。这时，在我们眼前的是一个可以说是冲突不断的场面。主要人口集中在两河平原，这片土地孕育着像雅各布和以扫两兄弟这样打娘胎起就相互斗争的群体。

尽管人们一再尝试终止这类毁灭性的敌对行为，但在公元前第三千纪的绝大部分时间里，所有的冲突通常都是以毁灭整座城市和屠杀城中百姓收场的。然而，那些争夺苏美尔地区统治权的竞争者明白，他们拥有共同的文化和历史，他们也为此感到骄傲。一些研究者还看到，有证据表明当时甚至出现了某些联盟或同盟，也就是希腊人所说的近邻同盟（Amphictyony），即由相邻地区的城市组成的联合团体。这些联盟或同盟都很重视至高神恩利尔位于尼普尔的神庙，因此他们会将供给品、物资乃至武装人员聚集到一起，共同捍卫肯吉尔（Kengir，即苏美尔）联盟。同样，在中世纪的意大利，来自费拉拉、佛罗伦萨、热那亚等城市的贵族承认拥有共同的文化和传统，因此他们虽然依然斗争不断，但在抵御外敌时会互结联盟。

　　在电影《第三人》（*The Third Man*）中，奥逊·威尔斯（Orson Welles）有句著名的台词："意大利在波吉亚家族三十年的统治期间，发生了战争、恐怖、谋杀和流血事件，但也产生了米开朗基罗、列奥纳多·达·芬奇和文艺复兴。在瑞士，人们拥有兄弟之爱，拥有五百年的民主与和平，但他们留下了什么？布谷鸟钟。"在公元前第三千纪的美索不达米亚，独立城市之间有敌对和冲突，有骨肉相残的斗争，有你死我亡的权力争夺，也有战争、恐怖手段、谋杀和流血事件。但与此同时，奠定今日文明之基的美索不达米亚文明，也一块日晒砖接着一块日晒砖地急速发展着。

　　短短几个世纪内，他们便建立了类似于古典希腊时期和现代新加坡的城邦；在城邦之中，军阀和君王接管了神庙祭司的统治权，宗教社会里的相对平等主义瓦解，取而代之的是贫富分化、弱肉强食。所有的变化都是某种有序、高效、实际且多产的农业体系的副产品，而在五千年后的今天，我们仍然可以

78

看到这种农业体系遗留的痕迹。

自 20 世纪 60 年代起，美国中央情报局逐渐运用太空观测代替间谍飞机来监视苏联，尤其是使用"日冕"（CORONA）卫星就可侦测到任何宽度超过 2 米的地面物体。除了冷战时的情报工作者，这一技术当时最大的受益者就是考古学家了。1995 年的解密文件显示，考古学家运用卫星提供的 3D 图像，对整个中东地区的航拍图进行了前所未有的细致研究，并从中发现了古代居民及其活动留下的永久痕迹。

这些图像显示消失已久的村落、小镇和城市曾散布于该地区。包括埃利都和埃什南纳、吉尔苏、伊辛（Isin）和基什、拉格什和拉尔萨、尼普尔、西帕尔和苏鲁巴克、乌玛、乌尔和乌鲁克在内的共约三十五个城市，均匀分布在该地区，彼此之间还点缀着不计其数的小型居民点。每个城市都由被城墙围绕的城区和独立的村庄构成，四周环绕着由守卫看护的广阔领土，上面既有密集的农田，也有野生的草原，穿过其间的是从城中心延伸出来的小径。几千年来，这里的农民和牧民日出而作，日落而归，日复一日地在这些小路之上来来去去，他们的步履使道路变得平坦、坚实，甚至使地表下沉了 1~2 英尺。他们在地表留下的这些印迹，在五千年后的卫星图像上依然清晰可见。

事实上，看着这些清晰的路径，你很容易想象出这样的场景：在公元前第三千纪，也就是亚伯拉罕族长时期，你在黎明的晨光中出城前往农田，同行的农民身着亚麻或羊毛围裙，肩上扛着锄头、耙子、泥槌和沟铲，有些人还赶着背驮篮筐的驴，或在吱吱呀呀的木质四轮牛车上晃荡着双腿。这种牛车的车轮十分坚固，每个轮子都由三个部分组装而成，因为单一原木截面的边材质地柔软，很快就会磨损。

　　你的同伴们会使用这个地区最常用的两种语言之一进行交谈，我们称其中一种语言为苏美尔语，另一种为闪米特语，后来它们都被称作阿卡德语（鉴于我们还未讲到阿卡德城，所以我们暂且不将其称作阿卡德语）。在美索不达米亚平原的最南部，也就是紧挨着我们今天所说的波斯湾的地区，你很可能会听到苏美尔语；而在底格里斯河和幼发拉底河流经的北部地带，你会听到闪米特语；在这两地之间，两种语言都会被使用。早些时候，有研究人员称，在说苏美尔语的人与说闪米特语的人之间存在权力斗争，最终后者通过武力征服结束了该斗争。如今人们发现这一想法并不完全正确。我们几乎可以断定，人们在很早以前就开始说这两种语言，但两方之间的敌意应该不会比今天瑞士各州中说着法语、德语、意大利语和罗曼什语（Romansch）的人的敌意强。

　　对于这样一个已绝迹的民族，我们又是从何得知他们所使用的日常语言是什么的呢？我们靠的不是他们的文献，因为在此阶段只有苏美尔语才有相应的文字；我们的依据是他们的姓名，那些被自豪地刻在印章上和记录在文本中的姓名。那个时候，大部分名字是虔诚的短语。我们知道的人名包括："恩利尔是我的力量""我神显真理""我抓住恩基的脚"，甚至还有"您的食物中有一名奴隶"（这个名字更像是一句祷词，在苏美尔语中写作 Sag-gar-zu-erim）。学者乔治·巴顿（George Barton）曾写道："起这个名字的父母要么幽默感十足，要么就是毫无幽默感的书呆子，就好比某些拘泥字义的清教徒用长长的句子给他们的孩子起名。"

　　现在，你穿过高墙之间的高大城门向城外走去，即刻映入

80

眼帘的是果园和菜园，园中有苹果树和葡萄藤，还有可产出纤维和油的亚麻和芝麻，以及包括豆科植物在内的各类蔬菜：菜豆、鹰嘴豆、黄瓜、大蒜、韭葱、小扁豆、生菜、芥菜、洋葱、萝卜和西洋菜，再加上各种芳草和香料，如香菜、孜然、薄荷和杜松子。饲养的鹅和鸭既可以下蛋，也可以成为食材。到了公元前第三千纪晚期，鸡终于从东南亚传入此地，成为人们在菜地周边饲养的家禽之一。此外，还有一些小树林分散在各处，其中的树木大部分是枣椰树，因为椰枣是当地的重要食材；同时你还会见到白杨、柳树、柽柳和棶木，它们被用于产出总是供不应求的木料。

这些果园和菜园出产的食材，为当地带来了丰富多样、别具一格的美食，这些美食后来都被记录在多部用楔形文字写成的烹饪著作中。1987 年，让·博泰罗经过调查发现，这些食谱明确地显示出古代美索不达米亚菜肴口味的复杂性。食谱中还包含了代表厨师最高技艺的油酥面点，但是使用这类食谱的人很可能会受到"祖母指导综合征"的困扰，即食谱中没有提供具体的用量，只是用"足量""不要过量""适量"来表示：

选用干净的面粉，用牛奶进行软化，待其蓬松时便可进行揉捏，加入斯曲（siqqu，一种经发酵的鱼露）和萨米都（samidu，一种类似洋葱的香草）、韭葱和大蒜，接着添加足量的牛奶和食用油，使面团保持松软。揉面时仔细观察面团的变化。接下来将面团一分为二，把其中一半放入盆中，将另一半做成瑟培吐小面包（sepetu，可能是一种面包块，博泰罗称之为"花形包"）的形状，然后就可以将瑟培吐放入烤炉了。

81

博泰罗也解译了一份禽肉派的完整食谱，为此某杂志还请人根据这份食谱将这种食物烹制出来并拍了照。虽然当时的记者宣称这道菜令其"大饱口福"，但在博泰罗教授写给他的翻译的一封信中，他"坦言他不希望任何人吃这道菜，除非与这个人有深仇大恨"。

在公元前第三千纪，最基本的食物当然是谷物。走到城外放眼望去，你看到的是道路两旁无边无际的成片谷类庄稼。当时，你的同伴们大量种植的已是大麦而非小麦，因为在上一时期的盐化影响下，这里的土壤尚未完全恢复，而大麦的抗盐性比小麦更强。从可通航的宽广运河到稍窄一些的水道，再到窄小泥泞的水渠，它们所构成的庄稼灌溉网络成了苏美尔人民生活的支柱。

或许还可以想象一下，你是一个受过教育、识得文字的人。在你的口袋中，有一份可供随时查阅的"农民指南"，这份指南的文本出现于公元前第三千纪晚期，是古代美索不达米亚人热衷于准确观察和细致分类的典型例证，体现了他们原始的科学精神。（但这毕竟是古代社会，人们还是会通过"举行仪式"来保护庄稼不受虫害之扰。）"农民指南"是一份全面的指导手册，以一个智慧老父向其儿子提出忠告的形式，讲授如何成功种植谷物庄稼的方方面面。开篇讲述的是两年一次的耕种轮换：

> 在整理田地时，要检查防洪堤、运河和护堤是否已打开。引入水流时，水位不能升得过高。如果田地间已充满水，就需要观察有水的区域，该区域应用围栏围起，防止牛群在此践踏。

待去除完杂草并确定田地范围后，用重量为2/3迈纳（*mina*，约659克）的细锄反复平整土地，再用平锄抹去牛的足迹，使田地齐整。用大槌将犁沟底部压平，并用锄头沿着田地的四边进行规整。待土地变干，将其打理平整。

82　接下来的指示包括准备工具、设备和耕牛。下一步，

用巴地利犁（*bardili* plough，可能是我们说的原始犁或抓犁）犁过之后，接着用土格萨伽犁（*tugsaga* plough，也许是一种底犁，用于翻动草皮）犁一遍，再用土伽尔犁（*tuggur* plough，大概是一种耙）犁一遍。就这样耙地一遍、两遍、三遍。在用重槌压平坚硬地块时，手柄和槌须套紧，否则就达不到应有的效果。

单牛犁需要犁地130～160英亩，或是不超过1平方千米面积的田地。这种劳动令人筋疲力尽、腰酸背痛。但不要被它吓倒：

当农活超出了你的承受限度，不要懈怠你的工作；没有人应该对别人说："干你的农活！"只要天上之星行至其应至之处，就应赶着耕牛到田里反复耕作。没有什么是锄头不能解决的。

如果严格遵守所有的指示，那么你一定会迎来大麦的丰收，这对你的社会地位至关重要，因为大麦是美索不达米亚生活的核心。它是各个阶级的基本主食，等同于我们的"面包和土

豆"。如果大麦歉收，人不仅要挨饿，还会酒瘾难耐，因为大麦是美索不达米亚的主要饮品啤酒的原料。啤酒不仅出现在庆祝活动、宗教仪式等场合，更是人们日常解渴的饮品。

那些住在遥远的山区和丘陵地带的人可以依赖晶莹透彻的溪水和冒着气泡的山泉，但平原上唯一的饮用水来自江河、运河和水渠，而这些水源已被严重污染，或者也可以说水体富营养化了（具体使用哪种说法就看从哪个角度来看这个问题了）。从更早期起，甚至在公元前 3000 年以前的乌鲁克时期，每家每户都装有将废水和雨水排入外部下水道的管道，家庭污水通过黏土烧制而成的排污管直接被排入水道中。这些水道相互连接，构成了全城规模的废水排污系统，排水管道被建得与自然下倾的地势相平行，最终通过城墙外的排污口将废水排出。（英国的许多房屋直到 20 世纪中叶才享受到此等便利。）这可谓一个杰出的工程成就，但同时也给公共卫生造成了潜在威胁。

如果水道水已不安全，那么井水也不可饮用，因为盐水的水位已经接近地表。因此，啤酒经其自身含有的低量酒精的消毒，反而成了安全的饮品，这种现象后来也出现在西方世界，如维多利亚时代后期，人们每餐都要喝啤酒，甚至医院和孤儿院内也是如此。在古代苏美尔地区，啤酒还被当作工资的一部分，支付给那些通过为他人提供服务来谋生的人。

美索不达米亚人的啤酒貌似种类繁多，浓度各不相同，且他们因缺少啤酒花而使用了不同的原料调味。在学术著作中，美索不达米亚啤酒的名声一般不太好。鉴于饮用这类装在大型容器中的啤酒时需使用吸管，许多学者（作为一个"阶层"他们可能对啤酒有特别的研究）认为这是由于酒中充斥着大

83

量颗粒物和杂质，所以要用吸管来过滤，就像是以玉米和高粱
为原料的浓稠的家酿"乌姆阔姆波什"（Umqombothi）（在南
非背街小巷的地下酒馆里这种啤酒比比皆是）。但这种看法显
然有失公允。献给烈酒女神宁卡斯（Ninkasi）的一首赞美诗
清楚地阐述了苏美尔啤酒的酿造需经过仔细过滤。此外，尽管
这首赞美诗写于公元前 1800 年，但它反映的是人类在此前一
千年就已采用的技术：

> 过滤的大桶，
> 发出愉悦的声响，
> 你将其稳当地架在
> 大大的收集桶之上。
> 当你从收集桶中
> 倒出经过过滤的啤酒，
> 它就像那湍急的
> 底格里斯河与幼发拉底河。

无论如何，只有啤酒本身才能证明一切，而且近来已有多人试
图按照宁卡斯赞美诗中的具体方法进行酿制。1988 年，旧金
山的安佳酿酒厂（Anchor Brewing Company）与人类学家所罗
门·卡茨（Solomon Katz）博士合作，想让苏美尔啤酒重新现
世。他们先将部分发芽的大麦烤成面包，或烘烤两次让其成为
面包干，然后再捣碎进行发酵。最终酿造出来的啤酒更像是俄
罗斯的格瓦斯，口味怡人，酒精浓度为 3.5%，这一点与许多
现代的淡啤酒类似。有人将其口感形容为"干爽、无苦味，
似烈性苹果酒"。

在苏美尔时期，人们喝酒时会唱一首祝酒歌。现在就让我们齐声把歌唱：

> 佳库尔酒桶，佳库尔酒桶！佳库尔酒桶，拉姆萨尔酒桶！
>
> 佳库尔酒桶，使我们心情无比欢畅！
>
> 拉姆萨尔酒桶，让我们心驰神往！
>
> 乌古尔巴酒罐，家族荣耀！卡古伯酒罐，盛满啤酒！
>
> 阿马穆酒罐，装着从拉姆萨尔酒桶倒出的啤酒！……
>
> 我绕着啤酒之湖旋转，同时感到万分美妙，
>
> 感到万分美妙，一边喝着啤酒，心情无比喜悦，
>
> 一边喝着酒，一边感到无比快活，
>
> 愉悦的心和满足的肝，
>
> 我的心中充满欢畅！

言出如山，说一不二

在大洪水后的苏美尔地区，人们早已遗忘了乌鲁克时代占主导地位的神庙经济——当然这不是说神庙的祭司们忽然间丧失了所有的影响力，事实上他们仍发挥着很大作用。但从此刻起，私有财产在社会和经济事务中的作用将越发重要。公元前第三千纪中期的文书中开始出现土地、田地和枣椰林的出售详情，此外还有关于孩子（既有儿子又有女儿）继承父母土地的合同和协议。既然存在私有财产及相应的买卖权利，就必然有一种定价机制。这似乎是有史以来供求关系第一次发挥作用。

　　（广义的）市场在美索不达米亚地区早期人类生活中的地位为何的问题引发了学者们的诸多争论。与其他研究领域相比，该问题更易受到政治立场的影响。马克思主义者和保守主义者以不同的方式解读过去，前者中的某些人完全否认市场规律对苏美尔经济产生过任何作用，而后者中的很多人确信这些规律从一开始就控制着贸易规则。尽管两派都没能从书面记录中找到相应的论据，但纽约市立学院（City College of New York）的莫里斯·西尔弗（Morris Silver）教授从文献中摸索到了证据：

> 　　这些文本可追溯至公元前第三千纪⋯⋯是关于苏美尔 *lú-se-sa-sa*（阿卡德语为 *muqallû*，意为"烘干谷物者"）的。这类人会将谷物烘干，然后拿到市场上贩售。
>
> 　　一份同时期的文本以谚语的形式对此进行了叙述："商贩——看他如何把价格降低吧！"
>
> 　　一名官员在给国王的信函中汇报，他购买了一大批谷物（超过 7.2 万蒲式耳①），并已将其装船运往都城，但现在谷物的价格已上涨了一倍。

针对苏美尔城市没有贸易市场或没有表示市场的词等评论，西尔弗也找到了反证："早在公元前第三千纪时，就有食品小贩售卖外来的货品，如盐和酒，还有家酿啤酒、烘烤过的谷物、陶器和碱（用于制作肥皂）。街道（阿卡德语中为 *sūqu*）这个

---

① 蒲式耳是英美制计量单位，主要用于计量干散农产品的容量，1 蒲式耳相当于 36.368735 升。

词常常出现在文献中，它的含义包含了市场。在公元前第三千纪后半期的文本中就提到了货品都集中在'街道上'。"

只要有市场（*sūqu*、*suq* 或 *souk*），就会有竞争；有竞争，就有输赢；有输赢，就有贫富差异，就有雇主和工人、企业家和无产阶级。与之前人人基本平等的时代不同，在这个阶段，社会阶级就如同洒在吸墨纸上的彩色墨水般扩散开来。看看你周遭那些一大早就动身前往农田的辛苦同伴，他们之中应该没有多少人来自富裕阶级，因为富人们现在可以雇用他人来为自己干农活。你在街上见到的人大多数是小佃农、受雇用的劳工和奴隶，他们要么因为欠债而沦为劳役，要么就是在战争中被抓来的俘虏。富人则待在家中，享受他们刚刚获得的财富并思考如何使这些财富继续增值，他们想出的办法可能包括在神庙祭司的管控范围之外开设私人作坊，从而生产出可供销售和外销的纺织品、陶器、金属制品和其他手工艺品。这些作坊算是历史上的第一批厂房，尽管根据后来的记录，把它们称作血汗工厂或许更为适合。

事实证明，这类资产积累方式产生了深远的影响。捷克学者彼得·哈尔瓦特（Petr Charvát）这样评价苏美尔的新富阶层："他们原本可以将拥有的土地分配给属下，但通过将这些土地用于交换，他们成为其他社会群体的主人，完全独立于美索不达米亚原始国家中以神庙为核心的传统社群，摆脱了首领的控制。"新型的权力结构正在形成。

出城后步行不到几英里，你就走到了农田的尽头，紧接着便是广袤的草原，从扎格罗斯山脉的山丘蔓延到阿拉伯半岛，这一大片区域在苏美尔语中被称为伊丁（*edin*），有些人认为《圣经》中亚当和夏娃的伊甸园就是由此而得名的。草原上不仅有供成群的牛羊享用的牧草，还有大量猎物：野猪、鹿、瞪羚、大羚羊、鸵鸟、野驴和野牛。同时，草原也是暗藏凶险之地，例如有在野地中潜行的狮子、猎豹、豺和狼。猎狮活动是美索不达米亚艺术中常见的主题，但这并不是某种嗜好，而是一项必要之举，否则城中的牛羊就会时常遭殃。同样，滚章上常常出现狮子袭击公牛或雄鹿的场景，这也不是一种艺术幻想，而是常见的不幸现象。

"人类掠食者"也经常是一种威胁，他们大多是来自东部高地或西部沙漠的入侵者。尤其在收获的季节，武装人员必须在农田附近守卫。冲积平原北部闪米特语地区遭受袭击的频率最高，这是由于它地处迪亚拉河（Diyala River）河谷。迪亚拉河发源于扎格罗斯山脉的高山，长度为 400 千米，最后与流经现巴格达的底格里斯河汇合。迪亚拉河河谷为从伊朗高原长驱直下的掠夺者提供了便捷的途径。所以，王权——公元前第三千纪最重要的政治发展——在此地孕育，在史称基什的这座城市中诞生，也就不足为奇了。"苏美尔王表"有这样的记载："大洪水横扫大地之后，王权再次从天而降，王权降在了基什。"

* * *

除了独特的战略位置，是什么使得基什如此与众不同，竞取代埃利都和乌鲁克这两座古代中心城市，成为上述重大发展的发生地的呢？今天的基什（不要将它与伊朗南部沿海一带的同名度假岛混淆）和其他许多著名的美索不达米亚城市一样，只剩下数千公顷的尘土与荒丘。但它与南部的其他废墟相比还是有一个重要的不同：这里不是一片干燥的荒漠。实际上，在这片荒土废丘之地的周围散布着绿地。此地水源之所以异常充足，是因为它不仅靠近迪亚拉河与底格里斯河的交汇处，而且底格里斯河和幼发拉底河间距离最短（不到50km）的地方在它附近。当然，如果发生洪灾，这里会首当其冲地受到影响。考古挖掘成果显示，基什曾多次遭遇洪水的侵袭。凡事均有利弊，易发生水患也说明此地易于灌溉，这造就了基什优越的自然环境，使基什能够粮食充裕、羊肥牛壮。也许正因如此，东部山区的蛮族才会屡屡进犯，掠夺当地居民的物产。黑泽明的电影《七武士》中，就有类似的强盗袭击农庄的场景。

当在城外原野放牧的牧民看到强盗即将抵达时，会发出讯息，召集人们准备抵抗。于是，农民们丢下铁锹和锄头，拿起棍棒和长矛，将自己武装成民兵。这种做法或许可以抵挡小队的强盗，但如果他们面对的是一大批强盗的侵犯，这就只是杯水车薪。因此，需要先训练出一支半专业化的战斗队伍，而后再建立一支专业化的军队。神庙祭司和长老们虽是苏美尔社会原先的权力中心，但既不能召集到适当的人数组成军队，也不能带领人们进行战斗。于是，这个任务自然而然地落到了彼得·哈尔瓦特口中的新兴经济精英群体的肩上。这些人是"大人物"，亦被称作"卢伽尔"（即苏美尔语中的 Lugalene，"lu"指人，"gal"表示伟大的，"ene"是复数词尾）。他们拥有大量财产和众多追随者，而规模经济意味着他们可以让手下的部分劳力参加定期的军事训练。然而，一支军队不可能同时受多位存在竞争关系的将军指挥，所以必然要推举出一个人成为主将，即基什的头号"大人物"，也就是千年后罗马人所说的战争领袖（Dux Bellorum）。"苏美尔王表"提到的第一位基什卢伽尔是

88 犹舒尔（Ghushur），继他之后还有二十二名基什卢伽尔，他们的统治时间全部加起来长达"24510 年 3 个月又 3 天半"。当然，如此惊人的统治期不能当真。

尽管没有这些统治年代的历史记录，但在很久之后的巴比伦神话作品《埃努玛·埃利什》（*Enuma Elish*）中，出现了一则十分隐晦的神秘故事。提亚玛特（Tiamat）是远古咸水女神，也是混沌的化身。她放出怪物攻击诸神，诸神无法忍受袭击，便召唤年轻的英雄马尔杜克（Marduk）神作为他们的战士和守卫。马尔杜克虽然同意了，但提出了一个条件：

> 如果要我做你们的复仇者，用我的性命去征服提亚玛特，
>
> 那就召开一个集会，承认我的卓越地位，并将此正式宣布……
>
> 我会信守诺言，履行我的天命。
>
> 言出如山，说一不二，
>
> 一言既出，金玉不移。

虽然卢伽尔已经开始抵御强盗、守卫家园，但他定然很快就意识到，与周边其他定居族群的边境冲突是巩固自己地位的良方。有研究发现，基什没有让平原北部的任何城市挑战其领土和权威地位。"苏美尔王表"也暗示基什的势力范围有时甚至覆盖了整个地区。在此后的苏美尔历史中，凡是获得国家统治权的领导者，都会被封为"基什卢伽尔"。

但基什不可能永远独霸一方。在南部有多座历史悠久、文明辉煌的城市，它们后来也吸取了北部邻邦的教训，即每座城

市都需要一支军队，这样一来，就算不想扩张，也至少可以用
军队维护政权和势力。最终，大部分城市的掌权者是"大人
物"，而这一局面的形成花费了多长时间，我们不得而知。后
来，乌鲁克集结了足够强的兵力，开始与基什竞争、较量并最
终将其打败。由此开始，美索不达米亚地区各城市间的博弈便
一发不可收拾；无休无止的破坏性军事权力斗争成为公元前第
三千纪早期的一大特征。各个城市的"大人物"不断更换，
通常我们称之为朝代更迭，尽管这些领导者之间基本没有血缘
关系，"苏美尔王表"清楚地记述了这段历史。我们说，现代　89
社会的政治事业往往以失败告终；苏美尔各城的一时辉煌同样
终止于不可避免的溃败：

　　　基什被打败，王权由埃南娜［即乌鲁克］接手……
　　　乌鲁克被打败，王权由乌尔接手……
　　　乌尔被打败，王权由阿万（Awan）接手……
　　　阿万被打败，王权由基什接手……
　　　基什被打败，王权由哈马兹（Hamazi）接手……
　　　哈马兹被打败，王权由乌努克接手……
　　　乌努克被打败，王权由乌尔姆（Urim）接手……
　　　乌尔姆被打败，王权由阿达卜（Adab）接手……
　　　阿达卜被打败，王权由马里（Mari）接手……
　　　马里被打败，王权由基什接手……
　　　基什被打败，王权由阿克沙克（Akshak）接手……
　　　阿克沙克被打败，王权由基什接手……
　　　基什被打败，王权由乌努克接手。

这些直白的陈述并没有向我们说明，在这些征服者和被征服者之间究竟发生了什么。不过，我们掌握了某一场重要战争的具体情况，尽管它只是其中一方的叙述，而且是"苏美尔王表"中未提及的那一方。交战的两座城市分别是拉格什和乌玛，这场战争持续了一百多年。

当然，对于这场战争的叙述使用了古代美索不达米亚文化和信仰的特有表达形式，因此需要对其进行某种解读。在中世纪、近代乃至现代，政治从来都是由人类主导的，尽管冲突各方通常都会宣称神站在自己这一边，且他们的神基本上是同一位。不同的是，在古代苏美尔世界，政治及其衍生品——战争，被视为诸神的事务，而人类只是代表诸神作战。由此看来，拉格什和乌玛之间的苏美尔百年战争，实际上是拉格什的神宁吉尔苏和乌玛的神夏拉（Shara）之间的冲突。尽管人类战死，城市毁灭，但这其实是神明间的争吵。

这次争端之缘为一片土地，根据当时的描述，这片土地叫古－伊丁（Gu-Edin），意为"草原边缘"。虽然原文指的是一块受灌溉的耕地，但它很可能就像其名字所显示的那样，是一座被围起的草原牧场。古代美索不达米亚的牧场是自然的馈赠，与经人类开垦后种植庄稼的土地相比，总是更加供不应求，会引发激烈的争夺。由于毗邻城市的土地多被用于种植谷物，因此人们只能到较远的草原去喂养牲畜。但是，如果牧养的区域过小，牛羊很快就会将草原啃食成不毛之地。牛通常以灌木和树木的绿叶为食，有时也吃树皮；羊则一点一点地啃食刚刚长出的嫩芽和矮树丛，使得植被无法再生。一旦草原上的天然牧草遭到牲畜的破坏，这些土地就只能被用于农业耕种。这便可能引发两座原本相距甚远的城市间的纠纷，争议的对象不是农业耕地，而是耕地之外的草原牧场。

拉格什和乌玛的冲突就是这样的故事，尽管它们相距约30千米，但冲突终究不可避免。可是，如果只把此次冲突当作一场关于边界和放牧权的争议，就可能难以看清其真正的意义所在，因为两城交战的本质在于争夺苏美尔地区的至高统治权。整个冲积平原的地缘战略发展与各个城市的命运息息相关。虽然从表面上看，这只是一场微不足道的冲突，一次因一小块土地而引发的争执，但细细想来，如果其中一方在数十年里不断丧失优势，新的政治格局就会产生，全新的朝代就会出现。

对专家们而言，他们最关心的还是这场旷日之战的细节。最初，整个苏美尔地区名义上的最高统治者"基什之王"麦西里姆（Mesilim）奉其神明卡迪（Kadi）之命，裁定各城之间的边界。但是后来，"乌玛的恩西（Ensi，意为统治者）乌什（Ush）也奉其神明之命，袭击并侵占了古 – 伊丁这处宁吉尔苏心爱的灌溉之地……销毁了边界标记并涉足了拉格什的领土"。于是，拉格什在其领导者埃阿那图姆（Eannatum）的率领下出征应战。埃阿那图姆"遵照神明恩利尔的吩咐，撒下天罗地网，令敌方尸骨成堆……幸存者为保全性命，向埃阿那图姆俯身投降，怆然涕下"。和平条约刚刚订立，旋即又被破坏。"拉格什统治者埃阿那图姆又与乌尔卢玛（Urluma）[①] 在宁吉尔苏的心爱之地乌吉格（Ugiga）交战。乌尔卢玛被埃阿那图姆的爱子恩美铁那（Enmetena）打败，并在逃亡中被恩美铁那杀害。乌尔卢玛手下的 60 队人马被弃于卢玛吉尔努塔

91

————————

① 乌尔卢玛是乌什之子。

（Lumagirnunta）运河沿岸，他们的尸骨四处散落。"

那么是否存在能够证明这场血腥杀戮确有发生的证据呢？答案就在拉格什留给我们的美索不达米亚早期艺术杰作秃鹫碑（Stele of the Vultures）之中，它因碑上刻着正在吞食死尸的食腐鸟而得名。秃鹫碑实为高不足 2 米的圆顶石雕，一面上刻着身着战服的拉格什之王埃阿那图姆，他时而站立，时而乘坐战车，率领着一个严肃的方阵前往战场；另一面则是宁吉尔苏神，他用他的天罗地网俘获了乌玛的军队，并用他的权杖碾碎了士兵的头颅。碑上还刻有一段铭文，不仅详细地叙述了这场冲突，还完整地记录了乌玛人的邪恶与不忠。这座秃鹫碑是由在吉尔苏出土的碎片修复而成的，现藏于卢浮宫。这座碑在古代就已被击碎，而且很可能是乌玛人所为，毕竟他们不喜欢碑文对他们的描述。

这样的战争一定耗费了无数的时间、精力以及社会资本。我们无从得知究竟有多少兵力被投入了这类冲突，但根据《剑桥古代史》（Cambridge Ancient History），"拉格什城中仅一座神庙就派出了 500 ~ 600 个居民参军"，而且这可能还不是最大的神庙。如果双方的军队全都出战，那么战士的人数可能高达一万人——即使在今天，这也是个不小的数目。

乌尔军旗是另一件展现战争中的苏美尔人的古代艺术精品，据说它可能是一种乐器的音箱。秃鹫碑同乌尔军旗都展示了战士们短兵相接的场景：以皮盔、斗篷和盾牌自卫的矛兵排成一个紧密的方阵。在"大人物"的带领下，他们挥舞长矛、斧头或装有石质权杖头的权杖，紧随其后提供支援的通常是战车。乍听之下，战车一词似乎会让人对它们的速度和操纵性产生错觉。实际上这些由驴子牵引的四轮双人战车十分笨拙，人的步行速度与其不相上下。这些战车或许更适合被称为移动兵器库，因为战车前部有一个装有类似于标枪之物的大桶。如果可以确定这些备用兵器确实是用于投掷的标枪，它们就是秃鹫碑上的唯一投射兵器，学者们可凭此断定苏美尔军队是徒手作战的，因为该时期的战争场景中也没有出现弓和箭。

但缺乏证据不等于没有证据，也可能这只是遵从某种艺术惯例的结果。位于今叙利亚的哈穆卡尔遗址早期曾遭受乌鲁克人的袭击，该遗迹呈现了一个截然不同、出人意料的古代战争场景。

从哈穆卡尔的考古发现中，我们得到一个完全出乎想象的信息：古代美索不达米亚的战斗力量其实与现代军队有很多相似之处，尤其是在他们使用投射兵器这一点上。事实证明，"子弹"的历史从古代美索不达米亚一直延续到现代战场，它对于苏美尔勇士和今天的步兵同等重要。唯一的不同之处在于，今天的子弹是从突击步枪中射出的，而古代的投射工具是投石器，正如那时的史诗所描述的：

> 城中射出的弹丸犹如阴云降雨；
>
> 堪比全年雨量的石弹
>
> 伴随着嗖嗖的声响，从阿拉塔的城墙上射下。

《撒母耳记上》17：50描述了大卫与歌利亚之间的战斗以及大卫打败非利士人的情形："大卫用机弦①甩石，胜了那非利士人，打死他。大卫手中却没有刀。"该描述表明大卫所用的武

---

① 机弦是一种类似弹弓的投石器。

器其实就是一个小男孩的玩具。但这也是最不准确的一种说法，因为对受过良好训练的人来说，投石器是最为致命的武器之一。

　　投石器的原理是通过增加投石手手臂的有效长度来增强其投出物的威力。现代板球或棒球投手所投之球的时速可超过150千米。一个与投石手手臂长度相同的投石器会使石弹速度提高一倍，让弹丸在离开投石器时的速度接近每秒100米，这已远远超过每秒60米的长弓之箭的速度。投石手们自幼便接受高强度训练，所以我们有理由相信专业投石手的射速可以轻而易举地超过每秒100米，甚至可能接近.45口径子弹的初速，即约每秒150米。更重要的是，光滑石弹的射程要远远大于弓箭的射程，可达500米。这是因为弓箭的箭羽会产生很大的阻力。现代投射的世界纪录是由拉里·布瑞（Larry Bray）于1981年创造的，当时他使用投石器将石头投出了437米，但后来布瑞认为如果使用更好的投石器和铅弹，他有可能创造出600米的纪录。

　　一直以来，人们认为投石器作为一种武器存在以下缺点：其本身缺乏准度且石弹无法穿透盔甲。但哈穆卡尔射弹的发现否定了这两大缺点。这些尖头射弹向我们阐述了两个事实：一是它们可以穿透盔甲；二是投石手必须掌握一种技巧，让投出的石弹像步枪子弹那样旋转，从而使它们在飞行过程中不偏离瞄准目标。《士师记》20：16中提到，左撇子便雅悯人都"能用机弦甩石打人，毫发不差"。想必投石手的准度亦是如此。甚至到后来，李维①在他的《罗马史》（*History of Rome*）中也

---

　　①　全名提图斯·李维（Titus Livius），古罗马历史学家。

提到，埃吉乌姆（Aegium）、帕特雷（Patrae）和杜美（Dymae）的投石手"在训练中需从远距离对中等周长的圆环进行投射，他们不仅可以击中敌人的头部，还可以击中他们所瞄准的任何脸部位置"。

由此，我们可以认为苏美尔军队中有一支中央突击力量，即一个由几百或上千名矛兵组成的紧密方阵。为了控制、操练这些士兵并让他们保持队列，需要众多技术精湛、声音洪亮的士官；要想让这些士兵步调一致地稳步向前行进，或保持密集队形移动，就需要音乐或一队鼓手来把握节奏。在这支中央突击力量的后方，则是约千人的投石手，相当于今天的步枪兵、燧发枪手或炮兵。他们的队形较为松散，像愤怒的黄蜂般发出嗡嗡的声响，向敌军的核心区域密集投射大大小小的石弹，而那些由驴子牵引的战车则不断地为他们补给石弹。

在一座城市中，能够统领这样一支军队的卢伽尔或"大 94
人物"，必定是令人敬畏的杰出人物。

* * *

苏美尔语中的"卢伽尔"一词在英语中常被译成"国王"，因为后来的阿卡德语词典就是这样翻译的。战争领袖何时开始成为我们现在意义上的君主，对此我们并不知晓，但这两者之间的确有很大的不同。战争领袖是一个人，他既有钱有势，又有超凡能力和个人魅力，可他终究是人。即使是传奇的吉尔伽美什，在出征讨伐基什王阿伽之前，也要得到乌鲁克市民大会的批准。

然而，国王或王后的身份至少在官方看来是由神明授予的。19世纪20年代，法国君主仍然通过触摸病人来行使神迹，治愈所谓的"国王之恶"，即颈部的淋巴结核。直到第二次世界大战之后，日本天皇才在美国的逼迫下，公开发布否认自我神格的声明，但他从未否认自己是天照大神的后裔。要想从一种状态转到另一种状态，从世间凡人转变为下凡半神，使纯粹的人性变成具有部分的神性，并非易事。要想让你的同伴接受你的新地位，让城中百姓真正相信如今你在本质上与他们不同，就需要有非比寻常的事发生。在美索不达米亚南部的乌尔城，也就是后来被认定为亚伯拉罕故乡的地方，这种转变就是通过建造一个绝世奇观——一座惊人的宗教建筑来实现的。此外，这一奇观还在无意中带来了另一个后果：不仅为后世留下了从此以后国家权力中必不可少的君权神授制度，也创造了目前已发现的最为辉煌的古代财富之一。

残酷戏剧

1928年1月4日，伦纳德·沃利从伊拉克向其资助机构宾夕法尼亚大学发送了一封电报。为保密起见，电报使用了拉丁文来传送一则激动人心的消息，原文为"TUMULUS SAXIS EXSTRUCTUM LATERICIA ARCATUM INTEGRUM INVENI REGINAE SHUBAD VESTE GEMMATA CORONIS FLORIBUS BELLUISQUE INTEXTIS DECORAE MONILIBUS POCULIS AURI SUMPTUOSAE WOOLLEY"。

95 这封已经褪色的电报至今仍存放在宾夕法尼亚大学博物馆中，有人在电报上潦草地写下了大致的译文："我发现了这座完好无损的苏巴德王后（Queen Shubad）陵墓，陵墓用石头建成，以砖搭建拱顶。王后所着衣裙之上编有宝石、花冠和动物的形象。墓中还有珠宝和金杯，尽显华贵。沃利"

乌尔王陵（Royal Graves of Ur）、埃及的图坦卡蒙法老墓和秦始皇的兵马俑竞相争夺20世纪最壮观之考古发现的头衔。然而，霍华德·卡特在1922年发现图坦卡蒙法老墓时，只不过在墓门的"左上角打开一个小缺口"，再借助烛光向内窥视，便看到了"精妙绝伦之物"；而伦纳德·沃利的成就则是长期极度艰苦的工作的结果，这些工作大部分是由沃利本人、他的妻子和一名助手完成的。用沃利自己的话说："这个庞大陵墓的清理工作让我们忙碌了好几个月。从头到尾，就普通的挖掘工作而言，这里的每一天都激动人心；但只就这座王陵而言就不那么好了，因为工作过程要求人们付出额外的劳动，其他人都因此而无精打采。"（大量当地部族之人受雇完成挖掘中的体力工作，沃利常常抱怨这些人无知、鲁莽且不诚实。）

沃利在乌尔先后发现了两座分属两个间隔不久的时期的陵墓。较早的那座包含十六个所谓的"王墓"，其中两个被确定为麦斯卡拉姆杜格（Meskalamdug）和一位女性的安息之地。麦斯卡拉姆杜格意为"沃土英雄"；而那位女性的名字先前在苏美尔语中为苏巴德（Shub-'ad），现在闪米特语中则为普阿比（Pu-'abi），意为"吾父之语"。沃利从后者的王墓中发掘出了此前从未出现在美索不达米亚大地之上的绝美之物。有雕刻精巧的滚章、加工精致的青金石和玛瑙珠宝。也有样式奇特的乐器：竖琴和里拉琴上饰有镶嵌在黑色沥青之上的白色贝壳，琴的一端有由贵金属精心制作而成的牛头模型，牛头上还装饰有用宝石制成的怪异假胡子。此外还有铜制和燧石武器以及大量金银器具，包括一顶形似假发的金色头盔，头盔上刻有

精致的波纹、辫子和发髻。沃利称之为"墓中发现的最美之
96 物"。（2003 年巴格达博物馆遭到洗劫，这顶头盔至今下落不
明。）这些器物的做工十分精湛，"美索不达米亚出土的其他
文物无一可与之相媲美；它们的样式是如此的新颖，以至于某
位公认的专家误认为它们是公元 13 世纪的阿拉伯器物。没有
人会为了这个错误而责怪这位专家，因为没有人能料到公元前
第三千纪就有这样的艺术精品"。

但是，在发掘中最令人震惊的发现是关于大规模人祭的证
据。尽管关于墓主的地位仍存在争议，但无论其身份等级如何，
他们都有一大批男女侍从和动物陪葬，共赴后世。格温多林·
莱克等学者提出，没有证据表明这些殉葬侍从是就地死亡的，
他们有可能是在去世很久后才被埋入墓主及其夫人的墓坑之中
的。尽管如此，大多数人还是认为这些侍从死于墓中，而且是
自愿殉葬的。沃利根据自己的理解，描述了葬礼的一个场景：

> 露天墓坑空无一物，墓门上覆盖着席子，墙边也铺着
> 一排席子，只见一支队伍正在行进，他们是已逝统治者的
> 大臣、士兵和男女仆人。女性都穿着色彩亮丽的服装，头
> 上戴着玛瑙和青金石及金银饰品。官员们佩戴着表示他们
> 官位的徽章，乐师们带着竖琴或里拉琴。在他们之后进入
> 坑坡的是用牛或驴牵引的战车，驾车之人立于车上，车夫
> 手捧役畜的头颅。所有人都按事先分配好的位置站在坑
> 底，最后有一队士兵在入口处排成一列。不论男女，每个
> 人都携带着一个小杯，有陶杯、石杯和金属杯，这是接下
> 来的葬礼仪式所需的唯一用具。似乎在坑底还会举行一些
> 仪式，至少可以确定乐师们一直演奏到了最后。接着，每

个人都会喝下他们杯中的毒药，这些毒药要么是他们随身携带的，要么就是有人当场为他们准备的。我们在一个墓坑的中央发现了一个巨大的铜盆，人们可能从中舀取毒药。然后他们躺下身子，静静地等待死亡。

在阅读这段文字时，你需要时刻提醒自己这一切都是猜测，沃利真正发现的只是一个巨大的土坑，坑中散布着人的遗骸。但他所具备的不仅是出色考古学家的慧眼，还有诗人甚至电影导演般的敏锐。如果把他的重要考古发现比作一块蛋糕，前文叙述的场景就像这块蛋糕上的糖衣，而接下来将讲到的他关于一根银色缎带的解释必然就是蛋糕上的那颗樱桃。这根银色缎带被发现时，没有像其他缎带那样被人系在头上，而是紧紧地盘绕在一个年轻女孩的手上。沃利猜想，她可能是迟到了，还未来得及将缎带系在头上完成装扮，就匆匆赶到自己在死亡队伍中的位置。阿加莎·克里斯蒂的丈夫马克斯·马洛温曾是沃利的助手。阿加莎在自传中写道："伦纳德·沃利在看待眼前的事物时发挥了想象力。那个地方对他来说十分真实，就像他是生活在公元前 1500 年或是再早几千年时的人一样。无论在哪里，他都可以让那个地方重现生机……他对自己重构的过去深信不疑，听他讲述过去的人也会对其深信不疑。"

根据这位发现者描述的葬礼场景，《伦敦新闻画报》(*Illustrated London News*) 发布了一幅生动的复原图。这幅图不仅被收录在沃利最终的考古报告中，后来也出现在大部分有关乌尔王陵的叙述中，成为最常被用来展示五千年前发生之事的图像。但我们还是要记得，那些尸骨向我们述说的其实是一个更模糊不清的故事，至于"乌尔大死亡坑"中举行的仪式的

97

准确细节，只能是考古发掘的遗憾了。

但是很明确的是，在古代美索不达米亚，以大规模的人祭作为葬礼仪式的情况其实并不多见。沃利在乌尔发现的陵墓可追溯至公元前第三千纪的早期，也就是约公元前 2600 年或之前。这事实上是唯一已知的殉葬陵墓。普阿比王后和麦斯卡拉姆杜格国王的葬礼仪式一定尤为特殊。难道他们代表了从乌尔的人类领袖到半神国王的过渡？

宗教仪式是一项深刻而又神秘的活动。它除了模仿现实世界，还使用大量的象征性词语。举行宗教仪式不仅可以团结社会，在某些情况下（如在埃利都），它还能创造出新的社会群98 体。尽管人们通常认为宗教仪式是信仰的表达形式，但一项以我们熟知的各大宗教为对象的研究表明，真实情况恰恰相反：先有仪式，然后才有信仰来解释和维系这些仪式。这被称为"目的论"。

以犹太教为例，犹太教出现以前就已存在的五旬节（Shavuot）是古人庆祝小麦收获的节日，它后来被解读为上帝将"摩西五经"交给摩西的纪念日。在基督教中，古老的冬至纪念日成了耶稣的诞生日。在伊斯兰教里，古代异教徒的圣殿——麦加（Mecca）的克尔白（Kaaba）被解读为由亚当兴建，且被亚伯拉罕和以实玛利重建，因此穆斯林每年都要来此地朝圣，即"麦加朝觐"（Hajj）。

宗教仪式或典礼的内容越是特殊，就越值得铭记。如果一个群体见证了大规模死亡等令人惊惧的事件，那么该事件的影响以及对其进行的解释，对人们来说将是刻骨铭心的。来自德州农工大学（Texas A&M University）的布鲁斯·迪克森（Bruce Dickson）将这种可怕的公共事件称为"残酷戏剧"

（Theatres of Cruelty）。"城邦权力结合超自然力量便可创造出超凡而强大的'神圣国度'，"他如此写道，"为此他们必须举行神秘化的公共事件，乌尔王陵中发生的事就是其中一例……乌尔的统治者展示了他们神圣的非凡地位，并从而建立起合法的统治权，这些陵墓本身就是这个计划的一部分。"

迪克森列举了许多令人作呕的野蛮行为，例如对中世纪苏格兰领导人威廉·华莱士（William Wallace）公开实施的恐怖处决：赤身裸体的华莱士被马拖着，从伦敦市中心一直被拖到了史密斯菲尔德市场；在该市场他被施以绞刑，在他奄奄一息时他的绞索被砍断，而后他又被阉割、开膛，他的内脏在他眼前被焚烧，最后他才被斩首，他的首级被长矛穿起挂在伦敦桥上示众。这样做的目的是将一项常见的罪行，即军事反抗，上升到一种精神层面的罪恶——对神授天命的统治者的背叛。

由此看来，乌尔大规模人祭的目的可能就在于证明或验证统治阶级的神性本质。另外，乌尔的那些牺牲者也有可能自愿成为墓中祭品，沃利就是这么认为的。而且，基于我们对苏美尔人寿命的了解（如普阿比王后去世时约四十岁），以及美索不达米亚人对死后生活的认识［死者将生活在黑暗沉郁的阴间，既没有良好的居所，也没有像样的食物，如《乌尔纳姆之死》（"The Death of Ur-Nammu"）所言，"阴间的食物是苦的，阴间的水是黑的"］，社会底层的中年人会欣然地用今世不堪的前景，去交换在神界侍奉地位优越之人的光明未来，这并不是难以想象之事。

不管我们如何解读这些陵墓的意义，如果乌尔所举行的这些恐怖葬礼真的是为了强调统治者的身份已从卢伽尔过渡到国王，从人类领导转变为半神君主，那么它们似乎十分奏效。在

99

往后的苏美尔契约和铭文上，我们鲜少看到"大人物"这一简单的称呼，常出现的是"国王"这个头衔。实际上，王陵墓主的许多后人曾明确宣称自己是神。

那么，人祭为什么只发生在乌尔呢？为什么仅仅发生在这一个短暂的历史时期呢？这些问题很难回答。也许乌尔的百姓比其他地方的人更加抗拒将他们的"大人物"奉为神明，所以统治者需要通过一系列的信仰审判来说服他们。又或许是与这一惊天动地的事件有关的消息在美索不达米亚南部地区迅速传播，因此同样的举措已不再必要。

无论"乌尔大死亡坑"中的当事人和旁观者对这些仪式做何感想，对我们而言，它们的作用就是纪念王权从天而降。正如"苏美尔王表"所言，这是开启真正现代意义上的王国的历史性标志，时至今日，统治这些王国的君主的精神继承人依然统治着世界上的许多地方。国王的神权就是在这里诞生的。

* * *

从和平时期由祭司管控但仅在战争时期才受"大人物"领导的社会，过渡到完全受由神明选定的甚至具有半神性质的君主控制和统治的王国，这样的转变意味着深刻的经济和社会变化。受影响最大的往往是普通人的生活，而且在大多数情况下人们的生活会变得更加糟糕。但这似乎又是每个社会都要经历的一个阶段。在古代政体中，没有哪一种纯粹的神权政体能够经久不衰。实际上，历史上各个城邦的神权统治都维持不了几代，随后便转向更加实用的暴力统治。

掌权者提出并夸大外敌入侵的威胁，以巩固自己对社会的统治，王权由此诞生。很多人认同这一假设，因为这种做法在当今社会也屡见不鲜。在古代中东地区，王权受到了极大的推崇，尽管众人对其弊端了然于胸；我们现在已很难理解王权为何会有如此大的吸引力。

举例而言，《圣经》告诉我们在苏美尔发生变革后的一千年里，生活在圣地①的希伯来部落力求从神权统治转向军事政府。据描述，他们抱怨自己仍被宗教士师管控，不能像其他民族那样由国王来统领。他们祈求先知撒母耳代他们请求上帝赐下一位高贵的统治者。在《撒母耳记上》8∶11～18 中，这位先知向人们警告了这样做的后果：

> 管辖你们的王必这样行，他必派你们的儿子为他赶车跟马，奔走在车前。
>
> 又派他们作千夫长、五十夫长，为他耕种田地，收割庄稼，打造军器和车上的器械。
>
> 必取你们的女儿为他制造香膏，作饭烤饼。
>
> 也必取你们最好的田地、葡萄园、橄榄园赐给他的臣仆。
>
> 你们的粮食和葡萄园所出的，他必取十分之一给他的太监和臣仆。
>
> 又必取你们的仆人婢女，健壮的少年人和你们的驴，供他的差役。

---

① 圣地是指约旦河至地中海之间的地带，包括约旦河东岸。犹太教、基督教和伊斯兰教均尊此地带为圣地。

> 你们的羊群，他必取十分之一，你们也必作他的仆人。

> 那时你们必因所选的王哀求耶和华，耶和华却不应允你们。

因为当时希伯来人较晚接受王权统治，所以撒母耳无须以先知身份进行预言，只要回顾苏美尔人的经历，便可知晓希伯来人在君主管辖之下的境遇。

例如在拉格什与乌玛城无休止的战争的间歇期，拉格什的老百姓受到压榨，同时统治家族对神庙财产进行征用，这似乎引发了神职人员的反抗，因为这些祭司显然也在试图加强他们对神明财产的控制。在这样一个短暂的空位期之后，一个与前代君王毫无关系的篡位者登上了宝座。这位新统治者很可能获得了祭司阶级中某个派别的协助，他的名字叫作乌鲁卡基那（Urukagina）或乌鲁伊尼姆基那（Uruinimgina，对应的楔形符号为 KA，意为"口"，亦可读作 INIM，意为"词语"）。为了奠定合法统治的基础，乌鲁卡基那宣布他将终止王室和神庙对老百姓的腐败剥削。关于这次著名的改革存在大量记录，而且从拉格什的遗址中出土了多个版本的文本。

登基之后，乌鲁卡基那发现局势严峻。官僚阶级行为放纵，难辞其咎：船夫的监管者办事时完全只看私人经济利益，牧牛检查员抢占了大大小小的牛，渔业检查员只关心一己私利。统治者及其家族征用了城中最肥沃的土地。人人都需承担苛捐杂税。从古代拉格什流传下来的一句谚语清楚地描述了这一现象："你有神明，你有国王，但让你畏惧的是估税官。"每当一位市民将一只白羊带到宫廷剪羊毛，他就要支付 5 谢克尔（shekel，即两盎司）白银。如果一名男子与妻子离婚，则需向统治者支付 5 谢克尔白银，向官员支付 1 谢克尔。如果调香师调出了一种新的香味，统治者将收取 5 谢克尔白银，官员将收取 1 谢克尔，宫廷人员再收取 1 谢克尔。神庙及其土地都被统治者占用，成为他的个人财产。"诸神的牛被用来耕作统治者的洋葱地，神明的良田也变成统治者的洋葱地和黄瓜田。"但祭司们也非"一尘不染"。祭司可以随意进入穷人的果园，砍下果树并取走果实。死亡和税收谁都躲不过。市民去世后，为获得安葬特权，其家眷须支付一笔费用：7 罐啤酒和 420 份面包；祭司可得到 1.5 古尔（gur），即超过 60 升的大麦，以及一件衣服、一张床和一把凳子；副祭司也可得到 12 加仑大麦。

乌鲁卡基那宣称他将终止这一切。他打压官僚阶级，削减或完全废除某些领域的税金；他恢复了神庙的财产，但也保证祭司不再压迫民众。他改善了权力不均的状况，并且消除富人对穷人的欺压："如果一个富人与一个穷人的房屋彼此相邻，而富人对穷人说，'我想要买下它'，那么如果穷人愿意出售房屋，就可以说'向我支付我所想要的白银，或用等量的大麦进行补偿'。但是如果穷人不愿意，富人就不可强迫其出售房屋。"乌鲁卡基那还释放了无法偿清债务和被诬陷盗窃或杀人的市民。"他向宁吉尔苏神承诺，他不会让寡妇和孤儿受到权力阶级的迫害。他为拉格什的市民带来了自由。"

乌鲁卡基那的主张对于拉格什人来说有何真正意义，学者们在这个问题上仍有争论。他的改革只是一个善良公正之人的义举吗？还是说这是一个非法篡位之人为建立统治者友善诚信形象而采取的手段？将财产归还神庙，是真的想要恢复拉格什社会中的祭司制度，还是为了一边树立利他主义和慷慨大方的形象，一边让自己和家人在神庙等级体系中站稳脚跟以便中饱私囊？这些都是无解之谜。但这些令专家们感兴趣的争议可能遮盖了更有意义的事：有关乌鲁卡基那行为的文字描述体现了一些统治史中此前未见的新特质。

尽管对古代的断代研究领域中依然存在很大的争议，但几乎可以断定乌鲁卡基那的统治时期不晚于公元前 2400 年。除埃及和印度河河谷之外，世界其他地方的人在这一时期要么生活在半游牧的采集狩猎家族中，要么在由世袭首领管辖的小型村落定居点聚居。作为少数群体的后一类人已率先实现了农业自给，他们既无文字也无金属工艺。相较之下，在柏拉图和亚里士多德，孔子和老子，佛祖和摩诃毗罗，希伯来先知，摩西和查拉图斯特拉（Zarathustra）①，乃至亚伯拉罕出现之前，美索不达米亚南部地区的文字记录中就有了有关道德与正义的高深话题，相关内容包括公平问题、保护寡妇和孤儿不受富豪强权欺侮的职责等。它们还首次使用了可译为"自由"的词语："他为拉格什市民带来了 *amargi*（自由）。"

乌鲁卡基那改革的深层意义在于，他尝试为自己的统治赢得一种不同于以往的支持。过去的君主通常吹嘘自己在战场上军功卓著，杀敌无数；乌尔王陵的主人也是通过显示其神明般的地位来为自己的统治提供正当性的；还有一些统治者则通过激起人们心中的强烈恐惧，为自己的合法地位打下基础的。但现在，我们发现了一种全新的做法：文献记载表明，乌鲁卡基那希望受到子民的拥护和爱戴。

我们常常会理所当然地认为，因为古人的生活与我们的有

---

① 查拉图斯特拉是拜火教创始人。

很大差异，所以我们不可能了解他们的思维方式并通过他们的视角看待生活。但历史资料所包含的证据表明，事实与我们所想的恰恰相反。拉格什的历史，拉格什与乌玛的持久战争，乌鲁卡基那实行的社会制度改革，以及对寡妇和孤儿的保护和对城中居民自由的关心，这一切都表明四千五百年以来，人类的观念几乎没有发生太大的变化。

不论乌鲁卡基那提出改革的真正动机是什么，这些改革措施依然没有给他带来好的下场。他统治拉格什的时间不满八年。正当他忙于削弱权贵力量、提升民众利益、培育民心支持之时，约 30 千米远的宿敌城市乌玛出现了一位精力充沛、野心勃勃的新统治者——卢伽尔扎泽西（Lugalzagesi）。这位新统治者韬光养晦，养精蓄锐，为的就是洗刷这几十年来的耻辱。接着，卢伽尔扎西泽便发起了毁灭性的进攻。这首为哀悼拉格什的灭亡而作的挽歌告诉我们：

乌玛的统治者烧毁了安塔苏拉（Antasurra）神庙；他掠走了白银和青金石……他在南舍（Nanshe）女神①的神庙中大肆杀戮；他掠走了珍贵的金属和宝石……洗劫拉格什的乌玛统治者冒犯了宁吉尔苏神，犯下罪孽……愿他胆敢冒犯宁吉尔苏的双手被砍下。拉格什之王乌鲁卡基那并未犯错。愿乌玛统治者卢伽尔扎泽西的尼萨巴（Nisaba）女神②将罪罚加在乌玛统治者的脖颈之上。

104

① 南舍女神即渔业女神。
② 尼萨巴女神即丰收女神。

但这则预言的诅咒还要经过数年才能兑现。在此期间，除了摧毁拉格什，卢伽尔扎泽西还征服了基什、乌尔、尼普尔、拉尔萨和乌鲁克。他将拉格什作为其扩大后的疆域的都城，并为尼普尔神庙中的至高神恩利尔献上了一尊刻有铭文的大瓶。他在铭文中称自己已经征服整个苏美尔地区及周边各国：

> 当诸国之王恩利尔将整个国家（即苏美尔）的王权授予卢伽尔扎泽西时，恩利尔使所有人的目光聚焦在卢伽尔扎泽西身上；恩利尔让外邦各国均拜倒在他足下，从日出之土到日落之地，从底格里斯河和幼发拉底河注入的下海域（波斯湾）到上海域（地中海），恩利尔让所有人都向他臣服。恩利尔将他从日出之土到日落之地的每个敌人一一清除。令各国疆土均归其所有，土地如牧场般丰沃广阔。在卢伽尔扎泽西的统治之下，苏美尔各地领袖各司其职，各族人民安居乐业。

卢伽尔扎泽西宣称自己控制了整个新月沃地，这一点并不太可信。一种可能的情况是他与周边的国家达成了某种互不侵犯条约，因为例如马里在某种程度上就控制着叙利亚的一些部族。但是，从瓶上浮夸的铭文中流露出的傲慢狂妄，终将为他招致报复。正如他对拉格什的摧毁是为了给长期受辱的乌玛报仇，早期的各场征服之战也将为他的毁灭埋下伏笔。

卢伽尔扎泽西在占领基什城时，废黜了基什的统治者国王乌尔扎巴巴（Ur-Zababa）。这位国王的侍酒官后来履行了尼萨巴女神对卢伽尔扎泽西的惩罚，此举开启了一个新时代，创立了全新的意识形态和执政原则：无惧，无爱，只有赞美和英雄崇拜。这位新时代的伟人就是萨尔贡大帝（Sargon the Great）。他建立了首个真正的帝国。

第六章　统治四方：青铜英雄时代
约公元前 2300 至前 2200 年

帝国野心

　　1931 年，在马克斯·马洛温的协助下，雷金纳德·汤普森（Reginald Thompson）带领一支英国考古队在美索不达米亚北部城市尼尼微，即曾经的亚述都城，进行考古探索。在发掘过程中，一尊与真人人头等大的铜制头像出土了。他们立刻意识到他们发现的这件文物关乎古代历史的一个重要转折点。这尊头像完全不同于以往发现的任何文物，与人们熟悉的拘谨而正式的苏美尔式圣像相比，它显得更精致生动。这尊头像代表的一定是一位人世间的统治者，因为它不带有任何古代社会用以体现神性的符号或标志，同时它的质量也表明这肯定是位令人敬畏的人物。

　　这尊雕像的头发经过精心编织，一根头带绕过太阳穴将头发束于脑后，还有以三个圆环固定而成的一个优雅的发髻。发髻之下有几缕迷人的长卷发丝伏于颈部。其纹路之精致可与伦纳德·沃利在"乌尔大死亡坑"中发现的麦斯卡拉姆杜格金色头盔相媲美。经过精心梳理的络腮胡中卷须层层，在下巴底部一分为二。这让人不禁联想到雪莱的诗歌《奥兹曼迪亚斯》（*Ozymandias*）。奥兹曼迪亚斯生前受万众敬仰，死后却被后世遗忘。诗中以"功业盖物，强者折服"[1] 描绘了古代统治者的楷模。然而，这尊头像并不像奥兹曼迪亚斯那般"抿着嘴，蹙着眉，面孔依旧威严"，其丰厚的唇边挂着一丝善意的浅笑，仿佛是被遥远的后代对自己的密切关注逗乐了。　107

　　这件华美的文物是在距离尼尼微伊什塔尔神庙不远处发现的，那里的废墟土层可追溯至公元前 7 世纪。考古队认为，他们所发现的废墟应该是公元前 612 年米堤亚人（Median）和巴比伦人联合入侵后亚述城遭受的烧杀掠夺造成的。经此劫难，该城已无法被复原。但根据文物的材料、风格和雕塑工艺，考古队推断这尊具有帝王之风的铜制头像的完成时间应该是在此次入侵之前一千五百年左右。它原本可能属于一座完整的、得到精心看护的全身雕像，也许立于神庙之中某个尊贵的位置，有人定期为它拂尘、上油、润色、抛光。它甚至会在常规的神庙仪式中接受众人的膜拜。

　　阿卡德帝国是美索不达米亚首个真正意义上的帝国。大多数学者认为，这尊头像所代表的人物很可能就是该帝国的创始人萨尔贡。萨尔贡亦称"沙鲁金"（Sharru-kinu，这不是他出生时的名字，而是登基时的名号，在闪米特语中意为"正统之王"），在公元前 2300 年至前 2200 年横空出世。他摧毁了卢伽尔扎泽西的联合王国，包括基什、拉格什、拉尔萨、尼普尔、乌尔和乌鲁克。同时，他开始打造一个以闪米特语为主要语言的区域性城邦帝国，据说在该帝国的鼎盛时期，其疆域曾从今天连接波斯湾的霍尔木兹海峡跨越到伊朗

---

[1]　《奥兹曼迪亚斯》译文引自杨绛翻译版本。

阿卡德帝国

图例:
- ▬▬▶ 商业贸易
- ▬▬▶ 军事远征

北

0　200　400 千米

地名标注:
黑海
里海
卡普图拉
爱琴海
锡地岛
雪松林
银山
埃伯拉
胡里安王国
纳里瓦尔
尼湖
乌鲁米耶湖
毕拉克
乌尔卡什
阿拉帕哈
苏帕图
底格里斯河
幼发拉底河
马里
拉尔穆提
阿克沙克
阿卡德
基什
拉格什
尼普尔
乌尔
阿万
苏萨
埃兰
安善
波斯湾
迪尔蒙
麦根
麦鲁哈
地中海
红海
埃及

高原和安纳托利亚山脉，并一直延伸至从西里西亚①到黎巴嫩的地中海沿岸。

我所说的"横空出世"当然是一种修辞手法。事实上，萨尔贡很可能是宫廷内部人士。后期的传说称他从小就学习如何成为一名园丁，以便为基什统治者乌尔扎巴巴提供服务。但在萨尔贡摧毁乌玛不久之后写成的"苏美尔王表"告诉我们，从事园艺工作的其实是萨尔贡的父亲；在萨尔贡登上历史舞台并创建首个帝国之前，他担任的是君主侍酒官这一颇为重要的宫廷职务。

他所服侍的主人乌尔扎巴巴很快就从历史记录中消失了，很可能是被想要称霸整个美索不达米亚平原的卢伽尔扎泽西杀害或废黜。基什随后立即陷入一片混乱。当时的古代贵族似乎还未建立起立储的机制——既没有副职的摄政者，也没有二把手官员，就连君王的子嗣通常也要为争夺继承权而拼死战斗。

此时的萨尔贡显然对权力渴望已久，长期以来他聚集了一大群拥趸，足以确保夺权成功。于是，他抓准机会登上王位。紧接着，他迅速地实现了看起来蓄势已久的帝国野心。从南部开始，他征战乌鲁克，摧毁了吉尔伽美什王建造的著名的乌鲁克城墙，轻而易举地击溃了由50名苏美尔城邦统治者组建的大规模防线。此外，一尊雕像的底座铭文记载，萨尔贡亲自抓获了卢伽尔扎泽西，用"颈枷"将其拖回尼普尔的"恩利尔神庙门口"。在横扫南部地区之后，萨尔贡象征性地在"下海域"（即波斯湾）清洗了他的武器。

———————

① 西里西亚是中欧历史上的地名，该区域主要覆盖今波兰大部分地区以及捷克和德国的局部地区。

但这仅仅是一个开始。巴比伦的一份晚期文献《早期列王记》（"The Chronicle of Early Kings"）告诉我们，萨尔贡：

> 盖世无敌，举世无双。他的盛名传遍了各个角落。他跨越东部的大海，在第十一年征服了最西端的疆土。他实现了大一统。他在那里为自己树立雕像，并用船只将西部的战利品渡回本土。他将自己的宫廷大臣部署在相互间隔着十小时路程的各个岗位上，并统一管理各地的部族。

萨尔贡的目标似乎是通过自由贸易和开放市场来积累财富，并将财富从海上运回本土的中心地带。一旦这种做法受阻，他就会毫不犹豫地派出古代炮船，不管路途有多遥远，亦不论航程有多漫长。

远至埃及、叙利亚和安纳托利亚等地都发现了晚些时候出现的美索不达米亚史诗《战斗之王》（"The King of Battle"）的零散文本和各种副本。该史诗讲述的是萨尔贡在普鲁什坎达（Purush-khanda）设立的商栈遭到当地国王的迫害，于是商人们请求萨尔贡为他们解除困境。萨尔贡的军事顾问小心翼翼地提醒他该地路远迢迢，沿途危机四伏：

> 经过长途跋涉，
> 我们将双臂无力、双膝困乏。
> 我们何时才能坐下？我们可否有片刻休憩？

109　　如果真的像当代学者所认为的那样，即普鲁什坎达就是今天位于安纳托利亚中部矿区、靠近图兹（Tuz）盐湖的阿塞姆荷俞克（Acemhöyük）遗址，那么从那里到阿卡德城的路途就超过了 1600 千米，就算是直线距离也有 1100 多千米。当公元前 480 年薛西斯入侵希腊时，他的军队在十九天中行进了 450 千米；亚历山大大帝的士兵一天可行军 31 千米，算上定期的休息时间，平均每日可行进约 24 千米。就按这两支队伍的行军速度计算，萨尔贡的军队也需要以高强度的方式行进四五十天，才能走完 1100 千米。美索不达米亚平原的河滨道路平坦且得到了定期的维护和严密的巡逻，自然足够安全。然而，让军队攀爬贯穿山丘的崎岖山径，挤过托罗斯山间的窄小通道，就危险多了。尽管如此，《战斗之王》这部史诗告诉我们，萨尔贡在踏上征途后，抵达并攻打了那座小城，迫使"受恩利尔偏爱"的普鲁什坎达王投降。他在那里的驻留时间长达三年之久，以确保当地头领从今往后对帝国的主人恪尽职守。

显然，这个故事的文学性大于其历史真实性，而且这趟冒险之旅也未必属实，因为如果萨尔贡真的离开都城三年，那么他可能早就失去了王位。但可以确定的是，即便是距离都城最为遥远的贸易殖民地，阿卡德的君主也会毫不犹豫地通过军事行动对其进行支援。

征服某个帝国不只是续写领土扩张的传奇，也不只是从村长、镇长、市长到城邦国王再到君王的自然发展。一个人，不论男女，都可承认自己想要领导他人的欲望，即便不一定会主动告诉别人这一点。这种希望自己出人头地，成为卢伽尔或"大人物"，继而登上王位的想法，是一种正常的心理。再加上人类本就受制于自己的缺点、愚蠢和软弱，因此不难想象，掌握对同类的生杀大权并受到尊敬、爱戴和赞美，逐渐树立一个既代表全体市民又象征世间真正主宰者的形象，成为城市的

守护之神，这对人类有着多么大的吸引力。除了在同类中出人
头地之外，还要让外邦居民臣服并逼迫他们慷慨进贡，这种做
法已有许多先例；但若是将这群人纳为自己的子民并充当他们
的首领，则又是另一番作为。试想一下，你现在统领的臣民不
再仅限于本族民众，而是各族人混杂交融的群体。要想达到这
一步，你需要以一种全新的方式来审视自己，淡化自己的血统
和信仰、母语和母国文化，还要强调自己的特质。换言之，想
要成为一名君王，就不能再保有原本的族群身份，而须展现出
你与他人的不同之处。这需要某种特别的英雄式的自信。

　　正因如此，萨尔贡在建立起帝国之后便意识到，他如果不
能离开旧城去为自己打造一个全新的中心，一座崭新的都城，
就无法摆脱传统王权的各种限制，也无法摆脱对基什之神扎巴
巴（Zababa）的崇信。于是，一座既不属于闪米特人亦不属
于苏美尔人的城市就此诞生。不同于其他由神明建立的城市，
这是由萨尔贡大帝自己创建的都城。在苏美尔语中，它被称为
亚甲德（Agade）；在闪米特语中，它被称为阿卡德。从阿卡
德城衍生出了覆盖整个冲积平原北部的阿卡德帝国，该国使用
的那种闪米特语被称为阿卡德语，该国的人民被称作阿卡
德人。

　　但这并不意味着萨尔贡无视神权的存在。他为自己选择了
一位守护神伊什塔尔，她是史前大女神的后代，也是古希腊神
话和罗马神话中阿佛洛狄忒和维纳斯的原型。美索不达米亚南
部的神明都和对应的苏美尔神明融合了，如甜水之神恩基和埃
阿（Ea），月神南纳（Nanna）和辛（Sin），太阳神乌图
（Utu）和沙玛什（Shamash），而伊什塔尔所对应的苏美尔神
明就是伊南娜。伊什塔尔掌管着战争与爱、战斗与繁殖、侵略

与欲望，是"肾上腺素女神"，也是好战、好动、好玩之神，更是青铜时代勇士英雄的天之女王和保护女神。

* * *

我们很幸运能够看到萨尔贡这样一位功绩卓著之人的样貌。他在位时间超过五十年，而汤普森和马洛温发现的雕像很可能在萨尔贡生前就已铸成，因此即便存在美化的成分，也应与他本人十分相似。（这一点不难想到，因为雕塑家至少得为自己的人身安全着想。）

然而，头像损坏严重，尽管这种损坏并不是考古挖掘造成的，它早在古时候就已遭到毁坏，而且也不像是意外造成的。一眼看去，最明显的是头像眼部的损坏。双眼内用以表示瞳孔的宝石镶嵌物均已脱落，右眼处的脱落看上去比较自然，因为原本光滑的铜制表面尚有锈蚀的痕迹，但左眼处显然是受到了尖锐凿具的刻意毁坏。这种仅左眼遭到此般破坏的现象可能还有其他深意。除此之外，其双耳同样被凿具削去，鼻尖和鼻梁因受攻击而损坏，胡须的末端也有所破损。诚然，这一切可能只是在城市和神庙被洗劫的过程中发生的意外。可是，鉴于公元前 612 年米堤亚人联合巴比伦人攻陷尼尼微的事实，再看看该头像特殊的损毁状况，让人不禁联想到波斯帝国的大流士大帝对米堤亚叛军的恐怖戕害。通过伊朗岩石上的贝希斯敦铭文，我们可看到大流士在自传中吹嘘此事件。例如，公元前522 年，某个叫弗拉瓦提什（Fravatish）的人自封为米堤亚国王，大流士用了好几个月才平定这场叛乱："弗拉瓦提什被抓获并被带到了我的面前，我割去了他的鼻子、双耳和舌头，挖

111

出他的一只眼睛，将他绑在宫殿门口，让所有人都看到他。然后，我在哈格马塔那（Hagmataneh，即埃克巴坦那①）将其钉死在十字架上。"大流士的惩罚同样是割掉双耳、鼻子，挖出一只眼睛。这足以说明对铜制萨尔贡像的毁坏不仅是故意的，而且具有象征性意义，是对备受敬仰的一国英雄圣像的亵渎，对一个战败民族尊严的践踏，对亚述国尼尼微人传统和信仰的藐视。

如果事实果真如此，那么在阿卡德帝国的开创者萨尔贡大帝死后至少一千五百年，即约公元前 2300 年，他依然被视为一位带有神性的人物，是守护那之后的所有美索不达米亚帝国的圣人。的确，在萨尔贡去世很久之后，有两位国王分别于约公元前 1900 年和公元前 18 世纪末成为亚述的统治者，他们均承袭了他的封号或头衔，萨尔贡，也就是正统之王，以增添些许威严。

一位统治者的名声、名誉和荣耀得以流传一千五百年而不
112　衰已是超乎寻常，更何况他的传奇在四千年后依然能够让人们对其肃然起敬。

她将我放入灯芯草篮中

1990 年，萨达姆·侯赛因举办了荒谬的国际巴比伦节，并在此期间庆祝了自己的生日。据《时代周刊》报道："几乎没有什么生日派对可以与上个月伊拉克总统萨达姆·侯赛因 53 岁生日的庆典场面相比。"萨达姆将内阁成员、重要政

---

① 埃克巴坦那（Ecbatana）是米堤亚国都城。

府官员和外交官邀请到他的家乡提克里特（Tikrit），在那里举行了盛大的庆祝活动，包括历时两个小时的阅兵和许多横幅展示，横幅上写着："萨达姆，你的烛火点燃了全体阿拉伯人的火炬。"

当一座小木屋被推出时，庆典达到高潮。一大群身着古代苏美尔、阿卡德、巴比伦和亚述服饰的人在木屋前俯身敬拜。屋门打开后，一棵棕榈树出现了，五十三只白鸽从中飞出直入云霄。之后又出现了一道泥沼，泥沼之中有一个静静地睡在篮中的婴孩萨达姆。

《时代周刊》的记者对此篮中婴孩的主题尤感震惊，并将其形容为"摩西归来"。但是，萨达姆·侯赛因为什么要将自己比作犹太人的领袖呢？其实这位记者会错意了。该主题是美索不达米亚人首创的，很久以后希伯来人才将其运用在了摩西身上。伊拉克的独裁者借此暗指一位极其古老且对他而言享有无上荣耀的先人——萨尔贡。他将自己与萨尔贡联系在一起，表明自己便是史上最杰出的古代闪米特君主的传人。

一名非凡的英雄需要搭配一段非凡的身世。苏美尔的"萨尔贡传奇"成文于萨尔贡时代的一千年之后，但仍远早于公认的摩西出现的时代，里面的文字采用了伟人本人的口吻：

> 朕的母亲是一位祭司，朕不知道朕的父亲是谁。
>
> 朕父亲的家族居住在大草原上。
>
> 朕的故城是阿苏皮拉努（Azupiranu），位于幼发拉底河之畔。
>
> 朕的祭司母亲怀了我，偷偷将我生下。
>
> 她把朕放入灯芯草编织的篮子里，用沥青封盖。

113 　　　　她把朕抛入河中，河水将朕没过。

　　　　河水又将朕托起，把朕带到了灌溉者阿克奇（Akki）那里。

　　　　灌溉者阿克奇认朕作子，养育朕。

　　　　灌溉者阿克奇安排朕当他的园丁。

　　　　朕当园丁时，［女神］伊什塔尔给了朕她的爱。

当然，在萨尔贡之前还有其他的美索不达米亚英雄。声名远播的早期乌鲁克国王，如吉尔伽美什和他父亲卢伽尔班达（Lugalbanda）都是具有大量奇异事迹的一系列传奇故事的主人公，这些事迹也都成了苏美尔文学经典的主要内容，并在书吏学校和宫廷缮写室中不断地被抄写、复制，一直流传了几百年甚至上千年。但这些故事仍属于神话，还算不上英雄传奇；它们记述的是与诸神的密切往来、与恐怖怪物的斗争、对长生不老的追寻和其他超凡冒险。萨尔贡及其子孙出现后，他们的故事虽然不一定更可信，但至少是围绕世间的生活百态展开的。

　　不同于书吏和学生抄写了无数遍的苏美尔神话文学，有关统治者生活的阿卡德文本少之又少。目前仅出土六份与萨尔贡相关的文献，而且都是后期的复制版本。此外，还有六份记述其孙子纳拉姆辛（Naram-Sin）的文献。多数文本似乎是对口头表演的记录。在这些不完整的文本中，有许多是在相关事件发生至少一千年后才被写下的。由此我们猜想，在萨尔贡去世后的几个世纪里，吟游诗人和其他受人欢迎的表演者一直演绎着与萨尔贡及其王朝有关的传奇故事。这些传奇故事中的主人公技艺精湛、勇猛无畏，他们有虔诚的宗教信仰，不计较个人得失荣辱，英勇地做着前无古人之事并前往杳无人烟之地。他们做的正是萨尔贡在其继承者发出的挑战中要求的："现在如果有任何国王觉得他自己能与我平起平坐，那么无论我去过哪里，叫他也要前往。"

与此同时，从这些伟大的国王身上也闪现出了人性的光芒。在一首题为《纳拉姆辛与敌对大军》（Naram-Sin and the Enemy Hordes）的诗作中，某位国王在违背了诸神的意愿，并因此接连输掉多场战争之后，陷入了莎士比亚式的自省。

> 朕糊涂了。朕困惑了。
>
> 朕绝望了。朕叹息，朕悲痛。朕心灰意冷。
>
> 朕在思考："神明给朕的统治带来了什么？"
>
> 朕是一个国王，却没能让疆土繁荣，
>
> 朕是一个牧羊人，却没能维护子民。
>
> 对朕自己和朕的统治，朕都干了些什么？

114

正如学者琼·威斯顿霍尔兹（Joan Westenholz）所指出的，上文的最后一句相当于宣布"亲爱的勃鲁托斯（Brutus），那错处不在我们的命运，而在我们自己"①，这是在古希腊哲学诞生之前近两千年，一位青铜时代的英雄的深刻自省。

* * *

诗人赫西俄德（Hesiod）生活在约公元前 700 年的希腊，

---

① 出自莎士比亚《裘力斯·凯撒》，译文引自朱生豪译《莎士比亚全集》（人民文学出版社，2014）。

他与荷马并称希腊乃至欧洲文学的创始人，也是注意到此类英雄已出现在我们所说的青铜时代的第一人。但他口中的青铜时代与我们所说的含义不同。对他来说，青铜时代与技术发展无关，只是他的故事用来划分人类历史的四个阶段（黄金时代、白银时代、青铜时代和黑铁时代）中的第三个阶段。他在《工作与时日》（*Works and Days*）中写道，在黄金时代和白银时代之后，

> 诸神之父宙斯又创造了第三代人类——青铜种族，产生于白蜡树；他们可怕而强悍，一点不像白银时代的人类。他们喜爱阿瑞斯（Ares，野蛮和杀戮之神）制造哀伤的工作和暴力行为，不食五谷，心如铁石，令人望而生畏。他们力气很大，从壮实的躯体、结实的双肩长出的双臂不可征服。他们的盔甲兵器由青铜打造，房屋是青铜的，所用工具也是青铜的：那时还没有黑铁。①

但是，赫西俄德在此之后又插写了一个与之差异鲜明的时代，这是一个没有以金属命名的时代：

> 一个被称作半神的英雄种族，他们如神一般，高贵且更加正直，是在我们前一代的广阔无涯的大地上的一个种族。不幸的战争和可怕的厮杀使他们中的一部分丧生……但是，诸神之父、克洛诺斯之子宙斯让另一部分活下来，在大地之边为他们安置了远离人类的住所。他们无忧无虑

115

---

① 译文参考张竹明、蒋平译本（商务印书馆，1991），有改动。

地生活在涡流深急的大洋岸边的幸福岛上，出产谷物的土
地一年三次为幸福的英雄们长出新鲜、香甜的果实，远离
不朽的众神。

光辉与荣耀是这个种族的口号。他们不要荣华富贵，但求名声
和赞美。他们通过一种新的治理方式进行统治，而人们追随这
些伟大的英雄既非出于恐惧，也非出于喜爱，更不是因为他们
对英雄人物出色和有效的管理充满信心，而是出于对这种英雄
主义的敬畏，并为他们的光芒所折服。人们渴望沐浴在这种荣
耀所折射出的光辉之下，哪怕只是片刻的时光。

当然，赫西俄德书写的不是历史而是诗歌，记录的也不是
事实而是神话。但他的确在偶然中发现了青铜时代和英雄时代
之间一种经得起推敲的联系。对于大多数美索不达米亚、欧洲
和亚洲社会的早期阶段，我们通过研究考古成果和文学作品已
有所了解。我们发现，在这些地区的确有一个英雄时代与青铜
时代的鼎盛时期相对应，人们在制作工具和武器时都采用金属
来替代石头。和其他地区一样，美索不达米亚似乎总会预演将
出现在更往西的地方的发展。

学者保罗·特里赫恩（Paul Treherne）指出，在青铜时
期，欧洲男性的自我形象发生了重大变化。在此之前，镊子和
剃刀一类的梳妆用具从未出现在随葬品中。他提出，这些证据
表明人类开始重视男性的身体装饰，个体意识不断增强。特里
赫恩也以此印证了当时人们通过饮酒仪式，来表达对战争和狩
猎的赞美以及对"勇士之美"的崇拜。这一切都表明，一个
拥有高社会地位的新男性勇士阶级开始形成。在希腊，荷马以
发生在这个时期的特洛伊战争为基础进行了创作并且描述了诸

多阿喀琉斯一类的英雄人物。特里赫恩写道："荷马笔下的勇士，以及后来的斯巴达勇士、凯尔特勇士或法兰克勇士，他们都蓄起长发，并对其精心梳理。"这也让我们回想起发饰精美的萨尔贡头像。

116 　　如果石器技术仍处于主流，那么该社会就不会产生上文提到的这一精英阶级。石器属于一种平等的物质。即使是制作工具所需的各类特殊石料，也都分布广泛。同时自人属（Homo）① 出现起，各家各户自行制作工具就成了一个悠久的传统。毫无疑问，一定存在擅长制造某些特殊工具的专业人士，但对于大部分人而言，石器工具的制作仍属于一项私人化的家庭活动。

　　金属加工的出现改变了这一切。金属加工所需的铜矿和锡矿资源十分稀少，可能要经过发现、交易、远距离运输等长期过程才能获得。要想掌握青铜匠的技艺，还需经过多年培训。此外，进行金属加工需要使用精密且昂贵的设备。因此，这不是一项家庭活动，而是只有极少数人才能胜任的专业工作。由青铜匠生产出来的产品至少在最初阶段价格不菲，只有最富裕之人才有能力购买。假设青铜最早用于武器的生产——事实很可能就是如此——那么那些能够掌控此项工艺、组织运输并支付武器制造费的人，便可迅速聚敛垄断势力。

　　此外，用石器时代的武器作战时，士兵们几乎感受不到什么荣誉感或英雄感。在挥舞着长矛、狼牙棒或燧石匕首进行打斗时，他们难以在看似漫不经心的招式间展示个人的天生优势。石器时代战争的胜利往往是集体的成就，主要仰仗人数和

---

　　① 灵长目人科中的一个种，现代人类（智人）是幸存的唯一人属种类。

气势。但用青铜技术铸造的剑是一种典型的近战兵器，它使得一对一作战从原始、粗陋和野蛮的混战状态上升到一个新层次。有了剑，勇士不再需要聚集成一个大规模团体，也不必再徒手格斗或是像野兽般压倒对方，并施以棒打斧砍。每个人都可以成为一名单独的斗士，在距敌人约一步之遥的位置，运用精湛的剑术，瞄准敌方进行前戳、回挡、猛刺和回击。这种战斗方式在历经岁月沉淀后，已被视作一种艺术。

除青铜武器之外，还出现了一种首次出现在文献和图像中的重要勇士装备——马。公元前第三千纪初期，游牧民族在从乌克兰横跨蒙古的大草原上，首次对马进行了驯化和驯养。在萨尔贡建立帝国期间，滚章上开始出现类似于马背上的骑士的图案。

117

马对于青铜时代的战士究竟有多大用处，关于这个问题目前尚无定论。在既无马鞍也无马镫的条件下（马镫直到两千年后才问世），战士很难在激战中稳坐于马背之上。不管怎样，在这一历史阶段，马应该仍是一种罕见的外来珍品，不仅价格昂贵，而且养护费用甚高。对于英雄勇士们而言，最具吸引力的应属所谓的马匹的"弓颈之傲"。稍晚时期的苏美尔国王——乌尔第三王朝的舒尔吉国王就曾自豪地将自己比作"大道上甩动着尾巴的马"。

当然，青铜和马匹的出现带来的变化还需一段时间后才能显现其影响力。无论此类新理念能对社会产生多么大的影响，它们仍需经历好几代人才会被完全接纳或采信。例如，在剑成为战场上常见兵器很长一段时间之后，滚章或雕塑上才出现相关的图案。几百年后，在位于今叙利亚境内幼发拉底河上游的城邦马里，国王因骑马而受到批判。人们认为骑在这样一头汗淋淋、臭烘烘的蛮兽之上，有损君主的尊严，并会引发对君主的半游牧蛮族身世的不好联想："愿吾王尊重王权。您是哈纳特人（Haneans）的王，但您也是阿卡德人的王。愿吾王勿骑马；让他乘坐战车或库达努骡车，以示对王权的尊重。"

尽管 19 世纪的将军们在战场上都已使用枪炮作战，但他们的纪念雕像往往是腰间佩戴刀剑的形象。同样，在展示英雄之气概的那些古代美索不达米亚艺术品中，主角装备的也是石器时代的传统武器，丝毫看不到马匹或剑的踪影。

* * *

大约在公元前 1120 年，伊朗西南部埃兰王国的国王舒特鲁克－纳洪特（Shutruk-Nakh-khunte）入侵了巴比伦的领土。与自古以来许多获胜的首领一样，他下令用船将许多价值连城的艺术珍品运回本国都城苏萨，其中包括一尊高两米的粉红砂岩石碑。尽管现在它的顶部已稍有破损并受到侵蚀，但当它从太阳神之城西帕尔被掠劫时，应该还是完好无损的。这尊石碑是在距当时一千年前奉纳拉姆辛之命建造的。作为萨尔贡的第三位继承人，纳拉姆辛极有可能就是萨尔贡的孙子。在众多亚述学专家看来，纳拉姆辛是最伟大的阿卡德人，在统治的几十年中，他将帝国疆域范围扩张到最大，对于阿卡德人来说他的作为称得上是囊括天下"四方"。

这座石碑纪念的是纳拉姆辛战胜了扎格罗斯山脚下的卢卢比人（Lullubi）。作为一件非凡出色的艺术品，它不仅被视为人类最伟大的创造物之一，透过它我们还能看到埃阿那图姆秃鹫碑所描绘的苏美尔王权在两个世纪后的发展变化。

这座石碑摈弃了富有条理的人物构图。此前如秃鹫碑及瓦尔卡瓶等苏美尔雕塑，其表面呈现出水平的环状图带，可能由分割文字的线条演变而来，如同连环画一般，按照正确顺序阅读便可串成一个故事。相比之下，这座石碑的表面呈现出统一的布局，旨在以一幅"快照"的方式表现纳拉姆辛取得胜利那一刻的场景。这不再是一种事先设计的图像，而是一幅"照片"。

在该场景中，有一片树木茂盛的山林。纳拉姆辛和他的同伴正从山坡向山顶迈进。装备着长矛、弓箭和战斧的国王走在队伍的最前端，跟随在后的是两名掌旗员以及四到五名勇士。此时的卢卢比人已全然溃败。纳拉姆辛则保持着一种英雄的姿态（他的形象在尺寸上大于其他人），同时将两名敌人踩在脚下。另有两名仍在求饶的俘虏，其中一人已卸下了所有武器，另一人的长矛也已被折断。此外，还有一人正在地上挣扎，试图拔出脖子上的箭，另外两名士兵则跌下了悬崖。不论是胜利一方的战士，还是战败一方的士兵，都有独立的形象刻画，而不是作为一个难以分辨的整体中的一员。

埃阿那图姆秃鹫碑上尺寸最大也最重要的人物是神明宁吉尔苏，他正用他的大网抓捕敌军。碑上的文字直截了当地表明这场胜利是神的胜利，埃阿那图姆只是神的忠诚代表。然而，在纳拉姆辛的石碑上，胜利属于国王。确切地说，神明依旧存在，但仅以天上的两颗星星来表示。在这里戴着象征神性的有角头盔的是纳拉姆辛。这一场景并不反常，因为于纳拉姆辛在位期间，书面文件中国王的名字之前总是会有一个限定词"丁吉尔"（DINGIR）。这个词在楔形文字中是一个看上去像星星一样的符号，意味着跟在它后面的词所指的将会是一位

119

神。这似乎反映出纳拉姆辛在其统治期间将自己尊为神明。一篇年代不可考的文本这样解释道：

> 强大的阿卡德王纳拉姆辛，当时四方均与其为敌，他仍在同一年的九场战争中保持不败，因为伊什塔尔赐予他关爱，并把起身反抗他的那些国王一一俘虏。
>
> 因为他能够在危机之时保护他的城市，他的城民要求伊安那的伊什塔尔［此处接着一长串其他的城市神祇］……让他成为阿卡德城的神明。他们在阿卡德城中心为他建造了一座神庙。

当然这个故事并没有告诉我们，城民的统治者化身神明之后，会对其帝国百姓带来怎样的影响，但至少我们认识到天地、人神之间的关系已经发生了重大变化。

直到现在，诸神出于各自的目的创造人类的这一信仰，仍然是文明建立的基础。各个城市，也就是文明兴起的地方，原本可能是作为朝圣中心而建立的神圣之地。每个城市都是某位神明的创造物和家园。仿佛诸神在神界过的才是"真实的生活"，而发生在世间的不过是无关紧要的助兴表演。

在萨尔贡和纳拉姆辛的时代，这一观念被彻底颠覆，人们不仅把关注重点转移到了人类世界，而且还引入了全新的宇宙观：美索不达米亚历史的主体不是神而是人。人类由此开始掌握主动权，人（包括女人）成为自己命运的主宰者。诚然，人类依旧十分虔诚，他们仍然向神庙供奉祭品，奠酒祭神，并举行仪式，利用各种机会祈求神庙的保佑。但在这个时代，虔诚的含义已大不相同。乌尔的月神南纳神庙是各个月神神庙的

母庙，当萨尔贡任命自己的女儿为南纳神庙的主祭司（该职 　120
位大致等同于总经理或首席执行官）时，她为宗教习俗本身
注入了青铜时代的英雄元素。从此，宗教的重心从天上转向大
地，从诸神转到了他们的崇拜者身上。萨尔贡的女儿成为史上
首个身份得以确认的作者，也是阐明她与神明之间的个人关系
的第一人。

南纳神的女祭司

　　萨尔贡的宫廷位于冲积平原南部，那里使用的语言是闪米
特语，萨尔贡的女儿在出生时自然也有一个闪米特语的名字。
但迁至苏美尔文化的核心之地乌尔后，她采用了一个苏美尔语
的官方称谓：恩赫杜安娜（Enheduana）——"恩"（主祭司
或女祭司）、"赫杜"（装饰）、"安娜"（上天的）。她迁入了
乌尔的吉帕鲁（Giparu），这是占地广阔、错综复杂的宗教建
筑群，里面有神庙，也有供神职人员工作、用餐和做饭、沐浴
的区域，还有埋葬主（女）祭司的墓地，尽管有些祭司直接
就被埋在其住所底下。记录表明在这些女祭司死后，人们还会
继续向她们献祭。在许多引人注目的艺术品中，有一件能够证
明恩赫杜安娜真实存在，它出土于年代在她的时代好几个世纪
之后的考古层。这似乎说明尽管恩赫杜安娜受命管理神庙的那
个朝代早已衰亡，但在那之后的很长一段时间里，她仍为世人
所铭记和尊敬。

　　上文提及的那个物证就是 1926 年伦纳德·沃利发掘出的
一个破损的雪花石石盘。石盘的背面刻着："恩赫杜安娜，南
纳神的女祭司，南纳神之妻，萨尔贡之女，基什之王……建造

了一座圣坛并将其命名为'天之高台'。"考古挖掘者还发现了石盘的一些碎片。经过修复，其正面显现出的条状浅浮雕酷似滚章压印出的图案：伟大的女祭司身着打褶羊毛长袍，站在一名正在倒酒的裸身光头祭司之后，行使着她的宗教职责；在她右侧站立着另外两个人，一个持法杖，另一个则提着一个有柄的罐子或仪式用的篮子；她举起右手摆出虔诚的姿势，从侧面看去鼻子肥大，面部表情十分严肃。

121　　在碎石之下还发现了一些印章和其他印文，它们均证实了恩赫杜安娜曾在神庙生活。这些印章和印文的内容包括"阿达（Adda），恩赫杜安娜的地产经理人"，"哦，萨尔贡之女恩赫杜安娜，您的仆人萨伽杜（Sagadu）书吏"，以及讨喜的"伊鲁姆·帕里里斯（Ilum Palilis），萨尔贡之女恩赫杜安娜的美发师"。从青金石滚章等昂贵物件可以看出主人的身份，这个地方很可能曾是神庙假发和化妆品照管人的处所。

　　作为规模宏大、声名远播的乌尔南纳神庙的掌管人，恩赫杜安娜必然享有最好的工作条件。她坐在她的房间或是办公室中，一边让伊鲁姆·帕里里斯等人为她梳妆打扮，一边向书吏——或许正是沃利发现的印章上的萨伽杜——口授文书。就这样，恩赫杜安娜以自己的名义连续创作出四十多份用于宗教仪式的杰出作品。这些作品在将近两千年的时间里被不断传承，也让她本人在历史上留下了永恒的印迹。

　　恩赫杜安娜的作品虽然直到现代才被发现，但长久以来一直是祈愿祷告之作的范本。它们通过巴比伦人启发并影响了《希伯来圣经》的祷文和诗歌以及希腊的荷马史诗。因为这些创作，恩赫杜安娜成为史上首位已确认身份的文学作家。在早期基督教的赞美诗中，我们可以听到她生命乐章的隐约回响。

她最受欢迎的作品是《苏美尔神庙赞美诗》（Sumerian Temple Hymns），由四十二节连续的短诗组成，诗中使用了顿呼的手法对苏美尔大地上的每座神庙进行描写：

> 哦，伊辛，神明安［天神］
> 在空旷的平原上建立的城市！
> 您的外城声势浩大，您的内城建筑精美，
> 您的神力由安授予。
> 哦，恩利尔所爱的神台，
> 哦，安和恩利尔决定一切命运的地方，
> 是伟大众神的餐宴之所，充满无比的赞叹与敬畏……
> 您的女神，大地上伟大的治愈者，
> 尼宁欣那（Nininsina），安之女，
> 在您的界域建起了神庙，哦，伊辛神庙，
> 她要登上您的神台。

恩赫杜安娜就是以这样的方式逐一对各个城市进行细致描述的，直到其结尾部分，我们才能稍微领会这些诗歌的创作目的所在：这些赞美诗的创作其实是萨尔贡的帝国政策的一部分，用于辅助统一各地及其不同的神明，从而打造一个单一的忏悔型社会。从这位女性大祭司的一句话中，我们看到她和她的父亲十分相似，因为萨尔贡自我标榜为开拓英雄，而恩赫杜安娜对萨尔贡说："这些石板的编写者是我，恩赫杜安娜。我的国王，它们都是史无前例的作品。"

在恩赫杜安娜最伟大的作品中，我们可清晰地看到英雄时代的一种全新宗教精神。这部作品是献给伊南娜的长祷文。人

122

们通常以它的头几个词来称它为"宁密萨拉"（Nin-me-sara），意思是"众密女神"，其中"宁"指女神，"密"是伊南娜从守护神恩基那里强行索取而来的文明准则，"萨拉"在这里的意思是"所有的"。萨尔贡的女儿没有选择将自己的主神与官方夫君月神南纳作为赞颂的对象，而是向她父亲的恩主和保护神伊南娜，也就是被萨尔贡称作伊什塔尔的光辉女战神献上了赞美诗。

如果我们能将苏美尔语充分翻译成现代语言，特别是将楔形文字中通常含有的那些丰富的多重意义和解读翻译，那么这位女祭司献给女神伊南娜的诗篇必将成为文学史上的一颗明珠。遗憾的是，我们只能知晓其内容，却无法品味其艺术性。例如，这篇赞美祷文开篇的歌颂与赞美竟长达40余行，全方位地描写和称颂了女神的样貌、权力和举动。诗歌的开头是这样的："众密女神，从灿烂的光芒中升起……"该作品的最新译者安妮特·茨戈尔（Annette Zgoll）博士指出，这段楔形文字还包含另一层含义，即"无数战争的女王，随着一场疾风暴雨……升起"。尽管我们无法掌握这些文字的精妙蕴意，但它们仍然传递了一条清晰的信息：女祭司和女神之间建立了一种全新的关系。

面对诸神，苏美尔的崇拜者们总是十分谦卑恭顺，如同拜倒在主人面前的奴隶。恩赫杜安娜希望受到重视和认可。尽管她只是一个凡人，但她期望伊南娜倾听她的话语。她与女神争论，试图通过提醒女神那些不承认伊南娜权威的人的下场，来说服其采取行动。

掌管异域之地的至高女神，

> 有谁能够从您的疆土带走任何物品？
> ……他们高大的城门正在燃烧。
> 因为您，他们血染长河……
> 在您面前，他们率领的所有军队都沦为俘虏……
> 他们城中的舞池狂风大作，暴雨肆虐。

与此形成对比的是恩赫杜安娜自己从未间断的忠心侍奉。

> 掌管所有异域之地的圣名女神，
> 千万子民的生命力量：
> 我要吟诵您的圣歌……
> 善良发自内心的女子，有着一颗闪光的心，
> 我要列出您的神权。
> 我，主祭司，恩－赫杜－安娜，
> 在我神圣的吉帕鲁中侍奉您。

但是，恩赫杜安娜在乌尔的职位似乎受到了严重的威胁。有资料显示，乌鲁克城的反叛领袖卢伽尔安（Lugal-Ane）发动了一场抵制萨尔贡之孙纳拉姆辛的起义，并将国王的姑姑逐出了吉帕鲁。

> ……葬礼的祭品已经备好，
> 仿佛我从未在此地居留。
> 我迎接光芒，却被光灼伤。
> 我走向阴影，却被风暴吞没。
> 我的巧舌之口已默然无语。

恩赫杜安娜坚持要女神向天神安报告自己的遭遇。

> 将卢伽尔安的作为和我的遭遇告诉安吧！
> 请安替我主持公道！
> 只要您把这一切告诉安，安便会将我释放。

124 卢伽尔安大不敬的作为不值得诸神的眷顾。

> 卢伽尔安改变了一切。
> 他将安逐出了伊安那的神庙。
> 他对至高的神祇无敬无畏。
> 他摧毁了这座神庙的
> 无穷魅力，
> 无尽美丽，
> 留下疮痍满目。

而恩赫杜安娜自己的遭遇则十分可悲：

> 他站在胜利的光辉下，将我赶出神庙。
> 他逼我像燕子一样飞出窗外；
> 我已精疲力竭。
> 他害我翻越荆棘丛生的山峰。
> 他夺走我主祭司的合法职位。
> 他给我刀和匕首，
> 说"现在它们才是适合你的饰品"。

最终，卢伽尔安被迫就范，恩赫杜安娜恢复了在吉帕鲁的职位。女神也因提供的协助而获得了慷慨的赞扬：

> 我的女神，安的挚爱，
>
> 愿您的心因我而平静，
>
> 我是辉煌的南纳主祭司！
>
> 必须让众人知晓！必须让众人知晓！……
>
> 知晓您像天空一样崇高！
>
> 知晓您像大地一样宽广！
>
> 知晓您摧毁了叛军的基地！
>
> 知晓您震慑了异域的疆土！
>
> 知晓您碾碎了头颅！
>
> 知晓您如神犬般吞噬了尸体！
>
> 知晓您的目光如此可怕！
>
> 知晓您抬头凝视，目光凶煞！
>
> 知晓您的双眸闪烁！
>
> 知晓您不可撼动，坚不可摧！
>
> 知晓您无往不胜，所向披靡！

拓宽的视野

历史往往只记录了伟人的懿言嘉行，或是暴徒的穷凶极恶。我们很难看到在这样一个崭新而颇具英雄主义色彩的青铜时代，介于二者之间的普通民众是如何在阿卡德帝国的繁华城市中生活的。

125

但我们可以做一些合理的猜想。这一定是个高度军事化的社会，在各个主要城市的大街上，常常会看到全副武装的巡逻兵，但中央政府仍不能完全信赖这些士兵。萨尔贡曾写道，每天都有5400人，或许是常备军的核心力量，来到阿卡德并在他的面前进食。对于居民而言，更可怕的是经常爆发的起义和叛乱，因为许多城市的领袖想推翻帝国的统治。萨尔贡的儿子理木什（Rimush）就遇到了乌尔和其他四个城市的反抗。但每一次起义都被无情地镇压了。纳拉姆辛"在一年之中取得了九次战役的胜利"。历史记载中没有提到这些暴动所伤及的无辜城民的数量，但生命和财产的损失必然十分惨重。

但是，如果没有大批民众的支持或默许，任何帝国都无法长久维系。进行帝国统治的担子虽重，但还是有许多回报的。苏美尔和阿卡德的核心领土上的城民一定会发现他们的视野已经得到了无限扩展。奇珍异宝以及来自更远地区的商品和原材料源源不断地进入该地。从巴林［阿卡德语中的迪尔蒙（Dilmun）］、阿曼［美根（Magan）］甚至印度河流域［麦鲁哈（Meluhha）］远道而来的船只在阿卡德的码头停靠并卸下船上的宝藏；海港附近的街上满是口音怪异的外来水手。每天都有满载粮食的平底货船千里迢迢地从雨水丰沛地区的农场一路驶来，它们抵达冲积平原的海港，卸下货物，而后就被迅速拆卸，拆卸下的木料将被继续用于当地的扩建项目。萨尔贡甚至宣称自己的帝国已经跨越"西部海域"，即地中海。人们一直不相信这类吹嘘，直到19世纪70年代，在塞浦路斯发现了一枚刻有"神明纳拉姆辛的仆人，伊鲁巴尼（Ilu-bani）之子，阿皮尔－伊什塔尔（Apil-Ishtar）"的印章。

此时的经济体系很可能已经与早期的混合市场经济有了些

许的不同。尽管君主仍掌握至高权力，但他们选择遵守惯例和 　126
法律。在他们找寻可分配给自己的追随者和支持者的土地时，
这些土地的买卖很可能带有强迫性质，出售者或许也会受到威
逼，但王室的确会支付一笔费用。在萨尔贡之子玛尼什图苏
（Manishtushu）在位的期间，有一根黑色的闪长岩雕柱，上面
刻了购置多处大型地产的记录，这些地产的总面积达近 1.5 平
方英里①。很显然，君主是以白银为货币按市场价格支付的，
此外还为建筑物付了额外的费用，且给出了珠宝和衣物等礼品
以示友好。为了安抚众人，这位国王还以吃喝款待了 190 名工
匠、月神之城杜尔辛（Dur-Sin）的 5 名官员和阿卡德都城的
49 名官员。这些官员包括多名地方长官、1 名重臣、1 名占卜
祭司、1 名神庙预言家、3 名书吏、1 名理发师、1 名侍酒官，
以及国王的侄子和乌玛长官苏鲁什金（Surushkin）的两个
儿子。

　　可想而知，国家征得的税收都被用于购买这些房产，以
及供养不断扩大的官僚机构和新兴的工匠阶级。阿卡德的英
雄文化认为文明和战争一样重要，且认为相较于硬碰硬的战
争，柔和的艺术才是维护和平与秩序的必要因素。青铜时代
的勇士们热爱诗歌。我们可以确定，当时的吟游诗人、民谣
歌手、音乐家和演艺人士受到了宫廷的热烈欢迎，尤其是在
他们赞颂统治者英雄事迹的时候。尽管这种盛况十分短暂，
但根据当时的建筑设计、石雕和金属制品所达到的艺术高度，
可以判断艺术和手工艺也得到了发展。只可惜贵金属总是难
逃被重复利用的命运，因此几乎没有任何阿卡德首饰出土。

---

　　①　1 平方英里约为 2.59 平方千米

但同时，考古学家们发掘出的大量滚章在一定程度上弥补了这一遗憾。这些滚章显示阿卡德刻章人在设计和雕刻方面都达到了无与伦比的水平。正如哥伦比亚大学从事古代近东研究的教授马克·凡·德·米鲁普（Marc van de Mieroop）所说："这一时期的物品给人们留下的印象是，其制作者技艺精湛、细致入微且富有艺术天赋。"

与此同时，针对苏美尔混乱的度量衡体系，阿卡德王国也迈出了整顿的第一步。在阿卡德时代之前，各个城市都在极力维护自己测量和记录重量、尺寸的方法。更令人困惑的是，不同的物品和商品还会用到不同的计量制和进制。现在，长度、面积、干湿度和重量的统一计量标准终于被采用，它们将一直被沿用一千多年。官方年份名也得到确认：

萨尔贡前往西姆鲁姆（Simurrum）的那年。

纳拉姆辛征服……

并在黎巴嫩山上伐倒雪松的那年。

沙尔 - 卡利 - 沙瑞（Shar-kali-shari）[①] 第一次前往苏美尔那年之后的一年。

或许，阿卡德统治者实行的最重要的，也是历史上最具意义的变革，要属在官方文件中使用他们的闪米特语，也就是我们现在所说的阿卡德语，尽管当时苏美尔语仍是一种学术和宗教用语，它一直被使用到了美索不达米亚历史的末期。萨尔贡和他的后代并未打算抛弃美索不达米亚南部的文化，相反，他们希

① 阿卡德帝国的国王，约于公元前2217年继承其父纳拉姆辛的王位。

望通过加强此文化来获得荣耀。

经过一段时间，楔形文字已被广泛用于记录闪米特语和苏美尔语。在外行人看来，这些楔形文字每个都十分相似。然而，阿卡德语的地位上升至新的官方书面语，这又给原本十分难懂的体系进一步增添了复杂性。苏美尔语的含义并未被取代，而是与相对应的阿卡德语含义并行使用。因此，每个符号既可被读作苏美尔语的字、词或相应的发音，也可被读作阿卡德语的字、词或发音。例如，看起来像星星一样的符号可以不发音，只表示接下来的词指的是神祇，也可被解读为神明或上天，即苏美尔语中的 DINGIR（神）或 AN（安），阿卡德语中的 *shamum* 或 *ilum*；同时，这个星星符号又可以仅表示这些词的发音。

这种情况让解读楔形文字的现代学者十分头疼，但对于那些将此作为母语的人而言，其含义应该是十分清晰明了的。无论使用的是哪种文字体系，古代书吏中似乎都存在着某种等级，专门从事某项实际工作的书吏并不需要了解或理解文字体系中较为晦涩复杂的部分。为了确保一致性，该地区所有的书吏学校都会教授一种标准化的书写方式。于是，从伊朗高地到安纳托利亚的底格里斯河和幼发拉底河源头，再到地中海沿岸，各地的书吏都在学习这种简练、优雅的"古代阿卡德语手书"。此外，通过传播这种正式的文字，阿卡德语成为整个近东地区的通用语言，直到一千多年后才被逐渐兴起的阿拉姆语（Aramaic）取代。

就这样，萨尔贡及其后嗣就像莎士比亚笔下的尤里乌斯·恺撒那样，使阿卡德帝国成为这片狭长的新月沃地上的巨人，主宰着它的军事、经济、文化和语言。虽然起义、叛乱和暴动

128

频繁发生，但青铜时代的所有英雄在一个多世纪里一直牢牢地掌握着这片疆域的统治权，并将苏美尔－阿卡德文明传遍整个美索不达米亚平原，传播到底格里斯河和幼发拉底河的源头谷地，以及东西南北各个方向的周边区域；或者用他们自己认定的方位来说，苏美尔－阿卡德文明顺着"从高山上吹来的风的方向、从阿摩利人那里吹来的风的方向、暴风的方向和令船向上游驶去的风的方向"传遍四方。

* * *

可即便是这样一个欣欣向荣的世界，也会在顷刻间化作乌有。至少站在长时段的角度看，事实就是如此。蛮族在奋战几百年后将恺撒建立的罗马帝国的势力赶出欧洲西部，最后将其困在了君士坦丁堡。于小亚细亚接替罗马的奥斯曼帝国也在维持了约两百年后没落。现代欧洲的各大帝国不到五十年便纷纷瓦解。在岁月的长河中，萨尔贡的帝国似乎只是昙花一现。

自 1979 年以来，耶鲁大学的一支考古队就在曾被称为塞赫那（Shekhna）的叙利亚雷兰遗址（Tell Leilan）进行考古挖掘。在阿卡德时期，这里是重要的地方中心，控制着位于幼发拉底河上游和底格里斯河间的哈布尔河谷（Khabur River Valley）。到今天，我们仍然可以看到高出地面 15 米的古代高墙。考古学家已经探查出这个古代定居点的兴起过程以及它与阿卡德帝国的融合情况的大量细节。这里尽管当时只是一个地方中心，但已然成为帝国的样板城市。其卫城中耸立着精美的建筑群，各类设施配备齐全：粮仓、宗教祭台、学校、浴场、高大的具有防御功能的行政大楼，各个建筑之间还有大面积的花园。

在校舍对面的主干道上，一个大型建筑工程正在施工，它 129
想必会赶超之前的所有建筑。除了使用一般的日晒砖和窑烤
砖，阿卡德帝国的这座样板城市还使用石块作为高墙和地基的
建筑材料，这些石料厚 2 米，由来自距工地至少 40 千米远之
处的玄武岩巨砾加工而成。

这项工程似乎一直都进行得很顺利，然而就在一夜之间，
施工戛然而止。耶鲁的考古发掘者发现，在工人们突然放下工
具离开时，此处的地基已打好，部分墙体也已建好并经过粉
刷。耶鲁考古队队长哈维·韦斯（Harvey Weiss）博士的报告
称："在该建筑东南部未完工的墙体旁边，距离拐角处几米远
的地方，有好几块玄武岩巨砾。这些巨砾均处于不同的加工阶
段，有些已经被打磨成可供使用的石块，有些还未经处理。"
除此之外，有证据表明在这一建筑活动突然停止的同时，这座
城市中其他地方的生活活动也全部中断。塞赫那似乎完全被遗
弃，直到几百年后才重返生机。

在美索不达米亚北部遗址进行发掘的考古学家也遇到了类
似的情况：文明的遗迹出现了断层。在与萨尔贡王朝最后一代
统治者有关的考古土层之中，没有任何文物被发现。人工制
品、陶器碎片、印章、文字泥板，这些通通没有。人类居住的
痕迹要么无处可寻，要么十分稀少。在当时附近的另一个古代
城市布拉克（Tell Brak），居民都聚集到了城市的某一个角落
生活。

这一定是因为发生了灾难性事件。但又会是什么样的事
呢？对此，"苏美尔王表"的记录也显得十分无奈："萨尔贡
王朝存在了一百五十七年。而后谁为王？谁非王？伊尔吉吉
（Irgigi）为王，伊米（Imi）为王，纳努姆（Nanum）为王，

埃鲁鲁（Ilulu）为王。这四位王只统治了三年。"随后，这个帝国的疆域就迅速缩小，只余阿卡德城及其周边地区，而帝国的独立主权也只是很艰难地维系了一段时间，最终帝国被一波从山区来的蛮族攻陷。

古人将此次入侵的蛮族称为古提人，古提人从迪亚拉河上游地区席卷而下，整片大地上生灵涂炭。"苏美尔王表"称："古提人掌握了王权，他们没有国王。"后来的一首挽歌《阿卡德的诅咒》（The Cursing of Agade）解释道，神明"恩利尔从山中带来了一群与其他人不一样的人，他们是不属于这片土地的古提人，他们恣意放纵，拥有人类的智慧却有着狗的本性和猴的样貌"。

他们带给阿卡德的是残酷无情的灾难。

> 没有人能逃出他们的魔掌，没有人能躲过他们的袭扰。信使不再上路，邮差的船只也不再在河上通行……牢犯负责监视，强盗在路上横行。城池的大门被卸下，然后被丢弃在泥地里。外邦各城的城墙内纷纷传出哀号苦叹之声。

早期的历史学家习惯性地将所有文化变革归结于外敌的入侵和征服，于是他们认为萨尔贡和纳拉姆辛的帝国也因无法抵御蛮族的强烈攻势而只好屈服，并把这当作史实。虽然我们有理由相信，在野蛮的部族称霸美索不达米亚的绝大部分区域时，阿卡德帝国的确经历了一段长达数十年乃至近一个世纪的黑暗时期，但是古提人的力量似乎并不足以在武力上战胜该帝国。阿卡德以往在面对实力更加强大、更有组织的敌人时，通常能够轻而易举地抵御袭击。

出于自己的世界观，美索不达米亚人将这次灾难归咎于神明的愤怒，因为君王的狂妄自大和渎神之举惹怒了神明，所以涅墨西斯①必然紧随其后，众神也通过改变自然规律和引发饥荒来惩罚妄自尊大的人类。

> 自各城建立以来这是第一次，
> 田地颗粒无收，
> 草甸子中不见游鱼的踪影，
> 浇灌过的果园中既无果汁亦无琼浆，
> 云团密布却无甘霖降下，树木也不再生长。
> 在那时，一谢克尔只能买到半夸脱油，
> 一谢克尔只能买到半夸脱粮食……
> 睡在屋顶的人，就死在屋顶上，
> 睡在屋内的人，没有葬礼，
> 人们在饥饿中抽打自己。

学者们常常警告我们，许多文献彰显的更多是撰写者所处时代的特征，而非文中描述的那个时代。由于《阿卡德的诅咒》是在那场灾难发生许久之后写成的，因此其中叙述的大饥荒从未受到重视。但是，耶鲁考古队在雷兰遗址的发掘成果表明，这篇哀歌描写的细节可能要比之前人们所认为的更加真实。

在最后出现人类居住遗迹的土层上方，有一层近 2 英尺厚的土壤。经过分析，这层土壤中除了风沙和尘土别无他物，就连蚯蚓洞和昆虫的踪迹都没有。这正是带来极度干旱环境的荒

---

① 涅墨西斯（Nemesis）是希腊神话中的复仇女神。

漠化的显著特征。相同的"死亡之海"也出现在雷兰遗址周边等广阔地带。研究者在整个中东地区进行海底和地质探测时都检测到了相似的变化。塞赫那发生的情况不只是一次当地事件,因为整个美索不达米亚北部地区都经历了约三百年的干旱。韦斯博士评论道:"这是气候突变第一次直接导致一个绚烂文明走向崩溃。""公元前 2200 年之后,季节性降水变得稀少,取而代之的是具有毁灭性的风暴。这些风暴横扫城镇和村庄,人们一路跌跌撞撞来到南部地区,同草原上的游牧民一起在溪边河边搜寻粮食。荒漠化持续了一百多年,从欧洲西南部一直到中亚地区的所有社会都受到波及。"农作物全部枯萎,动物全部死亡,人们从贫乏到饥饿再到死去。从雨水丰富的地区到阿卡德及南部各城市的运粮路线已然中断,苏美尔地区肩负着供养庞大人口的重担。成千上万的民众离开南部家园,走上通往古老城市的道路,这使问题变得更为复杂。同时,雨水的骤减使得主要河流流速减缓且流量减少,因此灌溉变得更加困难,进而导致人们无法生产出足够的粮食来弥补北部产量的减损。

气候变化还令周边的蛮族蠢蠢欲动,胡里安人(Hurrian)、古提人和阿摩利人从各个方向拥入平原,攫取可以维系他们生存的物资。在这样的骚乱之下,万事万物分崩离析,中央权力土崩瓦解。天下一派混乱。谁为王?谁非王?

随着田地庄稼枯萎,瘦小牲畜的相继死亡,不难想象塞赫那和北部其他帝国领地的居民遭受了何等的苦难。即使到了 20 世纪,类似的灾难依然在我们眼前发生。

并不令人意外的是,耶鲁大学考古队关于阿卡德帝国为何衰亡的说法遭到了一些学者的强烈反对。他们指责韦斯教授夸大了其发现的意义，过度解读了这些成果并过分按照字面意思来理解古代文本。但是，不论人们提出了什么样的说法来解释阿卡德为何突然消失，不论阿卡德的灭亡是否与气候变化、蛮族袭击、人口压力、官僚思想僵化或任何其他原因有关（或者说是受到以上某些或全部因素的共同影响），都无法否认阿卡德确已毁灭的事实。

萨尔贡及其后嗣创造的政治实体——苏美尔和阿卡德帝国还未强大到足以承受其所遇到的所有压力。疆域的扩张对资源的利用已达到帝国可以承受的极限。虽然帝国建立了官僚体系并改善了会计制度，在先进性上远超此前的所有时代，但它毕竟属于农业经济，帝国中最快的货物运输工具也只是驴车，每日的运输里程数基本上不会超过 25 千米。在没有必要的基础设施的情况下，阿卡德的野心远远超出了其能力范围。

如果将城市和文明比作机器，那么阿卡德的帝国统治就好比是 20 世纪中叶的战争中的一架战斗机，可能是喷火式战斗机或是梅塞施密特 BF－109 战斗机。这些战斗机的临界稳定设计奠定了它们在空中作战时的优势。当一切运转正常时，它们的表现十分突出；但一旦飞机的脆弱部分受到损坏，它们就必将旋落坠毁。而其他那些设计相对保守甚至有些笨拙的飞机，即使它们的机翼和机尾多处被炮火击穿，它们依然可以勉强飞回大本营。

公元前第四千纪的乌鲁克扩张早已表明，愈是追求进步的社会就愈加脆弱。这一点再次得到了验证。同样的，美索不达米亚平原最南部地区的各苏美尔城市，它们的生活方式越是谨慎、传统，其社会就越稳定，也越能够经受时代发展过程中的种种冲击。

在后阿卡德时代的过渡期中，最著名的城市领袖是拉格什
133   的古地亚。他不以卢伽尔、国王自称，而是谨慎地使用恩西也
就是"统治者"这一称号。这种做法仿佛又回归了古老的传
统，即承认真正的君主是城市神明、权杖与战斧之主——宁吉
尔苏。目前出土的古地亚圣像已超过 24 座，这些圣像的相似
度很高，毕竟它们塑造的是同一个人物形象。此外，这些圣像
都强调了古地亚的虔诚和诸多善行，主要包括建造和修复神
庙。它们的制作工艺精湛不凡，而且都体现了苏美尔价值观的
回归：庄重、正式和平静。这与萨尔贡的铜像和纳拉姆辛的胜
利石碑所展现的充满人性与活力的阿卡德君主形象形成了强烈
对比。

至此，或许只有等到从古提人手中夺回权力，并让版图恢
复到从前的模样，美索不达米亚人才能够重拾迎接未来的
信心。

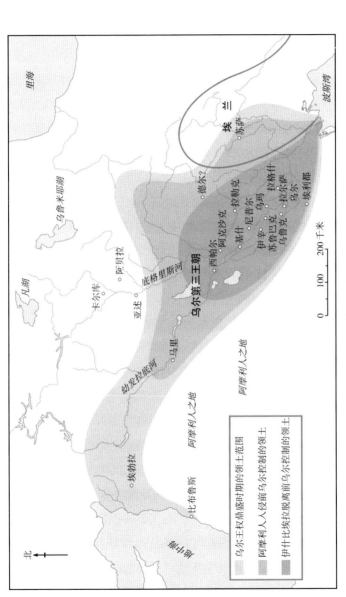

里海

凡湖

乌鲁米耶湖

卡尔海

阿贝拉

亚述

底格里斯河

幼发拉底河

马里

阿拉

乌尔第三王朝

西帕尔

阿克沙克

埃什努那

基什

尼普尔

乌玛

拉格什

伊辛

苏鲁巴克

拉尔萨

乌鲁克

乌尔

埃利都

埃拉

苏萨

波斯湾

埃勃拉

比布鲁斯

黎巴嫩

阿摩利人之地

阿摩利人之地

乌尔权鼎盛时期的领土范围

阿摩利人入侵前乌尔控制的领土

伊什比埃拉脱离前乌尔控制的领土

北

0   100   200 千米

乌尔第三王朝

第七章 苏美尔复兴：统制之邦

约公元前 2100 至前 2000 年

王权回归苏美尔

　　据称，将古提人赶出美索不达米亚的是乌图赫加尔（意为"太阳神带来富足"）。在兴师讨伐之前，乌图赫加尔定然筹划已久，他可能用数月或数年的时间聚集了一大批支持者。这些人都愿意倾其所有为荣耀而战，将这片大地从"山野毒蛇"的胁迫下解放出来。乌图赫加尔当然也会派人前去刺探那些为外邦人，也就是"大地的入侵者"所直接管辖的区域，并将从其内部探查到的消息发回他所在的乌鲁克领地。

　　乌图赫加尔内心十分清楚，那些蛮族不屑于恢复前朝阿卡德煞费苦心建立的国家机制，或者他们根本就没有能力完成这项任务。据年表记载，在他们的统治下"此地的道路长满了高高的野草"。他们依靠海湾顶端的苏美尔古城的衰落来维持统治，这些城市在导致伟大的萨尔贡王朝灭亡的那次灾难中遭受打击，还需几十年的时间才能恢复。事实上，古提人一直饱受谴责，因为其他觊觎美索不达米亚统治权的人都有意接过文明的接力棒，向前迈进，但古提人则不然。编年史学家不断提醒着我们："这些不幸的人不懂得如何敬畏神明，也不了解正确的宗教习俗。"总有一天，南部各城将重整旗鼓，合力将古提人全数驱逐。一切都只是时间问题。

乌图赫加尔想要确保自己能得到成功驱赶古提人的荣誉。136但由于当时的社会延续了阿卡德英雄时代之前就已存在的古老传统，他的这种独揽荣耀的愿望恐怕难以实现。实际上，起兵反抗并非他自己的主意：众神之王恩利尔决定将古提人逐出美索不达米亚，于是选择了乌图赫加尔来完成这一使命。人们在后来发现的同一文本的三份复本中都找到了有关这场著名的胜仗的内容，这也是第一份详尽叙述了古代军事行动的文本。

乌图赫加尔的首站是神庙，他向他的保护女神伊南娜倾诉："我的女神，用头撞碎外邦之土的战斗母狮，恩利尔嘱托我将王权带回苏美尔。请您助我一臂之力！"接着，他又向城中百姓寻求支持。"勇士乌图赫加尔从乌鲁克出发，在（风暴之神）伊什库尔（Ishkur）的神庙扎营。他对着城中百姓大声呼喊：'神明恩利尔已将古提的命运交付到我的手中，我的女神伊南娜也同我并肩作战。'乌鲁克和库拉巴（Kulaba）的城民欢呼雀跃，一心一意地追随他。"

在收获天时与人和之后，乌图赫加尔便率领他的精英部队踏上征途。他们沿着幼发拉底河向北行军，而后又顺着伊图伦加尔（Iturungal）运河朝东北方向进发。远征军每日的步程约为 12～15 千米，到了第四日晚，他们驻扎在纳各苏（Nagsu）城。次日，乌图赫加尔在伊力塔普（Ilitappe）神殿中止了行军，因为古提王朝的国王梯雷根（Tirigan）派遣两名密使前来谈判。让这两名密使没想到的是，他们一来就被拘禁并被扣上了锁链。紧接着，第二天夜晚，乌鲁克军队先在卡尔卡尔（Karkar）扎营，但到了午夜他们秘密地从阿达卜行进到敌军前线的后方。就在这个距离乌鲁克 80 千米的地方，他们为敌人设下了陷阱。在随后发生的战斗中，古提的军队一败涂地。

梯雷根弃车而逃，携妻儿徒步奔走，来到一个叫作达布鲁姆（Dabrum）的地方寻求庇护。当地百姓看到古提大势已去，而"乌图赫加尔是获得恩利尔神力加持的国王"，于是便将战败的古提国王及其家人一同拘禁并交给乌图赫加尔的钦使。"梯雷根的双手被戴上手铐，双眼被蒙上眼罩。在（太阳神）乌图面前，乌图赫加尔让梯雷根俯伏在自己脚边，并一脚踩在他的脖颈之上……乌图赫加尔将王权带回了苏美尔。"（然而，古提人将在约一千五百年后一雪前耻。在居鲁士大帝征服巴比伦的过程中，居鲁士派古提人的突袭大军先行前往，自己再于几日之后以鸿恩浩荡的救世主形象出现。）

乌图赫加尔让"王权回归苏美尔"，也为将在古代美索不达米亚建立的最具影响力的社会制度奠定了基石，尽管他本人未能见证后来的繁华盛世。

* * *

上述故事被亚述学家称作"乌图赫加尔的胜利"，它包含的细节表明其内容具有相当高的准确性。但此类文献的撰写者同今时今日的小报记者一样，都带有各自的意图和偏见。其中某些作品一看就是赤裸裸的政治宣传，其他的记载则带有更微妙的动机。当各个国家刚刚独立或在很长时间后重获自由时，它们通常试图撰写一份建国史，以此说明本国存在的合理性，同时确立自己的起源与根基。

在流亡巴比伦的犹太人获得波斯皇帝的允许，回到耶路撒冷并开始重建其宗教场所的几年后，《圣经》便经由多种渠道得到整合，从而发展成讲述希伯来人如何征服、定居并统治圣地的伟大传奇。当诺森布里亚①的国王开启了长达几个世纪的统一英格兰之路后，生活在该地区的圣比德②写下了《英吉利教会史》（*Ecclesiastical History of the English People*）。同样可以断定的是，最初的"苏美尔王表"也是在古提人被驱逐后不久编写的，为的是展示乌图赫加尔尽管没有王室血统，却依旧是君主衣钵的合法继承者，而他的祖先可一直追溯到大洪水时代之前的统治者。

对于某些叙事而言，准确性与真实性并不重要。以苏美尔复兴这一时期为例，书吏们在撰写大洪水的故事时，提到了伊南娜和恩基等神明，卢伽尔班达和吉尔伽美什等半神英雄，恩美卡（Enmerkar）和阿拉塔之主（Lord of Arrata）等凡人国王。大部分此类古代神话传说实际上是几百年中吟游诗人和吟诵表演者的表演内容，书吏们写下这些内容的主要目的并不在于政治劝导，而是在于对这些内容加以保护。可能因为古提人造成的政权空位期给美索不达米亚文化的捍卫者们带来了巨大打击，他们不仅看到了口述传统的脆弱和丧失古代智慧的危险，更看到了用书面形式尽可能留下永久记录的重要性。同样的，在伊斯兰教先知穆罕默德去世后爆发的内战中，许多能够记忆并背诵神圣《古兰经》的人都惨遭杀害，所以才有了用文字写下的《古兰经》。我们应该庆幸苏美尔人吸取了这样的教训，因为若不是那些书吏不辞劳苦地将各种故事记录在泥板

138

---

① 诺森布里亚（Northumbria）是中世纪早期英格兰七国时代的七国之一。
② 圣比德（Venerable Bede）又译"圣贝德"，是英国盎格鲁－撒克逊时期的编年史家和神学家，被尊称为"英国历史之父"。

上，今天我们就对它们一无所知了。

然而，文书中有意确立一国的民族史的地方值得读者们注意。例如，有一部比古提时期晚约三百年的巴比伦编年史，其大部分内容讲的是如何正确地向一位新的神明献祭。这位神明就是新城市巴比伦的守护神马尔杜克，但在乌图赫加尔的时期，马尔杜克和巴比伦仍名不见经传，或至少还没那么重要。这部编年史将文明与野蛮、苏美尔人与古提人之间的冲突，归因于"煮熟的鱼"这样一个简单的事物上："渔夫乌图赫加尔在海边抓到一条鱼用于献祭。应当先把这条鱼献给马尔杜克，而后才能献给另一位神明。但是在乌图赫加尔将这条鱼献给马尔杜克之前，古提人就将这条煮熟的鱼从他手中夺走了。于是，马尔杜克一声令下，毁灭了在他领地上的古提军队，并把统治权交给了乌图赫加尔。"

同一部编年史又告诉我们，"渔夫乌图赫加尔对马尔杜克之城犯下了罪过，于是河水吞噬了他的身躯"。与之相关的传说称乌鲁克国王在视察水坝工程时溺水身亡，但两种说法孰真孰假就难以分辨了。在乌图赫加尔时代之后不断更新的各版"苏美尔王表"中，与这位国王在位时间长短有关的说法也有很多种版本，有的说四百二十七年，有的称二十六年两个月十五天，还有的说七年六个月五天。从此以后，"乌鲁克被打败，王权落到了乌尔"。乌鲁克国王任命的乌尔地方长官名叫乌尔纳姆 [Ur-Nammu，或乌尔纳马（Ur-Namma）]。乌尔纳姆可能就是在这样一个令人意外的权力真空期，乘机起兵攻击并征服了乌鲁克。遗憾的是，我们对这其中的具体细节一无所知。

我们能够确定的是，约公元前 2100 年，苏美尔大地开始自我重建，乌尔城也在其第三王朝时期，也就是亚述学中说的乌尔第三王朝（Ur Ⅲ）得到复兴，一个疆域辽阔的帝国得以建立。在其鼎盛时期，这个新兴的苏美尔帝国覆盖了美索不达米亚的大部分区域，之前独立的城市成为帝国的省份，周边的各个附属领地也受到帝国军队管辖并开始向中央上缴税收。

139

　　尽管街上百姓说的还是阿卡德语，但苏美尔语再一次被确立为官方语言，政教合一的权力形式也重返历史舞台。这一时期的艺术形式同样展示了古老的苏美尔风格。尽管新苏美尔文化的外在风格保守且趋于守旧退步，但帝国没有摈弃萨尔贡阿卡德王朝在治理手段方面取得的进步，包括管理、组织、经济、政治、法律和书吏文化等方面的改进，以及在实际应用这些改进时所需要的数学、天文学、历法等方面的知识和原始科学技术；相反，它们得到了应用并得到了进一步的发展，最终，一个前所未有的中央集权国家机器被创造出来了。

　　做出这一判断的依据是一类可信度很高的文本——行政文书。

　　新苏美尔帝国通过印刻在泥板上的文字为我们留下了大量的官方记载。只可惜许多泥板是经过非法挖掘出土的，所以无法得知它们的出处。它们中约有 5 万块已经过誊抄和翻译，但有待研究的泥板是这一数量的三倍，在泥沙之下尚未被发现的泥板数量至少是这一数量的一百倍。要想将这些泥板全部誊抄并翻译，可能需要花好几个世纪的时间。

　　这些行政泥板不受政治影响，仅是为了记录经济或社会交易的实际情况，它们以前所未有的公开形式记下了古代社会的点点滴滴。可是通过它们，我们还是无法看到完整的景象。对这一时期的泥板进行研究就像是打开查验某种复杂机制内部构造的一个窗口，但该机制的总体目标和计划依然模糊不清。或者换种比喻，我们看到了很多树木，却看不见整片森林的形状。此外，我们也要避免形成扭曲的印象。新苏美尔人一直被认为沉迷于官僚主义，这种看法的确有失偏颇。假设我们今天的所有消费清单、火车票、小票、租车协议和信用卡发票恰巧通过某种方式得以留存，那么遥远未来的学者们可能也会对我们做出相同的论断。此外，早期考古发掘者的注意力主要集中在寻找重大发现上，他们集中全力对诸如神庙和宫殿等大型建筑进行挖掘，所以从这些遗址中发掘的书面记录总会与小规模的家庭或私人记录有所差异。也正因为如此，学者们在过去撰写的大量关于乌尔第三王朝的文章中，似乎都将其描写成一个施加全方位严密管控的极权主义国家。

现在，这种观点已经被舍弃，取而代之的看法是当前被复原的这些文书并不能很好地反映普通百姓的日常生活。例如，虽然有大量记录表明国家向民众分发谷物、面包，有时还有肉类和油等供给品，却没有关于人民从何处获得衣物、家具、厨房用具的内容，更别提人们烹煮的蔬菜和摆放在桌上的水果的来源了。这类用品和食物的贸易必定存在，但因为发生在国家体系之外，所以没有留下任何记录。

如果像观赏超印象主义绘画那样，站在远处眯着眼审视这一切，我们或许能够看到这个社会的大致样貌。至少在我看来，呈现在眼前的这个社会形态所蕴含的惊喜，一点也不亚于那些美索不达米亚的文物带给我的。新苏美尔文明在公元前第三千纪晚期就已达到繁荣，这一时间距离我们非常遥远，比我们所处时代的文明的起源还要早一千多年，更何况直到约公元前 600 年的古希腊，现代文明才真正开始发展。此外，《希伯

来圣经》中描述了有关那些住在帐篷中的长老的传说，它们
发生在我们今天的宗教传统最早出现的时期，但苏美尔人在那
之前就已经开始了他们的生活。与此同时，苏美尔人的国家又
是如此精密、复杂、成熟和先进，只不过缺少化石燃料技术而
已。因此，如果人们在21世纪的全球版图上找到了一个与其
相似的现有政体，也在情理之中。

　　的确，这种经济和社会格局与我们这个时代出现过的一些
共产主义国家十分相似，例如苏维埃社会主义共和国联盟。但
专家们很快就指出它们之间没有真正的可比性，因为两类制度
意识形态基础截然不同：共产主义者是激进的无神论者，但
苏美尔人至少在公共场合会全身心地敬奉他们的神；共产主
义体制的兴起基于的是革命和理论上的民主，而苏美尔体制
则是通过演化和专制形成的。不过，辨别一个中央集权国家
的方法就只有那么几种，不同体制间存在相似之处也在所难
免。现代共产主义国家和古代苏美尔国家都受到某种意识形
态的支配，并以此对其社会和经济格局做出合理化说明。二
者均实行中央集权经济，理论上能者多劳、按需分配，尽管
总会有某些人比其他人享受更多的"平等待遇"。另外，苏
美尔的个人是没有话语权的。"在古代美索不达米亚城市中，
个体不被算作市民，"马克·凡·德·米鲁普写道，"城市由
各种群体构成，按其本质可划分为家族群体、种族群体、居
住群体和专业群体。在这些群体之外的个体都无法参与当地
的社会和政治生活。"

　　在这两种政治体制中，所有土地和生产资源都归国家所
有，但人们对新苏美尔时代公共生活和私人生活的地位孰轻孰
重，仍存在激烈的争论。其中最有说服力的观点是，帝国中的

141

每个人都承担着在一年中的特定时间为国家服务的义务。如果有多余的时间，那么市民可以自行支配。另外还有一个叫作"巴拉"（Bala）的概念，意为"交叉"或"交换"，是一项税收和再分配政策，它要求各省向中央资源库上交谷物和牲畜。据估计，上交的比例几乎占到当地产量的五成。在尼普尔南面 11 千米处，有一座名为普兹瑞什－达干（Puzrish-dagan）的城市，它也被称为德勒汉姆（Drehem）。这整座城市就是为了接收和分配巴拉农产品而专门建立的。现存资料显示，该地每日接收和分派的牲畜数量超过 20 头。拉格什附近的一个国有牧场畜养着 22000 多只羊、近 1000 头奶牛和 1500 头公牛。

哈佛大学亚述学教授彼得·施坦克勒（Piotr Steinkeller）"由此联想到苏联集团也曾在不同时期以不同形式实行此类义务交售制度，尤其是针对农业。与乌尔第三王朝时期的巴比伦尼亚（Babylonia）的做法十分相似的是，在共产主义波兰，独立农民需要向国家上交其生产的部分农产品，并获得一笔象征性收入；对于剩下的产品，理论上农民可以自由买卖，但由于国家保留了优先购买权并实行统一定价，所以并没有一个真正自由的市场来进行商业活动"。

然而，苏美尔人的做法更加大胆。乌尔第三王朝的官僚采用了一种成熟而无情的收支运作体系，记录下每个市民的义务和报酬。位于社会最底层的是非熟练工和奴隶，他们仅被当作一国的财产，除了白天提供劳力外没有其他义务。但他们的主管就大为不同了。这里不存在苏联式的"我们假装工作，你们假装付薪"。工人们的领班会受到均衡标准的严格考量。考量表第一栏中列出了所有借项，包括国家向该领班提供的物品、材料和劳力——谷物、羊毛、皮革、金属和工人数量；然后根据一个规定好的转化标准，将这些内容转化为标准工作天数，再把所有天数相加。第二栏是贷项，即某个单位的生产量，例如磨坊工人磨出的面粉量、纺织工织出的纺织品数量等。根据这一产量可计算出等量的工作天数，并以此换算参与其他工作所需的补助（劳动队经常被要求去别处参加紧急劳动，如收割、卸船或运河修缮），也可用它来计算工人们享有的假期——男性每十日可休息一日，女性每五日或六日休息一日。在每个会计年的年末，借贷差额就会被计算出来。任何盈余或赤字，都将成为下一年度的第一笔记录。

实际上，按照这种换算方法，工作天数盈余的情况几乎没有出现过。每日的预期产量似乎总是超出正常工人的能力范围。因此，许多或大部分主管最终会欠国家一大笔债，而且越欠越多。如果这种体系只是作为一种会计工具而无须过分计较，那么它或许不会造成太大的问题。可现实并非如此，因为国家随时都可能追偿债务。在一份典型的文书中，有一支由37名女性组成的谷类加工队，她们的工作主要是使用手推石磨碾磨谷物。她们在年初欠下的工作天数为6760天，到了年末上升到了7420天。对于她们的主管而言，这些天数换算成银制谢克尔后相当于两年的工资。在他去世之后，这一债务将落到他的继承人身上。这些继承人可能无法偿清这笔债务，只好采取极端的方式卖身为奴。

143

"产业园"

为了体验略带苏联风格的新苏美尔生活，请同我一起前往公元前2042年的吉尔苏。作为拉格什省的主要城市中心，那里有一座"产业园"。加州大学伯克利分校的沃尔夫冈·亨佩尔(Wolfgang Heimpel)对该"产业园"的一批行政文书做了分析。我们就以他的分析成果作为此次探访的导览。

我们所在的位置是食品部办事处,可以说乌尔帝国参与国家事务的大多数甚至所有百姓都有权获得从这里分配出去的供给品。分配的数量根据身份和地位而有所不同。为保证这一制度能井然有序地执行,该办事处配备了一名常驻审计员,也就是同时具备读写和算术能力的会计书吏。他负责记录进出库房的一切事物。他很可能还有一群协助他的学徒,因为这里登记了他们领取的食物,同时文书中也出现了一些拙劣潦草的记录,显然是出自新人之手。

今天是丰收月的第十六天,审计员正在逐条登记分发给出行者的食物:

> 5 升优质啤酒、5 升啤酒、10 升面包
> 分给国王之子乌尔宁孙(Ur-Ninsun);
> 5 升优质啤酒、5 升啤酒、10 升面包
> 分给卢伽尔马古尔(Lugal-magure)之兄拉拉阿(Lala'a);
> 5 升优质啤酒、5 升啤酒、2 谢克尔油
> 分给前往运回镰刀的库布辛(Kub-Sin)。

乌尔宁孙王子和拉拉阿要为大量的随从人员提供口粮,库布辛身旁可能也跟随着几名搬运工。当然,在苏美尔的"干部委任制度"下,出身高贵的人享用的是"优质啤酒",而非普通人饮用的"啤酒"。其他人获得的则是标准份额的粮食:

　　2 升啤酒、2 升面包、2 谢克尔油

　　分给前往运回上等亚麻的苏阿子（Sua-zi）；

　　2 升啤酒、2 升面包、2 谢克尔油

　　分给前往运送布料的乌斯吉那（Usgina）；

　　2 升啤酒、2 升面包、2 谢克尔油

　　分给前往运回芦苇筐的卡拉（Kala）；

　　2 升啤酒、2 升面包、2 谢克尔油

　　分给埃兰人阿达（Adda）。

　　这些旅人或者他们的代表来到食品部办事处申领供给品。我们假设这些人是为了政府事务而在奔走往来的，那么他们如何证明自己的身份并确定自己有权获得这些供给呢？毋庸置疑，他们一定携带着某种官方印章，或是印有通行证或高级官员印鉴的泥板。

　　正当我们在食品部办事处门口等候之时，另一队申请人从我们身旁经过。我们见到了"禽舍饲养员"卢伽尔依真（Lugal-ezen），他负责的好像是一座鸽舍、几名"阿摩利女性"（可能是战俘），还有一些驯犬师以及他们的狗（不论在当时还是现在的中东地区，人们都对驯犬师避而远之，因为狗是不洁之物，它们的驯养员更是社会中最为低贱的一群人）。从复原的图像中，我们看到了类似獒犬的大型品种。它们所消耗的食物表明它们的体重几乎与其驯养员不相上下。这些狗极有可能是看门犬或警卫犬，而它们的频繁活动说明它们也随旅行商队上路。

　　并非所有人来食品部都是为了领取配给的。审计员的记录中也有与将面包和肉类运送到吉尔苏一些其他机构有关的内容。这些食物被送到造船师那里，他们建造的是前往阿曼的商船，这意味着当地有通往公海的通道，很可能经过了底格里斯河；食物也会被送到柴棚的工人那里，那是一个大型的木材储存场所，同时供应着沥青、芦苇和秸秆等建筑材料；食物还被送往羊舍和牛舍的看管人和工人那里，这些牲畜养殖机构负责为祭司提供动物祭品；此外，食物还被送到用于输送囚犯的狱

145 船上，以及被运送给监狱中的看守和囚犯，当地监狱似乎有两种不同的尺寸，大的那种可容纳五名犯人。

在监狱旁边有一处丹纳（danna）屋，它是政府设立的旅店，全省共有七处。这种旅店分布在美索不达米亚南部主干线沿途，各旅店之间相距约两个小时的步程，也就是说每隔15或16千米就会有一家旅店。它们也是英属印度帝国驿站旅店的前身。形形色色的旅人会在这里休息、吃饭、睡觉，并更换新的骡子、驴等驮兽。锡库姆（sikkum）是为官方信使提供服务的国家动物服务处，它在这类旅店中也设有畜舍。

带领一大批随从住进丹纳好几间客房的是一位王室高级公务人员，他的名字叫作扎巴尔达布（zabar-dab），享有所谓的"青铜"头衔。他的身旁跟随着几名士兵，或许是他的保镖，此外还有一名军械士、一名骑马侍从、一名私人书吏、三名侍酒官和一个厨师。另有一位名叫乌尔舒尔吉（Ur-Shulgi）的指挥官在此处住了一周，他想要"到田野去"。他的工作是房产经理人，专为当地一处占地甚广的偏远神庙而来。亨佩尔博士用一种非同寻常却又云淡风轻的口吻写道："正如我们所见，乌尔舒尔吉为了执行公务，在田野里待了很长时间。显然，他信奉的是身体力行的管理方式，而非坐在办公室里喝啤酒的闲散作风。"

社区中的弱势群体也能获得供给品。食品部供养着"地方长官鼻绳牵引人的四个孩子"（我猜测这些鼻绳牵引的是地方长官养的动物，而不是地方长官本人），以及"骡子饲养员的两个儿子"，这些人都和他们的家人一起住在旅店中。还有一批数量惊人的老弱病残者同样获得了定量的食物。乌尔达姆（Ur-Damu）和尤尔巴杜（Urebadu）被认定为"劳动能力有限"，只见他们"坐在"一座仓库大楼旁担任门卫，如同现代印度随处可见的警卫人员。有记录表明，部分老弱病残者在各个家族中从事耕种、运输和牧牛等工作，其他人则在羊舍和柴棚里做工。分配给他们的口粮是少于那些壮劳力的，但乌尔第三王朝的的确确关心他们的生存状况。这样做可能是为了保证充分利用边际经济资源，但在某种程度上它为那些无法参与社会竞争的人提供了一个安全稳定的社会环境。

那么又是谁设计了这些复杂而又周密的体系呢？那些熟悉国家经济状况的官僚、农业经济行家、畜牧养殖专家、灌溉工程师，还有全体高级书吏，他们一定聚在一起召开了多场长时间的会议。制定这样一项国家计划确实非同小可。在对分布于整个美索不达米亚地区的 100 万劳工进行记录、分派、付薪和供养的同时，他们运用的仍然是青铜时代的技术和驴车这类运输工具，并且这种体系在几十年中运作良好。这都要归功于负责制定体系的委员们的思考、规划和组织。此等统制经济是绝无仅有的，一直到现代社会才出现在复杂程度上能与之相提并论的体系。我多么希望我们能够找到当时之人在规划阶段做的记录和制定的章程啊！

我们有理由认定，吉尔苏"产业园"中详细的口粮分配标准不仅适用于所有城市，也在苏美尔和阿卡德地区的附属领地实行。

146

根据申请地决定分配量是最令人感到不公和屈辱的做法。不论在何种情况下，各国都想在自己的领土范围内实行统一的标准，乌尔第三王朝也不例外。从表面上看，这样做是为了实行有效管理，但标准化行事的规定不仅是一项切实政策，也可以彰显权力。

为了实现这一目标，书吏的培训就需要采用一种全国性课程。乌尔和尼普尔等主要城市均设有大型公办学院，并制定了统一的官文书写格式和正式文书用语规范。度量衡也得到了规范：从一段铭文中我们得知，国王"改革了青铜的度量标准席拉①，规范了 1 迈纳（mina）的重量，以及 1 谢克尔白银与 1 迈纳之间的重量换算"。它们也成为此后美索不达米亚文明的标准度量衡。此外，人们还制定了一份帝王历，各省的官办商务都需要依照这份帝王历进行记录，但在处理本地事务时，一些地区仍会沿用当地的传统记录方式。其实，这类改革早在萨尔贡的阿卡德王朝就已开启，新苏美尔人只不过深化了这一进程。

这场改革的重中之重是统一律法。在古代苏美尔和阿卡德，罪犯由统治者当面审讯，然后由某个城市的市民大会进行审判。前文中我们提到了一桩谋杀案的审理。被杀害的是祭司的儿子，该案在美索不达米亚家喻户晓，因为几个世纪以来关于它的记录一直被用作书吏们学习记录庭审报告的范本，同时它也是现代考古学家了解古代文本翻译难度的必修课。在该案中，"卢辛（Lu-Sin）之子南纳司格（Nanna-sig）、理发师库南纳（Ku-Nanna）之子库恩利拉（Ku-Enlila）及园丁阿达卡拉（Adda-kalla）的奴隶恩利尔恩纳姆（Enlil-ennam）杀害了祭司卢伽尔乌如杜（Lugal-urudu）之子卢伊南纳（Lu-Inanna）"。国

① 席拉（sila）是苏美尔人的计量单位，1 席拉约等于 1 升。

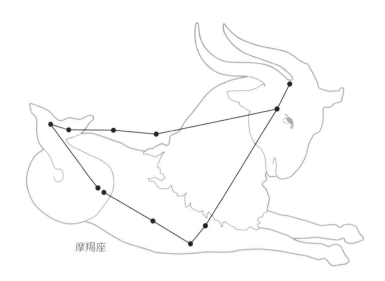

摩羯座

摩羯座亦称"海羊",是最早被命名的星座之一。在古代,它与文明之神恩基(又名埃阿)关系紧密。该星座在北半球的秋夜,即它位于南面地平线上方时最为闪耀

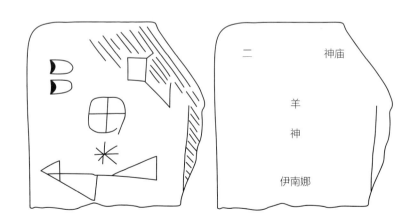

二　　　　　　　神庙

羊

神

伊南娜

文字的出现:在古代乌鲁克的伊安那神庙所在地,出土了一块公元前3100年前后的泥板。左图为该泥板上辅助记忆用的图案,右图为其译文

阿卡德印章上的骑马者图案，基什，公元前 2352 ～ 2200 年

滚章上的骑马者图案，公元前 2100 ～ 1800 年

印刻在现已残缺的石碑上的巴别塔（巴比伦大金字形神塔）平面图与立面图

巴比伦大金字形神塔的复原图

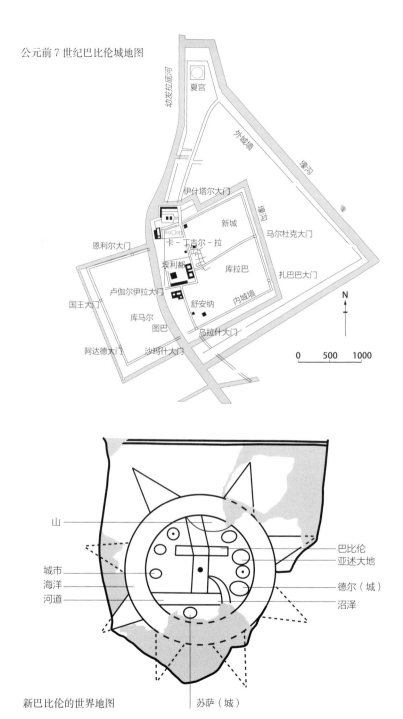

公元前 7 世纪巴比伦城地图

幼发拉底河

夏宫

外城墙

壕沟

伊什塔尔大门

壕沟

新城

马尔杜克大门

恩利尔大门

卡 - 丁吉尔 - 拉

埃利都

库拉巴

扎巴巴大门

卢伽尔伊拉大门

舒安纳

内城墙

国王大门

库马尔

N

图巴

乌拉什大门

阿达德大门

沙玛什大门

0   500   1000

新巴比伦的世界地图

山

城市

海洋

河道

巴比伦

亚述大地

德尔（城）

沼泽

苏萨（城）

早期楔形符号

在文字发展的初始阶段，人们以简单的图画为文字符号：

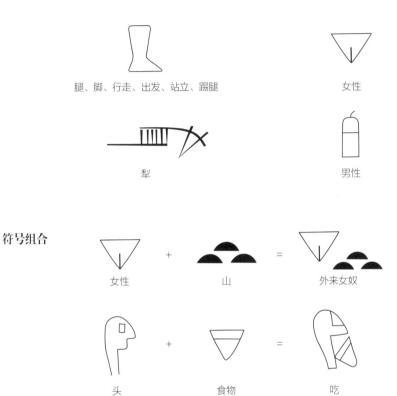

腿、脚、行走、出发、站立、踢腿

女性

犁

男性

符号组合

女性 + 山 = 外来女奴

头 + 食物 = 吃

表示"头"的符号组合

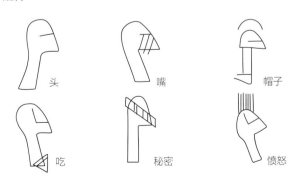

头

嘴

帽子

吃

秘密

愤怒

随着文字进一步发展，尖头画图工具被有三角截面的芦苇秆替代，文字符号也变得更简单：

头	舌头	哨子
食物	安静	胡子
嘴	喝	祈祷
秘密	口渴	镜子
帽子	咀嚼	上方

文字符号进一步简化，最后人们已无法直接辨认出符号表示的含义：

"sag"—头

"gin"—腿

"shu"—手

"she"—大麦

"ninda"—面包

"a"—水

"ud"—日子

"mushen"—鸟

3200 BCE   3000 BCE   2400 BCE   1000 BCE

　　"月神变为壮硕的公牛，为美丽的母牛送去疗愈的膏油"：一首献给伊什塔尔的亚述赞美诗表达了美索不达米亚人对大女神的神圣牧群的赞美，这种赞美也呈现在埃尔－欧贝德城神庙的雕带上，该城建于公元前 4000 年以前（图片来源：British Museum）

　　游戏的人：公元前第四千纪的苏美尔拖拉玩具，出土于埃什努那古城，即今阿什玛尔的废丘（图片来源：Oriental institute, University of Chicago）

最早的印刷品：公元前第四千纪的乌鲁克印章及其印出来的图案（图片来源：British Museum）

神明出现在山水风景中：公元前3000年前后的苏美尔滚章上的恩基、伊南娜及其他神明（图片来源：British Museum）

对非精英阶级的审美剥夺：美索不达米亚随处可见的十分粗糙的斜沿碗，可追溯至公元前第四千纪的乌鲁克时期（图片来源：British Museum）

对个人身份的认同：已知最早的个人签名属于一位名为 GAR.AMA 的书吏，可追溯至约公元前 3000 年（图片来源：Schøyen Collection, Oslo and London）

（右图）"双唇不用开启，我们便能听她的话语"：法国国家博物馆馆长安德烈·帕罗如此描述这尊制作于公元前3100年前后的雪花膏雕像，它很可能是伊南娜女神的雕像，因此也被称为"乌鲁克女神像"（图片来源：Bridgeman Art Library）

瓦尔卡石瓶（下图）上展示的公元前3100年前后人们向乌鲁克大女神献祭的场景（图片来源：Bridgeman Art Library）

"已逝统治者的大臣、士兵和男女仆人"：这座王陵又称"乌尔大死亡坑"，可追溯至公元前 2500 年前后，由伦纳德·沃利于 1928 年发现。该人祭场景为《伦敦新闻画报》制作的复原图（图片来源：*Illustrated London News*, Mary Evans Picture Library）

"他们躺下身子，静静地等待死亡"：《伦敦新闻画报》的配图展示了乌尔大死亡坑中，服下毒药的国王奴仆尚未被掩埋时的场景（图片来源：*Illustrated London News*, Mary Evans Picture Library）

（左图）四方统治者：这个与真人人头等大的铜铸头像在1931年出土于尼尼微的亚述城，很可能以阿卡德的萨尔贡大帝（公元前2300年前后在位）为原型（图片来源：Bridgeman Art Library）

（下图）庄重、正式、平静：公元前2120年前后，拉格什恩西（即统治者）古地亚的多尊圣像之一，出土于拉格什国主城吉尔苏的所在地铁罗（Telloh）（图片来源：British Museum）

（上图）"王权从天而降，落在了埃利都"："韦尔德－布伦德尔立柱"上刻有"苏美尔王表"，公元前1800年前后，巴比伦拉尔萨城中一位不知名的书吏撰写了该王表（图片来源：The Ashmolean Museum）

（右上图）"在同一年的九场战争中保持不败"：纳拉姆辛的胜利石碑，以纪念其于公元前2200年前后击败了来自山区的卢卢比人（图片来源：Musée du Louvre）

（右图）"他们的尸骨四处散落"：鹫碑残片，该石碑因其一侧刻有食腐鸟而得名，纪念的是公元前2500年前后拉格什国王埃阿那图姆战胜乌玛国王埃纳卡里（Enakalle）（图片来源：Musée du Louvre）

"让受压迫的、需要诉诸法律的人来到正义之王朕的面前"：《汉谟拉比法典》的序文。石柱顶部刻有太阳神和正义使者沙玛什，以及巴比伦国王汉谟拉比王（公元前 1700 年前后在位）。该石柱原立于西帕尔城，后被掠劫至埃兰的苏萨，1901 年被法国考古学家发现（图片来源：Musée du Louvre）

花园中的宴会：19 世纪中叶奥斯丁·亨利·莱亚德发掘的尼尼微北宫中的浮雕，它展现的是公元前 645 年前后，亚述王亚述巴尼拔及王后亚述莎拉特（Ashur-sharrat）在花园中设宴的场景，园中的树上还挂着埃兰国王的头颅（图片来源：British Museum）

越过步兵头顶投射箭弹：公元前 701 年，亚述弓箭手和投石手对受围困的犹大国城市拉吉（Lachish）发动攻击。该场景出自尼尼微的辛那赫里布王宫中的壁画，国王辛那赫里布称此殿为"无敌之殿"（图片来源：British Museum）

猎狮场景：在公元前7世纪辛那赫里布王宫中的浮雕上，亚述骑兵坐在铺有毛毯的马背上狩猎，毛毯仅用胸带、肚带和马尾带固定（图片来源：British Museum）

"既无马鞍也无马镫"：上图的细节图

王将三个谋杀犯送往尼普尔的市民大会接受审判。就这些谋杀犯而言，他们定然难逃一死。但事实上，这三个人将谋杀之事告诉了被害人的妻子，她却没有报官，这一情况增加了案件的复杂性。"当卢伽尔乌如杜之子卢伊南纳被杀害后，他们告诉他的妻子，即卢尼努尔塔（Lu-Ninurta）之女宁达达（Nin-dada）其夫君被杀了的事。卢尼努尔塔之女宁达达却缄口不言，隐瞒了这一情况。"大会之中有九人轮流发言，要求也对此女判处死刑："卢伽尔伊比拉（Lugal-ibila）之子乌尔古拉（Ur-Gula）、捕鸟人杜度（Dudu）、平民阿里埃拉提（Ali-ellati）、卢辛（Lu-Sin）之子普祖（Puzu）、提兹卡尔伊阿（Tizkar-Ea）之子埃卢提（Eluti）、陶工舍什卡拉（Sheshkalla）、园丁卢伽尔卡恩（Lugalkarn）、辛安杜尔（Sin-andul）之子卢伽尔阿兹达（Lugal-azida）和沙拉哈尔（Sharahar）之子舍什卡拉（Sheshkalla）对会众说道，'他们杀死了一个人，所以他们也得死去。这三个男人和这个女人应该在祭司卢伽尔乌如杜之子卢伊南纳的座椅前被处死'。"但大会上也有另两名成员为该女子说话："尼努尔塔的士兵舒卡利卢姆（Shuqalilum）和园丁乌巴尔辛（Ubar-Sin）说道，'卢尼努尔塔之女宁达达有杀害她的夫君吗？这个女人做了什么值得我们把她处死的事？'"

经过慎重的审议之后，大会做出如下判决。

一个男人的敌人可能知道这个男人的女人不珍爱她的夫君，并且有可能杀害她的夫君。她为何在听说她的夫君被杀害后保持沉默呢？是她杀害了她的夫君；她的罪责比杀害该男人的那些人更加深重。

在尼普尔大会上，审案结束后，卢辛之子南纳司格、理发师库南纳之子库恩利拉、园丁阿达卡拉的奴隶恩利恩纳姆，以及卢尼努尔塔之女、卢伊南纳之妻宁达达将被处以死刑。

尼普尔大会判决。

148　然而，在此前的译本之中，萨缪尔·诺亚·克雷默将判决翻译为该女子被无罪释放。这也印证了解读楔形文字的难度之大。

不论判决为何，可以明确的一点是，在尼普尔进行的这场审讯大会上，大会成员并不是独断专行的高官政要，参与诉讼过程的是普通工人：捕鸟人、陶工、园丁、尼努尔塔神庙的驻守士兵以及处于社会最底层的平民男子，他们都或驳斥被告人或为其伸屈。与我们现在的情形相似的是，公平正义在乌尔第三王朝意味着由同等地位的人参与审讯；而不同之处在于，那时候量刑的也是这些人，而非同今天一样是法庭上的专业人士。乌尔第三王朝的这种审理制度与苏联法庭上的人民陪审员制度十分相似，这些人民陪审员不仅有权做出判决，还可以传唤证人、检查证据、决定惩罚和判定赔偿。

但这里面还存在一个难题。每个城市都有自己的法律传统，因此审判地点可能比罪行自身的性质更能影响审判和量刑结果。为了避免此类不当后果，国家通过颁布法律，针对各类刑事犯罪规定了具体的惩处方式。这些法律适用于整个新苏美尔帝国。

此类法律汇编中最早的一部被称为《乌尔纳姆法典》（Code of Ur-Nammu），尽管就全面性而言，它还算不上一部真正的法典，甚至有人说制定这部法典的不是乌尔纳姆，而是他的儿子（乌尔纳姆是乌尔第三王朝的开国之君，他的儿子舒

尔吉是新苏美尔时期最伟大的君王）。不管它是否称得上法
典，我们能看到的断章残片足以说明里面的法律既覆盖了民事
案件，也涉及刑事犯罪。涉及刑事犯罪时，法律条文明确规定
了应当处以死刑的罪名：谋杀、抢劫、玷污另一男子之妻的处
女贞洁，以及女性犯下的通奸。对于其他较轻罪行的惩罚措施
则是缴纳银子作为罚金。

　　如果某人犯有绑架罪，他将受到监禁并被罚款 15 谢
克尔白银。

　　如果某人强行玷污他人女奴的处女贞洁，他须支付 5
谢克尔白银。

　　如果某人出席作证，但被发现作伪证，他须支付 15
谢克尔白银。

著名的《汉谟拉比法典》在此约三百年后问世，其中出现了
"以眼还眼，以牙还牙"的残酷条款。与之不同的是，《乌尔
纳姆法典》规定对肉体伤害的罪行亦可采用经济赔偿的惩罚
方式。

　　如果某人打伤另一人的眼睛，他应赔偿 0.5 迈纳
白银。

　　如果某人打断另一人的牙齿，他应支付 2 谢克尔
白银。

　　如果在打架过程中，某人用棍棒打断另一人的肢体，
他应支付 1 迈纳白银。

愿您的权能广受敬拜赞美

乌尔纳姆颁布的通用法律很好地佐证了乌尔历代国王的雄心，即通过强制规范生活的方方面面来实现统一。这也体现了乌尔第三王朝的一大特点：统治者可以推翻当地传统并要求人们绝对服从命令。要想牢牢把握法律、经济、社会和教育的体系与机构并维持对它们的集中控制，就需要坚持一种特定的治理原则。

伟大的德国思想家马克斯·韦伯（Max Weber）是现代社会学的奠基人之一。他将乌尔第三王朝称为家产制国家（Patrimonial State），即一位父亲形象的人物根据父权家庭的形式建立一个国家，并以家庭领导人的角色统治这个国家。这个国家通常实行铁腕统治，其人口的阶级分布就如同一个金字塔，社会中设有复杂的职责和奖励体系，从而将各界人士约束在一起。

一个家产制国家要想长久稳定，最佳途径就是使统治得到认可，即便不能获得绝大多数人的认可，至少也要得到人数最多的群体的同意。它必须让出于本能的服从成为一种常态，否则就要耗费大量精力去镇压那些会妨碍政权实现更高目标的势力。可是，要想获得认可也非易事。大多数社会的集体观念相当保守：基本上，人们都希望看到自己年轻时期的社会形态一直延续到他们的晚年，也更愿意以经过时间考验的方式来行事。因此，在必须采取极端行动（不论出于何种原因）的时候，统治者，也就是那位具有父亲形象的人物要承担重任，不仅要克服社会惯性，还要说服国民听从他的领导。为了实现自己作为统治者的意志，他需要激发他的子民对他产生无限的尊敬乃至崇拜，甚至有可能的话还有绝对的敬畏。

舒尔吉是乌尔第三王朝的第二位国王，也是该王朝最伟大的统治者。同前朝的阿卡德国王纳拉姆辛一样，舒尔吉在有生之年自封为神，其后的历位国王亦接踵仿效。虽然这种做法显著地提升了这些人的至尊地位，但自封为神的实际意思令人难以领会。难道这仅仅是一个不会被拆穿的谎言吗？（犹如罗马皇帝维斯帕先临死前的自嘲："噢，亲爱的，我想我要变为神了。"）或者舒尔吉国王的子民真的相信他具有神力？即便如此，其中肯定不包括与国王关系亲近，成日目睹国王吃喝拉撒的那些人。但是，如果统治者只是为了给其城市和帝国带来成功与好运，那么自封为神与为国家或城市选定一个吉祥物的做法并无二致，我们今天就常常选择某种动物作为吉祥物。当然，我们还可以用另一种方式来理解这一现象。新苏美尔帝国的这种巧妙做法，其实与 20 世纪的一些国家有共同之处。古代社会对国王的神化，实际上就相当于我们这个时代司空见惯的政治手段：个人崇拜。一篇称颂苏美尔和阿卡德之王舒吉尔的赞美诗很好地体现了这点：

　　谁能与您一样强大，谁又能与您为敌？
　　谁生来就如您一般能谋善断？
　　愿您的英勇气概光辉闪耀，愿您的权能广受敬拜赞美！

创作舒尔吉赞美诗的作者们十分谨慎，会避免仅从单一角度来展示这位国王，而且他们在诗中经常使用第一人称，就像是舒尔吉本人在夸耀自己的成就。舒尔吉不只是一位击败敌军、消灭对手、为国家和人民带来繁荣与幸福的伟大统治者和斗士，他更是苏美尔历史和文明巅峰时期的代表性人物。舒尔吉身上凝聚了各种角色的特质，如外交家、法官、学者、音乐家、占卜师、熟练书吏以及学术和艺术的资助人。这位赞美诗中歌颂的君王开启了苏美尔文明的鼎盛时代。

> 关于人类自扎根此地起从上天所得的知识，朕并非一无所知：朕发现了过去用提吉（*tigi*）和赞赞（*zamzam*）演奏的赞美诗。朕从未诋毁或反对这些古老诗歌的内容。朕已将这些古代文典保护起来，以免它们被世人遗忘。不论这些赞美诗曾在何处吟唱，朕已将其全部还原。那些长歌美曲（*šir-gida*）在朕的殿内华丽奏响，不会再被岁月遗弃；朕还将它们加入歌者曲库，重燃这片热土上人们的如火激情。

如果一个领导者仅仅得到宫廷诗人的吹捧，那么并不能说明什么，毕竟这些溜须拍马之言犹如过眼云烟，转瞬即逝，而且君王要想听到阿谀奉承也是轻而易举之事。然而，如果一位伟大的领导者希望人民为自己效忠，他就必须言行得体，从制造现代政治中所谓的"事实依据"入手，即以真凭实据证明他的优越性，令其高尚形象深入人心。

* * *

在战胜希特勒后的几年里，斯大林兴建了所谓的"七姐妹"建筑。俄罗斯人将这些建筑命名为"斯大林的婚礼蛋糕"，这些分布在莫斯科周边的巨型建筑构成了该城的天际线。斯大林说："我们赢得了战争的胜利……外国人将来莫斯科游览，但这里没有高楼大厦。如果他们把莫斯科与资本主义城市比较，就将对我们的精神造成沉重打击。"这些建筑都呈阶梯状，每一层都比下方的一层小一些（"婚礼蛋糕"由此得名），使建筑看上去在朝着中央塔楼节节高升。这一建筑风格的原型是 20 世纪 30 年代为建造苏维埃宫而评选出的设计作品。初看之下，这一作品大胆宏伟，有如彼得·勃鲁盖尔（Pieter Brueghel）所作油画《巴别塔》中建筑的现代版本。在该设计中，建筑本身（包含一座耸立在建筑顶端的列宁像）的高度超过 450 米。如果建成，它会成为当时欧洲的最高建筑，因为斯大林要求其高度超越埃菲尔铁塔。

153

　　尽管苏维埃宫的建造从未完工，但根据苏维埃宫的设计而建造的七姐妹建筑很好地履行了它们的职责：它们每天都在提醒着莫斯科人民不要忘记斯大林。

　　人们对这一系列斯大林式建筑的设计原型说法众多，有人提到了哥特风格，有人说是新古典主义，也有人认为是受到了俄罗斯东正教的影响。或许，为永久纪念其建造者而建造的所有建筑都有相似的模样。在俄语中，这类建筑的名字是 *vysotnoe zdaniye*，意为"高楼"；若将其翻译成阿卡德语，那么最接近的说法应该就是我们所说的金字形神塔（Ziggurat）。这两种建筑在名字上的对应可能纯属巧合，但斯大林的纪念建筑的形状能够让人回想起约公元前 2100 年为苏美尔统治者乌尔纳姆建造的纪念建筑——乌尔金字形神塔，这一点或许就不那么出人意料了。1923 年沃利发现这座金字形神塔后，乌尔纳姆建筑的设计风格就成了此后所有纪念建筑——让人们牢记建造者的丰功伟绩的建筑——的范本。

与斯大林的"七姐妹"一样,乌尔金字形神塔也完美地发挥了它的功能。尽管乌尔金字形神塔在公元元年之初已被荒弃,但乌尔城仍然通过高耸的棕色土丘——阿拉伯人将其称为阿勒-穆卡亚(Tell el-Mukayyar)或斜土堆,向途经此处荒漠的旅人宣告着自己的存在。在历经四千年风雨后,这座伟大的乌尔纳姆建筑依然屹立不倒,其顶层已经风化,底部则被包裹在堆积了千年的碎石之中。据其挖掘者伦纳德·沃利所言,为了将上万吨碎石运走,他还特别铺装了轻便的轨道。(在20世纪中叶,伊拉克文物局对这片遗址的底层部分进行了"修复",因此它看似一座尚未完工的新建筑,在今天看来略显怪异。)

154 　　在古代,这里完全是另一番景象。我们现在见到的是烈日下浮现着海市蜃楼的荒野,但在过去,人们目之所及都是绿油油、金灿灿的美丽景致:农田中纵横的水道泛着粼粼波光,周边围绕着枣椰树、柳树和桤木,休耕的田地里放养着毛茸茸的绵羊和成群的牛。在远处,金字形神塔屹立在地平线上,仿佛在看护着这片土地。神塔的外层涂抹着一层石膏,有的地方呈现出耀眼的白色,有的则显现出其他色彩,而且每一层都有不同的色调。如果你得到准许,登上了神塔的顶端(一般人被禁止这么做),你就会看到在12英里之外,另一座相似的金字形神塔从苏美尔的第一座城市埃利都的位置拔地而起。随着时间的推移,美索不达米亚的许多城市也建造了金字形神塔,而它们的原型就是乌尔纳姆的御用建筑师最初在乌尔建起的那座神塔。

虽然这些金字形神塔的规模和历史都比不上埃及的吉萨大金字塔（Great Pyramid of Gisa），甚至不及英格兰的人造土山西尔布利山（Silbury Hill），因为它们出现的时间均比金字形神塔早了几百年，但是作为一件伟大的艺术品，金字形神塔并不比它们逊色多少。如果说其他纪念建筑是以它们的规模和极致简练打动世人的，那么金字形神塔就是以其绝妙的设计惊艳世界的。这些苏美尔建造者的设计目的在于使人类接近神明，实现天人相接。

乌尔金字形神塔底面长 600 余米，宽约 45 米。它所使用的主体建筑材料为日晒砖，这些日晒砖的外部包裹着一层厚达 2.5 米的窑烧砖并以沥青加固。神塔底层的整体墙高约 15 米，墙体表面有交替出现的扶壁和壁凹，这是当地建筑的典型风格，而且一直延续到了 20 世纪。

底层之上是神塔第二层，其面积小于第一层，因此第二层建筑的前后都留有宽敞的通道，左右两侧也有相应的平台。最顶层，即第三层便是月神南纳的神庙。连接地面和第一层的是三道巨型台阶，每道台阶均有 100 级。其中一道台阶与正面墙体相互垂直，其他两道台阶倚正面墙体而建。三道台阶在主入口处会合并且与第四道台阶相连，另一道台阶向上直通神庙。伦纳德·沃利在寻找它与《圣经》的关联性时，想起了有关于亚伯拉罕孙子雅各的故事：

> 雅各在伯特利时，梦见了连接天堂的梯子（或台阶，它们的用词是一样的），有神的使者在梯子上上上下下。诚然，这是他在潜意识中回忆起他的祖父曾告诉他，乌尔建造了伟大的建筑，那里有台阶可以通往天堂（这确实

是指南纳的神庙的名字）。在节日里，祭司们也会抬着神明的雕像在台阶上上上下下，而举行这样的仪式是为了保佑人类能够获得丰收和越来越多的牲畜。

令沃利尤为惊奇的是，他发现该建筑的所有看似直线的线条实际上都略有弯曲，这种设计是为了加强视觉效果，并赋予这座巨型建筑一种有力却又不失轻巧的感觉，仿佛它就要摆脱地面的束缚，腾空而起。在乌尔纳姆的金字形神塔被发掘之前，建筑史学者一直认为这种曲线的应用是由距此一千五百年之后的希腊人发明的，他们将这类曲线设计称为收分曲线。为此，沃利这样写道：

> 这座建筑的整体设计就是杰作。将方形砖一块接一块地堆砌起来是件很容易的事，但效果将是毫不出彩和丑陋的；就这座建筑而言，每一层的高度都经过巧妙的计算，墙体的坡度将视线向上、向内引导至建筑的中央，三道较陡的台阶凸显了墙体的坡度，并把人们的注意力集中到顶部的神庙，即整座建筑的宗教核心。同时，各层平台的横向直线切断了这些交叉的线条。

自从美索不达米亚金字形神塔的发掘工作开始以来，学者们就在争论建造这些建筑的真正目的：可能是想要重现苏美尔人家乡的圣山；也许是想抬高神明的神庙，使其免于被美索不达米亚南部定期泛滥的洪水破坏；或是想最大限度地将老百姓与这至圣之所隔离。不管这些解释正确与否，最需要强调的是这些金字形神塔本身就是一种艺术创造。作为建筑艺术作品，它们

同所有的建筑物一样都有一项主要功能，即在当地的景观中留 156
下印记。这些金字形神塔成功发挥了这一作用，人们永远不会
忘记最初下令建造这些建筑的最高领导者——乌尔纳姆。

然而，建造伟大建筑的项目往往需要很长一段时间才能完
工，而且建设时间通常会超过发起人的寿命。因此，这些人的
英名基本上是在他们死后才得以发扬的。乌尔纳姆金字形神塔
的建设工作一直延续到他儿子舒尔吉的统治时期，这也给舒尔
吉带来了一个困扰：如何才能在人民心目中树立起他自己的超
凡形象。

他选择了跑步。从苏美尔的宗教中心尼普尔到国都乌尔路
程约为 100 英里。舒尔吉在一天之内跑了个来回。他这么做的
目的非常明确，正如一首歌颂他的赞美诗所言："这样朕就可
以长久地确立朕的美名，使其流传千古；这样朕的声誉就会传
遍各地，朕的荣耀也会在异邦宣扬。朕健步如飞，朕要聚全身
之力、展迅捷之速。朕受内心的指引，要在尼普尔和砖砌的乌
尔之间往返，就好像这是一趟仅需约两个小时的路程。"舒吉
尔计划在同一天内分别主持这两个城市的宗教庆典。

尽管这首赞美诗以正式的语言表达了国王的自我颂扬，但
我们仍可透过文字大致了解这场活动的真实情况。国王穿上苏
美尔时期的运动短裤准备开跑："朕是一头雄狮，活力充沛、
坚定有力，朕在臀上系紧跑步用的短服（nijlam）。"舒尔吉冲
出了起点。"如同焦急逃避长蛇的鸽子，朕展开双翅；如同举
目望向高山的安祖鸟，朕跨步向前。"一路上观者聚集，密密
麻麻的人群热切地期待着见到国王。他们的国王！他像他的信
使一样奔跑着，但他的奔跑速度是如此之快，奔跑里程是如此
之长，从来没有人相信人类能够完成如此壮举。"朕在这片土

地上建造了这两座城市，城中的居民排着队迎接朕的到来；数量多如母羊的黑头人①望着我，目光流露出钦佩之意。"舒尔吉抵达位于乌尔的神庙，"就像一个山中的孩童奔回了他的居所"。他在那里参加了宗教仪式。"朕在此将牛宰杀，将羊慷慨祭献。朕在此命人敲响西姆鼓（cem）和阿拉鼓（ala），用提吉奏响甜美乐章。"接着到了返程的时间，"〔朕〕要以猎鹰般的气势返回尼普尔"。但大自然偏偏与他作对，让他经受考验。"暴雨嘶吼，西风盘旋。北风南风，相互咆哮。风追电逐，当空较量。雷雨风暴，震天动地……大大小小的冰雹敲打着朕的后背。"但舒尔吉无所畏惧，继续奔跑。他"像一头凶猛的雄狮，急速前进"，他"像一头荒漠野驴，疾驰飞奔"，终于在日落前抵达了尼普尔。"朕在（太阳神）乌图即将转身返家时，跑完了原本需要三十小时的路程。朕的祭司用钦佩的目光看着朕。朕在同一天内为尼普尔和乌尔两座城市庆祝了月神节！"

舒尔吉真的做到了吗？早期的亚述学家认为这是不可能的事并将其归为传说，但最近，人们的想法有了转变。《体育史杂志》（*Journal of Sport History*）中的一篇文章引用了两项纪录："在1985年举行的从悉尼到墨尔本的赛跑中，希腊的超级马拉松选手扬尼斯·库罗斯（Yannis Kouros）在开赛后的头48小时内跑完了287英里。这一惊人的成绩是在他没有睡觉并且不间断跑步的情况下取得的。"在20世纪70年代的另一场田径比赛中，一名英国运动员用时11小时31分钟跑完了100英里。

我们没有理由怀疑苏美尔人的运动体魄，毕竟他们生活的

---

① 苏美尔人以黑头人自称。

世界比我们的更加注重体格。由于没有机械运输和负重器械，速度、力量和精力对他们来说更加重要。出土的文献和印章图像也显示了人们对于各类运动的狂热追求：摔跤、拳击、短跑，甚至包括一项用棍子击打木球的运动，可能类似于我们所说的曲棍球。跑步比赛也十分盛行。文字记载表明，各个城市都会定期举办赛跑活动，人们还会为运动员准备涂抹在身上的植物油。再后来，巴比伦人甚至规定了一个为期四周的"赛跑月"。

但即便舒尔吉有能力在一天之内跑步往返于尼普尔和乌尔，他为什么要这么做呢？从已知的记录来看，其他君王从未做过类似的事情。人们给出了多种解释，既有宗教层面的，也有实践角度的。或许这位国王想要展示他下令整修的道路系统以及沿途的旅馆和客栈？但是，鉴于跑步者的身份和随后的宣传，这场跑步显然是一次政治活动，必然带有政治目的。有时统治者会需要不顾公众可能产生的抵触情绪而强推一项艰难的政策，这时他可能坚信只有通过完美展示自己体格上的优势，才能帮他树立威信、推行政策。这样的事例其实并不少见。

158

舒尔吉的长跑得到了铺天盖地的宣传。这是否是他的政治策略呢？虽然我们可能永远都无法了解他的生平事迹，但我们知道他是乌尔第三王朝第一位国王之子，也是该国的第二位国王。我们也知道这场著名的长跑发生在他执政的早期，即在位的第七年。我们还知道他的壮举受到了大力宣传，以确保该壮举不被世人遗忘：讲述该长跑故事的赞美诗在事后不久便创作完成，并且很可能在整个苏美尔和阿卡德地区的神庙中被吟诵或传唱；舒尔吉在位的第七年也被正式命名为"国王一天内往返乌尔和尼普尔之年"。此外，我们知道乌尔第三王朝成熟的税收和再分配政策使得每个市民都为国家服务，而且每个人的消耗和贡献都受到严格的统计。这样的经济和社会体制是在舒尔吉这位伟大国王长达四十八年的统治中全面建立起来的。由此看来，舒尔吉的长跑可能的确是一场精心策划的表演，用以使他树立形象，确立道德权威，施展个人魅力，从而推行新的政治制度，并与因循守旧的反对势力相抗衡。

如果这场长跑的确是有意为之，那么不得不说此举不仅发挥了其作用，而且十分奏效。舒尔吉所推行的经济和社会政策不仅在舒尔吉统治时期内得以实行，而且根据"苏美尔王表"记载，他的儿子、孙子乃至重孙都沿用了这些政策。

哀鸿遍野

然而，人民对一种体制的信仰不可能永不动摇。如果一个帝国建立在权力和控制的基础之上并且允许民众拥有自由意志，那么它或许可以维持几个世纪；但如果一个帝国试图控制其民众日常生活的方方面面，它就将难以持久。在任何一种复杂的社会和经济体制的初期，社会中的困难、失败以及卡尔·马克思口中的内部矛盾被认为是必然会出现的问题；再后来，这些问题会被归咎于个人过失或是国外恶势力的攻击；到最后，它们将导致人民丧失信心和勇气，造成无可挽回的局面。最后这种情况一旦出现，就将以惊人的速度恶化。

乌尔第三王朝就是在非常短的时间内走向灭亡的。我们可以通过保留至今的记录，用一组慢镜头来追踪其衰亡的过程。在乌尔第三王朝最后一位国王伊比辛（*Ibbi-Sin*，意为"月神辛呼唤他"）统治的初期，边远省份就已停止缴纳贡税。伊比辛在位的第二年年末，普兹瑞什－达干（Puzrish-Dagan）的书吏不再在泥板上记录帝国的正式年份；乌玛、吉尔苏、尼普尔也于第四年、第五年和第八年相继停止记录。到了第九年，巴拉分配制度全然瓦解，就好像该制度从未存在过一般。边远省份纷纷宣布独立。秃鹰聚集在这个日渐式微的帝国周围，等待着第一时间分食这具苟延残喘的躯体。

160

在东部，扎格罗斯山脉的丘陵地带和伊朗高原上的宿敌们正虎视眈眈，准备一雪前耻——此前的乌尔第三王朝国王均曾向世人自吹已派遣部队对他们进行持续性讨伐。但更大的威胁来自西部，美索不达米亚人将那里说闪米特语的蛮族称作"西方人"，即阿卡德语中的阿姆鲁（Amurru）和苏美尔语中的马尔图（Martu），有时亦称提德努姆（Tidnum），也就是《圣经》中提到的阿摩利人①，这些人所扮演的角色与两千五百年后推翻西罗马帝国的日耳曼人一样。在帝国的鼎盛时期，阿摩利人通过和平方式渗透进来，以寻求保护和发展；当帝国衰弱，他们就变成了反咬主人的狗，派来武装力量，有时甚至大规模进军，妄图控制帝国的部分领土。

在舒尔吉在位期间，全国修筑了超过250千米的长墙，以抵御外敌的侵犯。这道墙也被称为"抵御马尔图人之墙"。舒尔吉之后的第二位君主下令重建和加固此墙，并将其命名为"穆里奇－提德努姆"（Muriq-Tidnum），意为"阻挡提德努姆人"。尽管如此，墙体是不可能无限延伸的，敌人常常能绕墙而入：1940年，希特勒就通过派遣他的坦克部队穿过阿登（Ardennes）森林，绕过了固若金汤的法国马其顿防线。"穆里

———————
①　《圣经》和合本中译为亚摩利人。

奇－提德努姆"亦是如此。负责修筑长墙的官员沙鲁姆巴尼（Sharrumbani）向国王解释道：

> 您向臣交代了以下事项："马尔图人反复侵袭我国领土。"您命臣修筑防御工事阻隔他们的路径，以防止他们从底格里斯河和幼发拉底河之间的缺口长驱而下进入本国农田……
>
> 臣将该墙修筑至 26 丹纳（约 260 千米），抵达了两条山脉之间的地带。臣被告知，由于臣修筑的工程，马尔图人已在两山脉间安营扎寨……所以，臣欲前往埃必赫（Ebih）山脉之间的地带，与之交战……如若吾王同意，其必将增强臣的劳工队伍和作战力量……臣现有充足劳工，但缺乏战斗人员。一旦吾王下令在敌军侵犯时可征用劳工入伍，执行军事任务，臣必将与敌作战。

尽管人们费尽心思加筑长墙，但长墙依然不足以阻挡西方蛮族的侵犯。他们不断地发动袭击，这对摇摇欲坠的帝国来说更是雪上加霜。由于其他各省停止进贡，乌尔的粮食价格是原来的十五倍，到了无法被用于供养牲畜的境地。就在乌尔面临饥荒之时，国王伊比辛绝望地向驻守在该国北部的伊什比埃拉（Ishbi-Erra）将军发出一封信函，恳求他不惜一切代价将粮食运往首都。伊什比埃拉的答复如下：

> 臣奉命前往伊辛和卡扎鲁（Kazallu）采购大麦。大麦的价格是每侯耳（kor）1 谢克尔白银。采购大麦共计 20 塔兰特（talent）白银。臣收到消息，马尔图敌军已入

侵我国，因此臣将采购的共计 7.2 万候耳大麦运至伊辛。目前，马尔图人已全面进入苏美尔地区，并已攻占所有要塞。由于敌强我弱，臣无法将大麦送往进行脱壳。

尽管信中所述内容的真实性有待商榷，但鉴于乌尔第三王朝大势已去，这位将军的真正目的应该是脱离乌尔帝国。在伊比辛执政的第十一年，伊什比埃拉背义弃主，自立门户，在伊辛城建立了自己的王国。在距离乌尔仅 40 千米的拉尔萨，该城的阿姆鲁部族族长也自立为王。至此，乌尔的未来黯淡渺茫，整个帝国的领土范围缩小到不足几平方英里。

正当乌尔如僵立在车灯前的兔子一般，将全部注意力都集中在伊辛的叛变和西方蛮族步步逼近的危险之时，真正致命的打击却从相反方向袭来。在那里，埃兰国的新统治者已然摆脱了其与苏美尔人的宗主关系，正率领着一支远征部队向美索不达米亚南部进发，将以锐不可当之势兵临乌尔城下。

城门被攻破，全城沦陷。在位二十四年的国王伊比辛被俘往埃兰，从此音信全无。乌尔称霸的时代就此终结。

> 百姓如同一盘散沙向郊区逃散。城墙断裂，哀鸿遍野。　162
> 人们曾经出入往来的高大城门，如今遍地伏尸；以前欢庆佳节的城中大道，如今首级遍布；过去人们闲情散步的大街小巷，如今尸骨成山；往日举办当地庆典的场所，如今尸骸堆积。

该城在埃兰驻军长达七年的占领期间饱受践踏，直到伊什比埃拉将埃兰人驱逐出境。此后，伊什比埃拉宣布他的伊辛城便是苏美尔王权之所在。尽管他所建立的王朝得以留存，并历经十五位国王的统治，但有关伊辛控制整个美索不达米亚南部地区的说法实属虚构。该地区再次快速分化为各个高度独立的城邦，而且大部分城邦受到阿姆鲁族长的控制。

美索不达米亚人对于乌尔命运的突变感到十分震惊。他们自问，诸神为何要完全抛弃他们的城市？这一问题的答案让人想起伏尔泰在被问及罗马帝国为何灭亡时所说的话："因为一切终将结束。"在伏尔泰说出此话之前约四千年，美索不达米亚的一位作者也得出了一致的结论："乌尔的确被授予了王权，但这种统治并非永久性的。自远古天地之初，直至人类繁衍至今，有谁见过哪朝的王权统治长盛不衰？这一朝的王权统治的确十分长久，但它终将走向自我灭亡。"

因此，根据近现代的观点，新苏美尔帝国是因年迈而自然衰亡。但人们仍然认为西方蛮族才是导致其命运终结的直接原因。同之前的古提人一样，西方蛮族也是声名狼藉：

马尔图人不识五谷；

马尔图人不知骏马，未闻市镇，为山野粗人……

马尔图人挖土掘菌……

马尔图人茹毛饮血。

163　根据《剑桥古代史》，马尔图人的神的名字亦为阿姆鲁，该神连自己的居所都没有，须从他处获得一个体面的住所和一位妻子，才能为神界所接纳。

这种评价公正吗？就让我们跟随历史发展的脚步，站在他们的文化角度上观察一下这些外来的阿姆鲁人，看一看他们的生活方式。此时此刻，我们终于来到了历史的交叉路口，接下来的故事与我们仍在讲述的有关宗教缘起的故事产生了交集。

＊　＊　＊

《创世记》11：31："他拉带着他儿子，亚伯兰①和他孙子，哈兰的儿子罗得，并他儿妇亚伯兰妻子撒莱，出了迦勒底的吾珥②，要往迦南地去。他们走到哈兰，就住在那里。"

长久以来，那些相信《希伯来圣经》是真实历史的人一直在探寻有关亚伯拉罕及其家人的故事的背景。在乌尔帝国没落之后的那些年里，从苏美尔迦勒底的乌尔到北部的哈兰，再从哈兰到西部的迦南美地，他们的足迹遍布新月沃地。这些人认为，或许是因为埃兰人的杀戮，导致信奉月神的民众逃离被攻占的南部城市，所以他拉（Terah）才带着他的家人离开乌尔迁往北部更加安全的哈兰。巧合的是，他拉家族成员的姓名与该时期附近繁华地区的名称有对应性：他拉的祖父西鹿（Serug）对应撒鲁基（Sarugi），也就是今天的苏鲁奇（Seruj）；他拉的父亲拿鹤（Nohar，这同时也是他拉的次子之名）对应的是哈布尔河（Habur River）河畔的拿贺（Nahur）；他拉自己的名字与拜利赫河（Balikh River）边的提都拉伊（Til Turahi）相近；他的三儿子哈兰（Haran）则与他们所在城市的名称完全相同，这座城市位于今天土耳其桑尼乌法［Şanlıurfa，过去称为埃德撒（Edessa）］东南部约 50 千米处。

―――――――

① 亚伯兰，即亚伯拉罕。
② 吾珥，即乌尔。

信徒们提出，这些城市的名字表明这些定居点是由《圣经》中提及的人物建立的。此外，当代文献认为哈兰就是便雅悯支派的所在地，便雅悯意为"南部之子"。

他拉的家族并非苏美尔人。他们一直被视为导致乌尔灭亡的阿姆鲁人或阿摩利人，也就是美索不达米亚人历来记恨的对象。耶鲁大学亚述学教授威廉·哈洛（William Hallo）证实道："基于历史记载中阿摩利人的姓名，有越来越多的语言学164 证据……表明后来的希伯来语、阿拉姆语、腓尼基语都是从这一新族群使用的各类闪语演变而来的。"此外，《圣经》中记载的那些各族长详细规定的部落组织、命名传统、家庭结构、继承和土地制度、谱系制度及游牧生活的其他遗风，"均与楔形文字记录所提供的简明证据十分相近，因此不能将它们归为后世的杜撰并置之不理"。

《圣经》中记述的希伯来族长与苏美尔文献中记载的粗鄙蛮人大不相同，因为这些族长在草原上"搭建帐棚，放牛牧羊"。（但亚伯拉罕的骆驼确实有违事实，因为骆驼的驯化还需要几百年的光景才出现。）他们的习俗虽然可能与城市居民相去甚远，但依旧正派体面、值得尊敬。

正好，我们也可以看一看亚伯拉罕远亲们的样貌。阿摩利人占领了幼发拉底河畔的马里城，它位于今叙利亚境内。在古代，这里不仅是苏美尔文明最遥远的边境地带，据说在约公元前25世纪，这里还有一个称霸整个美索不达米亚平原的强国。在这里，游牧民族的新移民设立了国家的中心，国王也入住了此地规模庞大、富丽堂皇的宫殿。这座两层楼的宫殿建筑占地6英亩，每一层都有约300个房间。

尽管历经四千年沧桑，这座王室建筑的几何装饰图案依旧清晰如新，令人惊叹不已。更令人惊艳的是那些用于装饰当地行政大楼的图画，它们色彩亮丽，描绘了马里人的生活，主要是宗教仪式和战争场景。但最打动人心的，是其中展示亚伯拉罕时期阿摩利人中一些小人物的画面细节。一名士兵头戴白色头盔，下颌托紧紧地扣在下巴上；他身着宽大长衣，脖子上佩戴着华丽的系结领带，这种装扮放在今天也算得上时髦。只见这名士兵的身体似乎已经中箭，但他冒着箭雨，英勇向前，冲进战场。一名长着黑短发和黑胡子的渔夫正闷闷不乐地往家走去，尽管他肩头的鱼竿上挂着一尾硕大的鱼。一个头顶黑帽、身穿正式长袍的男子面色严肃，正赶着一头祭牛向前走着，牛角尖上包裹着一层银。还有两名女子正在一棵枣椰树上攀爬，其中一人的服装酷似比基尼，另一人则穿着暴露的迷你短裙，只可惜她们头部的图像均已剥落。画中的树梢上还栖息着一只动物。据曾代表法国国家博物馆在此地进行考古挖掘长达四十年的安德烈·帕罗说，这是"一只展翅待飞的美丽蓝鸟。我们曾经一直将它当作绘画者的想象，但 1950 年 4 月的某一天，当我们行走在宫殿中时，我们注意到一只大型的食肉猛禽，它与画中的鸟几乎一模一样。正当我们要靠近时，它便从废墟上的巢穴中惊惶飞离了"。

165

　　如果他拉及其家族真的有阿摩利人血统，并且的确生活在这个年代，那么他们为何选择离开苏美尔，离开他们的祖先不久之前才抵达的这片落脚之地，而且正好在同族人接管美索不达米亚地区大权的时候，抛下大多数同族人远走他方？他拉为什么要放弃在世上最先进城市生活的机会，而选择重返草原营帐？又是为什么在时过境迁之后，人们依然对此记忆犹新？

　　也许，这些记录是在提醒我们，只有离开乌尔，他拉和他的小家族才能继续保有阿摩利人的身份和生活方式，而这与后来希伯来历史的发展也有密切关联。假如他拉留在了苏美尔，那么亚伯拉罕的身份将截然不同。我们知道，苏美尔人耗费了大量精力和时间才将打败阿卡德帝国的古提人驱逐出境。但阿摩利征服者不同于古提人，他们自踏上这片土地起便从未离开。他们终将完全融入当地人，几十年后人们将无法辨别孰是阿摩利人，孰为苏美尔人。阿摩利人所说的语言很可能促进了这一融合，因为他们的语言也属于美索不达米亚阿卡德通用语。最有可能的情况是，阿摩利人为他们眼前灿烂的文化宝藏和丰富的历史文化所折服，并且希望融入其中。重要的是，他们认识到不论哪个民族的首领登上城中宫殿里的宝座，苏美尔文明的传统都将流传下去，而他们的任务不过是传递薪火。

就这样，阿摩利人的首领将文明社会的文化艺术与科学技术推向了新高度。这一时期诚可谓美索不达米亚文明的黄金时代。这些统治者也将各个不同的族群融合成了一个全新的民族——巴比伦人。他们都将聚集在一个崭新的城市——巴比伦。

古巴比伦帝国

北

亚述

底格里斯河

拉皮库姆
西帕尔
埃什南纳
巴比伦
基什
马尔吉乌姆
尼普尔
伊辛
苏萨
拉格什
乌鲁克
拉尔萨
乌尔
埃利都

埃 兰

波斯湾

马里

幼发拉底河

0   100   200 千米

第八章　古巴比伦：如日中天

约公元前 1900 至前 1600 年

神奇而又神秘的亚述巴比伦

　　终于，我们来到了巴比伦，这是一座极负盛名却又恶名昭著，辉煌灿烂却又残酷苛刻，万众敬仰却又备受诋毁的古老城市。同时，它也是给欧洲人留下了最难以磨灭的记忆的城市。

　　这座古城的名字最早出现在阿卡德语中，并由此产生了希腊语版本的名称，我们现在所说的"巴比伦"正是从其希腊语名演变而来的。阿卡德人为该城命名时，为它赋予了一个含义——Bab-Ilu，即"上帝之门"。《创世记》称，这一名称源于希伯来语"Balal"，意为"混淆"，指的是上帝通过混淆语言来惩罚狂妄自大的巴别塔建造者一事。

　　巴比伦所处的战略位置十分优越：不仅靠近美索不达米亚平原的中心，而且接近幼发拉底河与底格里斯河两河相距最近之处。在今天看来，它距离波斯湾的入海口约 500 千米。

　　巴比伦完全可以将它的恶名归咎于《圣经》，因为其中记载了犹太人被流放到巴比伦的遭遇："我们曾在巴比伦的河边坐下，一追想锡安就哭了。"在《圣经》的《启示录》中，圣约翰也看见女子"穿着紫色和朱红色的衣服，用金子宝石珍珠为妆饰。手拿金杯，杯中盛满了可憎之物，就是她淫乱的污秽。在她额上有名写着说，奥秘哉，大巴比伦，作世上的淫妇和一切可憎之物的母"。

然而与此同时，不论成人还是儿童都对这座古城的名字有着正面的联想，甚至到了今天人们依然会不时地唱道：

> 去巴比伦有多少英里？
> 三个二十再加十英里。
> 我可以借着烛光去那儿吗？
> 可以呀，走个来回都够啦。
> 如果脚跟又轻又巧，
> 你借着烛光就能到。

168

这首童谣曾被认为是某种街头游戏的曲调，但似乎没有人知道其来源或含义，它有可能是指人类的平均寿命，三个二十年再加十年就是七十年，而点亮路途的闪烁烛光则代表生命之灵本身。当然也没有人知道这首歌谣是否一直被称为《巴比伦》——也许它曾被叫作《伯利恒》或发音类似的其他地方。但在我们所处的时代，这个"巴比伦"的版本早已深入人心，而且时常出现在小说、戏剧、电影甚至是歌曲的标题之中。英语世界最伟大的儿童歌谣和游戏专家艾奥娜·奥佩（Iona Opie）和彼得·奥佩（Peter Opie）得出了这样的结论：大部分童谣最初不是由儿童传唱的，而是旧时流行的民谣、被遗忘的街头吆喝和耶稣受难剧、早已过时的祷文和谚语等的残留物。不知为何，尽管巴比伦这座世界上最伟大的古城已经从地表消失了两千年，但它依然长久地存在于人们的想象中，到了 20 世纪，对于它的记忆仍会被在街边玩耍的孩童唤起。

对于古埃及或古亚述这些帝国的中心城市，只有学过相关历史的人才会对它们有所了解。而为犹太人和基督徒所熟知的大部分《圣经》地名，如耶路撒冷、示剑①、伯利恒、拿撒勒②，到了后世才声名渐起。耶利哥（Jericho）可能是其中最古老的城市中心之一，但它之所以广为人知也只是因为约书亚③吹号摧毁该城城墙的事迹："约书亚出征耶利哥之战，城墙轰然倒塌。"反观巴比伦，这座城市因其异教作风而在英国家喻户晓，尤其是在伦敦。

彼得·阿克罗伊德（Peter Ackroyd）在《伦敦传》（*London：The Biography*）中提到，早在 12 世纪，伦敦城中就出现了一段被命名为"巴比伦"的城墙。"如此命名的原因尚不清楚，可能是中世纪的城中居民在该部分石墙的构造中发现了与异教徒或神秘事物的关联。"几个世纪以来，随着伦敦的城市规模持续扩大，地位不断上升，用巴比伦来比喻这个帝国首都的说法也越发常见。也许有人会觉得，把一座现代都市比作巴比伦可能会使这座城市蒙上贬义色彩，但这完全是多虑了。阿克罗伊德认为，之所以把 18 世纪的伦敦描述为"巴比伦"，是因为它为身无长物的人提供了一个安全的庇护所，即"不幸之人的唯一避难所"。诗人威廉·古柏（William Cowper）发现，这个"不断壮大的伦敦"里有形形色色的人，

169

① 上帝在示剑（Shechem）应许亚伯拉罕，将这片土地赐予他的后裔。
② 拿撒勒（Nazareth）是巴勒斯坦北部城镇，据说是耶稣的故乡。
③ 约书亚是《圣经》中记载的希伯来领袖，他带领以色列人进入了上帝应许的迦南美地。

他赞美这座城市的人口比"古老的巴比伦更加多样"；对活跃于"美好年代"①的威尔士作家亚瑟·马钦（Arthur Machen）而言，"伦敦赫然出现在我面前，就像亚述的巴比伦一样奇妙、神秘，充满了闻所未闻、见所未见之事"。

在现代化进程中的英国看来，"巴比伦"这个名称象征神秘而又充满活力的多元文化大都市。人类社会的其他传统也在以其各自的方式追忆巴比伦。

在古典作家的眼中，巴比伦这座城市属于尘世，并没有过多的神秘色彩。从公元前 5 世纪的希罗多德②到生活在公元 3 世纪的狄奥·卡西乌斯③，希腊语和拉丁语作家为我们留下了有关巴比伦的记录，其中的内容平实又不乏想象，讨论了巴比伦的历史、地理、后期命运以及最终的衰亡。据狄奥所言，罗马皇帝图拉真在 1 世纪到该地参观时，见到的只有一片废墟。但到了 5 世纪，塞浦路斯主教狄奥多勒（Theodoret）宣称在他生活的年代，巴比伦仍是有人（犹太人）定居的地方。

对于虔诚的基督徒来说，巴比伦一直是《启示录》中的娼妓，代表着城市生活中的一切罪孽与邪恶。在拉斯特法里教④信徒看来，马库斯·加维⑤的教义表明，巴比伦是所有迫害与镇

---

① "美好年代"（belle époque）指欧洲历史中从 1871 年普法战争结束到 1914 年第一次世界大战爆发的时期。

② 希罗多德（Herodotus）是古希腊历史学家。

③ 狄奥·卡西乌斯（Dio Cassius）是古罗马历史学家、政治家。

④ 拉斯特法里教（Rastafarianrsm）是产生于 20 世纪 30 年代的牙买加黑人基督教运动的教派。

⑤ 马库斯·加维（Marcus Garvey）是黑人民族主义者，领导了第一次世界性黑人运动。

压黑人的事物的终极象征，且在表现痛苦和号召反抗的雷鬼音乐中扮演着核心角色。

对于伊斯兰世界而言，虽然阿拉伯人在 7 世纪征服了巴比伦遗址所在的区域，但巴比伦这个名字几乎毫无意义。的确有一些知名的阿拉伯地理学者曾经注意到巴比伦的地理位置（有时并不正确），但因为伊斯兰世界对于"蒙昧时期"（*jahilliyah*），即（对真理）"无知"的年代普遍持批评态度，所以人们对追忆这座古城的繁华岁月从未展现很强的兴趣。《古兰经》仅在叙述真主派遣两名天使降临世间诱惑人类的故事时，提过一次巴比伦，且不带褒贬之意："素莱曼没有叛道，众恶魔却叛道了——他们教人魔术，并将巴比伦的两个天神哈鲁特和马鲁特所得的魔术教人。他们俩在教授任何人之前，必说：'我们只是试验，故你不可叛道。'"（第二章《黄牛》第 14 节）

巴比伦遗址在希拉市（Al-Hillah）的周边安静地沉睡了几百年。平坦的平原使它十分显眼，即使在几英里之外它也清晰可见。当地的穆斯林村民就这些废丘的"居民"产生了丰富的联想，认为他们是魔鬼、神怪和邪灵，或是这些事物化身而成的蛇蝎；同时，天使哈鲁特和马鲁特还附着在这些鬼怪邪灵的脚边，用咆哮吼叫的方式施以永久的惩罚。如此一来，人们自然就避之若浼。

所以，只有犹太人在努力地把关于这个古代文明中心的鲜活而多彩的记忆，保留于西方文化意识中。后来，欧洲的探索者在求索精神的引领下来到这片废墟，利用新兴学科——考古学重现了它昔日的光彩，于是新的世界帝国中心便开始以"巴比伦"这个名字自喻。

＊　＊　＊

　　自公元前586年巴比伦国王尼布甲尼撒二世焚毁神庙，并将耶路撒冷的统治阶级流放到巴比伦起，美索不达米亚南部地区就开始成为犹太人规模最大且最为重要的聚居地。公元5～7世纪，就是在尼赫底（Nehardea）、苏拉（Sura）和蓬贝迪塔［Pumbedita，这座城镇很可能就是今天的费卢杰（Fallujah）］这三个巴比伦城市，人们对犹太法典《塔木德》（Talmud）进行了第二次修订。此次修订比前一次更具影响力，其中涉及的法律规则、民族历史和民间风俗至今仍是所有犹太教信仰和仪式的根基。此外，该地也发现了犹太流散地领袖的宝座，据说这名领袖可能是大卫王后裔。此外，拥有这一身份的人也被视为全体犹太人的法定统治者，这个传统一直延续到了11世纪。

　　因此，前去探访巴比伦古城遗址并留下记录的第一位欧洲旅行者是一个犹太人，这件事也就不足为奇了。该犹太人名叫本雅明（Benjamin），出生于伊比利亚（Iberia）的图德拉（Tudela）。他从12世纪60年代起就在近东地区旅行，一路搜集当地犹太社区的信息。他或许是为了引导未来的犹太难民，因为1119年基督教在纳瓦拉（Navarre）复兴之后，西班牙的犹太人受到了越来越严重的压迫与歧视。在四处游走很长一段时间之后，本雅明发现自己来到了幼发拉底河附近的利鲜（Resen），这是一个《圣经》中提及但在那时已不为人所知的地方。本雅明在他的旅行日记中写道："从这里出发去往巴比伦，也就是古代的巴别塔，只需要一天的时间。"

171

这片废墟宽 30 英里。尼布甲尼撒的宫殿遗址依旧清晰可见，但人们因惧怕传说中的蛇蝎而不敢进入。在附近不到 1 英里的地方住着 3000 个以色列人，他们在一个名为"但以理亭"的会堂里做祷告，这个古老的但以理亭正是由但以理建立的。位于会堂和尼布甲尼撒宫殿之间的，就是哈拿尼雅（Hananiah）、米沙利（Mishael）和亚撒利雅（Azariah）被扔进的火窑①，而这个火窑所在的山谷在当地家喻户晓。

这个犹太人走到哪里，其他人就跟到哪里。但该地区大部分旅行者喜欢重述一些道听途说之言和民间故事，而不是去亲自调查，其中也包括马可·波罗。与这些人形成鲜明对比的是意大利贵族探险家彼得罗·德拉·瓦莱（Pietro della Valle）。1616 年，他亲身探访了希拉附近的废墟，准确地辨认出这里就是巴比伦的遗址。当时，他还在散落于附近沙地上的砖块上看到了几组奇怪的楔形标记。他发现这些图案并非装饰而是文字，并进一步断定它们是自左往右书写的。因此，他也被认为是发现巴比伦楔形文字的第一位欧洲人。1626 年回到意大利时，瓦莱不仅受到了名人般的礼遇，还被教皇任命为"侍寝官"。但与罗马相比，对德拉·瓦莱的发现更加感兴趣的似乎还是伦敦。这一点是 19 世纪末的一项意外发现告诉我们的。

1886 年，一场凶猛的大火烧毁了伦敦奈特莱德街的抹大拉

① 《但以理书》第 3 章记载，哈拿尼雅、米沙利和亚撒利雅三人因不拜金像，被尼布甲尼撒扔进烈火的窑中。但因对上帝的坚定信心，三人得上帝的保护和拯救，在烈焰中毫发未损。

的玛利亚教堂（church of St Mary Magdalen）和一排老旧的商业楼房。这条街靠近泰晤士河，是一条中世纪风格的狭窄小路，因曾作为骑士从坎农街（Cannon Street）的皇家塔楼（Tower Royal）前往史密斯菲尔德（Smithfield）的竞技场的通道而得名①。清理完毕烧焦的废墟后，建筑工人开始挖掘这些古老建筑的地基。在挖到较深处时，他们发现了一些刻有楔形文字的黑色闪长岩残片。经大英博物馆鉴定，这些石块的年代"可追溯到已知最古老的巴比伦国时代"。当时的媒体也欢欣雀跃地报道了这一消息。

172

　　大英博物馆的专家 B. T. A. 埃维茨（B. T. A. Evetts）先生注意到，地下藏有这些石头的那些房屋都是在 17 世纪下半叶建造的，而且是 1666 年该街区遭遇火灾之后重建房屋的一部分。针对这些刻有楔形文字的石块，他提出"几乎可以断定这些残片是在这条街道的重建过程中被埋入地基的"。出生于华沙的犹太裔美国人小莫里斯·贾斯特罗（Morris Jastrow Jr.）是东方学家，他的结论是：人们对德拉·瓦莱公开的信件以及他带回的巴比伦砖块样本的兴趣要比之前设想的更加浓厚。

　　　学者和各界人士都开始对这件事感兴趣。鉴于巴比伦遗址表面遍布碎石、残砖和陶片，在被德拉·瓦莱勾起兴趣后，伦敦的某位商人极有可能收集了一些类似样本，并把它们放入了私人古董收藏中。上文提及的德拉·瓦莱带

---

① 奈特莱德街（Knightrider Street）为这条街的音译名，字面意思是骑士骑手街。

回来的砖块现存何处，尚无人知晓。目前，大英博物馆的巴比伦藏品胜过了卢浮宫，卢浮宫中最古老的残片是由植物学家米肖（Michaux）于1782年带回欧洲的。

伦敦与巴黎之间的确存在较量。几百年来，各国的探险家不断探索古代中东地区。到了维多利亚时代晚期，欧洲的帝国势力在开启"非洲争夺战"的同时，也在激烈地争夺黎凡特①的文物。19世纪末，参与竞争的只剩下英、法、德三国，它们在该地区均有政治利益。英国想守卫其通往印度帝国的贸易通道；法国则早就签署了保护奥斯曼帝国天主教徒的合约；而刚刚统一的德意志帝国迫切希望得到苏丹的支持，以阻止英国将黎凡特占为己有的企图。这些国家在考古挖掘的权利上你争我夺，吵得不可开交。公众的兴致空前高涨，"战利品"不计其数，能否获得民族尊严就在此一举。于是，大英博物馆、巴黎卢浮宫和柏林的近东博物馆（Vorderasiatisches Museum）都举办了盛大的展览。可是，尽管这些从美索不达米亚搜掠来的惊人文物吸引了众多访客，但只有那些能够为公众还原和重现巴比伦古城的人，才能获得至高的荣耀。

德国无疑是在这方面做得最好的。德国与日渐式微的奥斯曼帝国之间的友好关系，使曾是建筑师和艺术史学家的德国考古学家罗伯特·约翰·科尔德威（Robert Johann Koldewey）发掘出一座城门，它史称"伊什塔尔城门"（Ishtar Gate）。他将这座大门以及门前的部分游行街道运回德国，并运用原址出土

① 黎凡特（Levant）泛指中东托罗斯山脉以南、地中海东岸、阿拉伯沙漠以北和上美索不达米亚以西的大片地区。

的彩砖对其进行复原。如此看来，巴比伦城的那段从其诞生以来的历史似乎很快就能完整地呈现在世人面前了。

可是，这一愿望不久便落空了。虽然运送到柏林的文物的确令人叹为观止，但人们很快发现该遗址仅能代表巴比伦作为独立城市存于世间的最后几百年，即巴比伦作为尼布甲尼撒国王的帝国都城以及犹太人流放地的时期。尽管德拉·瓦莱和他的后继者们发现的遗迹确实精致迷人，也具有重要的历史意义，但它们并不算古老，其年代相当于希腊古风时期晚期的那个阶段，事实上不比雅典卫城的建造早多少。当时公元前7世纪或前6世纪之前的文物尚未被发现，而巴比伦城的兴起可再往前追溯一千多年。当时的乌尔第三王朝逐渐衰败并走向灭亡，阿摩利人的首领们纷纷建立城邦，巴比伦是其中极其重要的一个。

人们已无法获得远古地层的考古证据，"史前大洪水"一词足以说明原因。经过千年的岁月流转，地下水位的上涨无可避免，这使得挖掘所有较早时期的考古地层无法实现。所以，令亚述学家万般无奈的是，对于早期的巴比伦城，不论是现在还是将来，我们都无法得到任何直接的考古或文献记录。人们只能依靠他人间接或偶然提及的相关内容，形成对巴比伦早期历史的理解。这就好比在佛罗伦萨城很久以前就被阿诺（Arno）河横扫吞噬的情况下，人们试图重建欧洲文艺复兴的发祥地。

这种类比可能比它第一眼看上去更贴合实际，因为从乌尔第三王朝灭亡到巴比伦建立并成为美索不达米亚南部主要城市和美索不达米亚文明巅峰时期的中心，这几百年中发生了许多动荡事件。

174

一朝多君　稳固王权

几百年间，整个美索不达米亚就像是一个政治万花筒。西方人，也就是阿卡德语中的阿姆鲁人如洪水般不断袭来。这不是一个单一民族的群体，从其名字可以看出他们至少使用了两种西部闪米特方言。此外，其他民族也从东部和北部进犯。密谋与暗杀受到了当权者的鼓励。城与城之间企图征服对方，争战不休。国王御驾亲征，有的攻无不克，有的战死沙场。

另一些君主的结局更是离奇。如果出现极为不利的征兆，通常的做法是让君主逃到安全之地，同时临时安排一个平民登上王位，让其面对本应由真正的君主承受的命运。约公元前1860年，可能是以月食天象为判断依据，苏美尔伊辛国国王伊拉伊米提（Irra-Imitti）的命运被认为将受到威胁。国王"将王冠戴在园丁恩利尔巴尼（Enlil-Bani）的头上，让他成为替身"，被亚述学家称为《早期列王记》的文本如是说道，"这样该王朝便可免遭终结"。就这样，这位合法的假国王开始主持神庙仪式并履行国王的其他各项职责。

通常，此类情况的后续发展是待危险解除后，临时君主就被处死。维多利亚时期的人类学家詹姆斯·弗雷泽爵士（Sir James Frazer）的读者们对此应该并不陌生，他的著作《金枝》（*The Golden Bough*）就讲述了该做法在欧洲历史中的延续。然而，命运女神并不像人们通常认为的那样盲目，她很善于辨别真假："伊拉伊米提因吞食滚汤而死于宫中。执掌大权的恩利尔巴尼无意退位，于是正式继承王位。"恩利尔巴尼功绩卓著，在位长达近二十五年，并被尊为神明。又或许，这个有趣的继位故事只是为了掩盖事实真相：在那个动荡的年代，宫廷政变比比皆是。此后不久，一个名叫库尔达（Kurda）的城邦在十年内就经历了四位国王的统治，同样的情况也发生在舒巴特恩利尔城（Shubat-Enlil），而阿什纳库姆城（Ashnakkum）更是在五年里见证了五位君主的统治。马里城一个宫廷官员留下的记录证实了在其任职期间，"一朝多君才能保证王权稳固：巴比伦汉谟拉比王之后还有 10 ~ 15 位国王；拉尔萨国王瑞姆辛（Rim-Sin）和卡特纳（Qatna）国王伊巴皮埃尔（Ibal-pi-El）的王位继承者数量与此不相上下；而亚姆哈德（Yamhad）国王雅瑞姆利姆（Yarim-Lim）的王位继承者则多达 20 人"。

* * *

马里国为美索不达米亚南部文化最西北端的前哨，它位于幼发拉底河上游，在巴比伦以北约 400 千米处。马里是一个古老而灿烂的国家，拥有当时最为富丽堂皇的宫殿。宫殿内有装饰精美的正殿、觐见室、接待室和餐厅，室内的壁画描绘了亚伯拉罕诸教式的日常生活。这里必定时常聚集着一大批身着异域服饰的达官显贵：外邦国王、诸侯和部族领袖均前来朝贡献礼。众多奴隶、仆人、私人助手、侍从和侍女在王宫里私人套房之间的狭长走廊上步履匆匆，照料国王和众多妃嫔的日常起居。他们搬运一筐筐衣物，呈上一盘盘食物，端茶倒水，递送文件。行政区域想必亦是一派繁忙景象，满是往来的信使、档案管理人员、会计和审计，还有忙碌的大臣、副臣、副臣助理、副臣次助理，再加上希望建立或巩固政治同盟的外邦使节，以及近期返回母国以进行汇报并接收新指示的大使。

在底层的某个区域，有一间大型的缮写室。通过口授形式被记录在草稿泥板上的书信在那里被制成誊清的版本。另一区域的宫殿档案室内保管了马里国王与官员、本国密使以及各方敌友的往来书信记录。

这忙碌而多彩的生活中的一切都在巴比伦的阿摩利王汉谟拉比攻占马里后戛然而止。待巴比伦驻军掌控全局并压制住所有的反抗后，这位征服者立即派遣特别情报小组前去查验文件。这些人花费数周时间通读了超过 2.5 万份文书，并根据作者、主题和收件人将其分类，再将归类好的每组文件分开存放。凡是涉及巴比伦国家安全等重要内容的泥板，例如汉谟拉比写给马里统治者兹姆里利姆（Zimri-Lim）的全部信件，都会被打包，然后被驴车运往南部都城。

一段时间之后，或许是在一场未遂的起义过后，汉谟拉比下令清空整座宫殿并将其付之一炬。随后，工人们拆除了大火之后的残存墙体。然而，马里的不幸是考古学的万幸。在这场大火过后，马里国宫殿档案室里一筐又一筐分类存放的泥板文书就被深埋于瓦砾之下。直到四千年后的 20 世纪 30 年代，它们才在安德烈·帕罗率领的法国亚述学家团队的挖掘下重见天日。经过亚述学家的修复，超过 2.3 万块泥板为我们呈现了一幅古代生活的奇妙画卷。

这些文书细致地展现了统治美索不达米亚的铁腕领袖、军阀和匪帮大佬之间的政治阴谋和云谲波诡的结盟关系。尤为惊人的是，你确实可以通过这些信件听到他们的对话。他们并没有使用正式的书信表达方式，而是直抒胸臆。这些都是祖先们的真实声音，其中最常见的情形是预言战争的来临。

这件事没有讨论的余地，但现在我必须要说出来，宣
泄我的情感。您是一位伟大的国王。您向我要两匹马，我
就将它们运送给您。但是您呢，您只给了我二十磅锡。

毫无疑问，在您给我这少得可怜的锡的时候，您便失
掉了我对您的敬重。以我父神的名义，我告诉您，如果您
一点都不给我，我也许会愤怒［但不会觉得受到侮辱］。

在我们卡特纳，这两匹马值十磅白银，但您给我的只
有区区二十磅锡！听到这种事的人会怎么说？他肯定不会
觉得我们是在公平交易。

177

换个说法就是："你，给我放尊重点！"

但是，这位怨声连连的卡特纳统治者犯了一个错，他不该
跟国王埃卡拉图姆（Ekallatum），也就是沙姆希阿达德
（Shamshi-Adad）的长子发生争执。沙姆希阿达德是亚述帝国晚
期备受敬仰且流芳百世的超级英雄式人物，他以舒巴特恩利尔
城为基地，不断向外扩张势力范围。他的小儿子正是马里的统
治者。这对父子间的关系不禁让人联想到《教父》中的对话。
沙姆希阿达德的长子往往因渴望战斗而获得褒奖，马里国王却
总是受到责骂和贬损："每件事都要我们来教导你，这种情况还
要持续多久？你还是小孩吗？你已经成年啦！你的下巴上已经
长出胡子啦！你什么时候才能够独当一面？难道你没看到你的
兄弟已经统领千军万马了吗？所以，你也要对你的宫廷、你的
国家负责。"现在，这个亚述的黑手党老大希望他的小儿子去教
训一下卡特纳的国王："当你的兄弟重挫敌军时，你却躺在温柔
乡中逍遥快活。所以，现在你要带兵前往卡特纳，做一个真正
的男人！像你的兄弟那样为你自己在本国扬名立万。"

虽然我们能够读到许多这类具有帮派风格的通信内容，但事实上我们对写信者知之甚少。这就好比在一出广播剧播放到一半的时候才开始收听。我们听到了人物的话语，却不知道说话者是高是矮，是胖是瘦，是长是幼，是值得信赖还是谎话连篇，是夸夸其谈还是低调保守。但如果继续往下听并且听得足够久，我们就能渐渐了解每个人的性格特点。

在 1997 年美国东方学会（American Oriental Society）的会长报告中，杰克·萨松（Jack Sasson）教授就其毕生研究的内容，即马里末代君王兹姆里利姆撰写的书信，发表了演讲。兹姆里利姆正是从沙姆希阿达德那个不幸的小儿子手中夺走马里这座城市的。萨松向我们大致描述了当时的情形。

178

尽管存在各种困难，但从这些信件中我们还是能够深入地了解兹姆里利姆的性格。从他的那些或机智诙谐，或引经据典的话语中，我们可以感受他细致巧妙而不落俗套的幽默感。我们还看到兹姆里利姆不乏虚荣之心，因为他一再要求男仆为他准备剪裁特殊的服饰，而且会在感到被忽视时大发雷霆。他不乏好奇之心，相关记录显示他曾多次到王国之外探访。他对国家治理十分上心，时常为未解决的问题征求答案。但他同时也因内部争吵和丑闻不断的官僚主义而饱受折磨、焦头烂额。很显然，兹姆里利姆也是一个对神明虔诚并存有敬畏之心的人。他不仅会提醒手下举办宗教典礼，还要求他们及时上报神明的最新圣言。但有时他还是免不了发发牢骚，尤其是在被要求交出某些他不想放弃的东西的时候。此外，他似乎还是一个产生过自我怀疑的人。

虽然我们不知道兹姆里利姆的生命是如何走到尽头的，但他的辞世标志着乌尔第三王朝灭亡和巴比伦帝国兴起之间的这个漫长而动荡的空位期的终结。

社会新秩序

美索不达米亚的动荡终于告一段落，一个稳定的新时代逐渐出现，这是一个与过去全然不同的时代。由于该时代以巴比伦城为中心，学者们又将其称为古巴比伦时代。

这一社会新秩序的真容是随着古巴比伦最著名遗址的发现而呈现在世人眼前的。提到汉谟拉比王，也就是巴比伦第一王朝的第六位统治者和古巴比伦帝国的巩固者，人们能想到的他最受称道的事迹，定是那部刻在黑色玄武岩石柱上的法典。然而，这根石柱的出土之地不在美索不达米亚，而是在埃兰国的都城苏萨，也就是今天伊朗的西部。汉谟拉比去世五百年之后的公元前 13 世纪，埃兰人占领了巴比伦，这部法典也作为他们的战利品被掠劫到了埃兰国。

这根石柱很可能曾屹立在西帕尔某座神庙的公共庭院内，石柱顶部还刻有国王从太阳神和正义使者沙玛什那里接过法典的场景。在国王王宫的所在地可以见到它的复制品，特别是在巴比伦的马尔杜克神庙埃萨吉拉（Esagila）。埃萨吉拉的意思是"高顶之屋"，这座神庙不仅是巴比伦城的宗教中心，更是整个帝国的核心。在铭文中，汉谟拉比亲自阐述了这根石柱的意义："让受压迫的、需要诉诸法律的人来到正义之王朕的面前；让他读一读这柱上的铭文，让他倾听朕宝贵的话语；这些铭文将解释他的案件；他将发现何为公正，他将心生欢喜，于

179

是他会说，'汉谟拉比是位爱民如子的君王'。"

一方面，同乌尔纳姆早期的法律一样，这部法典并不等同于现代意义上的法典。它的内容既不全面，也没有规定法律原则；它提供的是一系列的范式，即记录国王审案经过的范本。实际上这更像是对长久以来的司法传统的再现，有点类似于盎格鲁－撒克逊时代的普通法系，重视先例和判例法，而不是《拿破仑法典》体现的那种大陆法系。

尽管如此，该法典的覆盖范围还是很广。法典开篇是一篇长长的序文，赞美了作为弱势群体和受压迫子民的保护者的汉谟拉比，并详细描述了他所统治的地域范围。接着，法典罗列了约 280 条律例，涉及家庭法、奴隶法、劳动法、商业法、农业法和行政法，包括规定标准的商品价格和雇工报酬等。法典中，与家庭有关的律例占比最大，涉及订婚、结婚和离婚、通奸和乱伦、儿童、收养和继承。

一方面，法典中的诸多律例即使在现代读者看来也是十分公正合理的。例如：

> 如果一个男人想要和一个女人分开，而这个女人已为其生子，或者想和他的妻子分开，而他的妻子已为其生子，那么他需要归还妻子的嫁妆，并分给她一部分农田、果园和房产的收入，使她能够养育孩子。在她将孩子抚养成人后，他应从分给孩子们的财产中抽出一部分给她，这部分应等同于一个儿子得到的数额。然后，她就可以嫁给她心仪的男人。
>
> 如果一个女人跟他的丈夫吵架并说"你跟我不合适"，她就必须针对她的偏见说明理由。如果理由充分且

错不在她，而丈夫还是离开并忽视她，那么这个女人没有罪过，她应带着嫁妆回到娘家。

另一方面，汉谟拉比的律法与乌尔纳姆的法规又截然不同。最显著的不同之处在于，汉谟拉比的诸多律例并没有规定经济上的惩罚，而是奉行同态复仇原则，主张以一报还一报，也就是所谓的"以牙还牙"：

> 如果一个人挖出了另一个人的眼睛，那么他的眼睛也要被挖出。
>
> 如果他打断了另一个人的骨头，那么他的骨头也要被打断。
>
> 如果一个人打掉了对方的牙齿，那么他的牙齿也要被打掉。
>
> 如果一个建筑工人为某人建造了一座房屋，但他建得不好，房屋倒塌并压死了屋主，那么这个建筑工人应被处死。
>
> 如果压死的是屋主的儿子，那么这个建筑工人的儿子应被处死。

以上例子通常被用来说明，这些更加残酷的惩罚措施暴露了闪米特人身上难以磨灭的野蛮本性，与苏美尔人的崇高心智形成了鲜明对比。这种判断带有一种很强的偏见。事实上，汉谟拉比的法典反映的更多是一个前所未有的社会环境，也就是多民族、多部落的巴比伦世界给世人带来的冲击。

在苏美尔－阿卡德时代早期，所有社会群体都觉得他们属

180

于同一个家庭，是诸神眼中地位相同的侍者。在这样的情况下，任何争议的解决都可以诉诸一个为众人所接受的价值体系。在这个价值体系中，血浓于水，公正赔偿总比以恶报恶更加可取。但是现在，市民常同生活方式与其完全不同的游牧民族在城里摩肩接踵，说着各种西部闪米特阿姆鲁语的人与说着阿卡德语的人住在一起。在这种情形下，摩擦很容易产生，冲突也在所难免。家族内的纷争和家族间的世仇时常出现，对帝国内部的凝聚力产生了不利影响。今天的美国社会有着严苛的社会制度，反对公共服务，坚持保留死刑，以此彰显美国是由来自不同国家、不同背景的移民和被流放者构成的。相比之下，欧洲大陆是一个种族成分相对单一的地区，因此欧洲人普遍支持社会市场的团结和法外施恩。而巴比伦的法律类似于181 《希伯来圣经》中的律法，和美国一样严苛，反映并试图遏制分裂社会中常见的争端与暴力。巴比伦律法与以往的律例形成的鲜明对比告诉我们，游戏规则已然改变，迥然不同的社会秩序已经形成。

古代诸邦割据、各奉其神的格局，还有那已存在两千年的视城市、土地、人口、庄稼、牲畜为诸神根基和财产的观念，都将不复存在。从今往后，大型的领土国家将会出现，并将形成两大权力中心：最终控制整个北方地区的亚述和统治整个南方地区的巴比伦。

人们的团结精神也将不复存在。此前，所有人都是苏美尔－阿卡德祖先的后裔，担负着相同的责任和使命。而现在，团结精神难以维系，这是因为统治阶级中的大部分人会将自己的起源与他乡的先祖联系在一起。人们对外来者总是抱有一种奇怪的矛盾态度。文学作品中充斥着对阿姆鲁人的鄙夷，他们被认为是心怀敌意的原始蛮人。然而与此同时，巴比伦的汉谟拉比仍旧骄傲地以"阿摩利之王"自称。尽管著名的《汉谟拉比法典》反映，不同社群的个体之间存在着持续不断的纷争，但似乎没有证据表明种族冲突在当时的社会中很普遍。不过，我们还是找到了一些社会分化的迹象。

汉谟拉比的律法告诉我们巴比伦有三大阶级：阿维鲁（awilum），指"自由人"或"绅士"；穆什钦努（mushkenum），指地位较低的社会成员；瓦尔都（wardum），指奴隶。穆什钦努一词源于闪米特语，意为"依附的人或物"（同一闪米特词根仍存在于四千年之后的某些现代罗曼语言中，如法语 mesquin 一词的含义为底层、破旧或可怜）。虽然没有确凿的证据，但人们很容易做出以下解读：阿维鲁最初表示的是外来的阿摩利统治阶级成员，而穆什钦努代表此时地位被贬低的本地居民。无论这种解读正确与否，可以确定的是民族统一性的缺失导致了社会团结性的丧失，正如我们在不同时代和不同地域所见到的那样。曾经长久存在的苏美尔民族的共同理想已然灰飞烟灭。

因此，苏美尔民族对集体主义和中央计划的追崇也化为乌有。从今往后，人们将迎来一个私有化和外包化的时代。在这个时代，社会群体的概念将不复存在，取而代之的是个体男女和家族，他们之中有的富裕，有的贫穷，有的位低势弱，有的权豪势要。当然，大神庙和大宫殿依然存在，但它们不再需要大量劳动力，也不再需要为包括官僚、工匠、农民和牧民在内的人员负责了。取而代之的做法是，根据时令雇用和辞退农场帮工和手艺人，而独立承包商和包税商则按照合约来承接各地产的财产管理和商业事务。

182

这导致了一种与现代金融体系非常相近的制度的产生，它涉及银行业务和投资、贷款、抵押、股票和债券、贸易公司和商业伙伴关系。这是重商主义资本体系在历史上的初次尝试，它既有消极的一面，也带来了积极的影响。

积极方面体现在它使一些人变得十分富有。伦纳德·沃利在发掘过程中发现了独立于宫殿和神庙建筑群的乌尔金融区。当时的乌尔城被一条巨大的运河一分为二，一侧是宫殿和神庙建筑群，另一侧则是这个金融区。尽管有人将金融区描述为乌尔的华尔街，但它所处的位置并非楼宇富丽堂皇的繁华地带。鳞次栉比的简易双层居民楼排列在蜿蜒狭窄的巷弄两侧，而这些巷弄每次只能容纳一头驴通过。要想找到某栋房屋，你就需要循着复杂的指示。这种指示也被记录在当时的一则讽刺趣闻中："你应当从大门进去，穿过一条街、一条大道、一座广场、提拉兹达街（Tillazida），再穿过你左侧的努斯库路（Nusku）和尼尼纳马路（Nininema）。然后，你要询问坐在提拉兹达街街边贩售商品的宁－卢伽尔－阿卜苏（Nin-lugal-Apsu），她是凯埃－伽恩比卢卢（Ki'agga-Enbilulu）的女儿、宁舒－阿娜－埃阿－塔克拉（Ninshu-ana-Ea-takla）的儿媳妇，也是赫努恩－利尔（Henun-Enlil）花园的园丁。"在被沃利命名为利基弄3号（Number 3 Niche Lane）的地点，你可以看到办公室或是民宅，它的主人名叫杜木兹－伽米尔（Dumuzi-Gamil），是一个受过良好教育、谨慎节俭的商人。他有一个怪癖——总是亲自做记录，不屑于聘请抄写员，可能是为了省钱，可能是碍于面子，也可能是出于严格保密的需求，因为受雇的抄写员们通常有"大嘴巴"的坏名声。大量出土文献表明，他本人是古巴比伦商业发展历程中的一个极其成功的典范。

在汉谟拉比成功地统一整个巴比伦地区之前，杜木兹-伽米尔和他的商业伙伴舒米-阿比亚（Shumi-Abiya）向商人舒米-阿布姆（Shumi-Abum）借了略多于一盎司的白银，并将这笔钱投资给了一些为乌尔和拉尔萨的神庙和宫廷供应谷物与面包的烘焙店。沃利发现了一份由拉尔萨、伊辛和乌尔国王瑞姆辛签发的收据，内容为每月供应约150蒲式耳大麦。这对商业合伙人不仅跟大客户做生意，也将少量粮食短期借给农工和渔民，供他们在缴税时解燃眉之急。此外，将银两预借给这对合伙人的舒米-阿布姆又把这份债权出售给了另一对合伙人努尔-伊利舒（Nur-Ilishu）和辛-阿沙尔德（Sin-Ashared）。这样看来，古巴比伦拥有十分活跃的债券市场，以及我们今天所说的商业票据市场。杜木兹-伽米尔的文档中同样列有本城和外地商人的借贷金额。这些借贷记录可以作为可转让票据，即最早的纸币使用。在海外商贸探险方面的投资也让巴比伦商人朝我们所说的商品期货交易更进了一步。

总之，汉谟拉比时代的巴比伦金融体系已经具备成熟的商业技术。当这些技术在几千年后再度出现在世人面前时，犹太人、伦巴第人和威尼斯人先后在它们的引领下，促成了中世纪欧洲经济的扩张。但是，这一原始自由主义经济改革的弊端之一是债务不断积累，造成了前所未有的贫富差距，许多人因此变得穷困潦倒甚至更糟。

杜木兹-伽米尔规定的白银借款期限是五年，法律规定的白银利率是20%。乍听之下，这似乎非常不合理，但当时借款成本的计算方式与现在有很大不同。利率不允许有太大变化，但由于利率是按照整个债务期限而非按年计算的，因此变更还款时间就意味着改变相应的年利率。以杜木兹-伽米尔的借款为例，五年利率为 20%，相当于每年超过 3% 的利率，这样看来就合理多了。如果同一笔借款的期限为两年，那么每年的利率则约为 10%。杜木兹－伽米尔的记录显示，当他将钱款借给工人或手艺人时，还款时间通常是借出后一至两个月。在这么短的时间内，利率相当于正常年利率的 800%，这对于债权人来说意味着超高回报，但对于债务人而言绝对是无穷后患。

私营化的税务机构和包税商无情地剥削大众。他们不仅要搜刮钱财交给税务人员，还要增加征税力度确保自身收入。为此，许多无力支付税收的受害者只能被迫把自己或家庭成员当作奴隶出售。最后，面对如此庞大的债务人们势必要采取行动，而最终实施的激进举措给金融史带来了深远影响。

首先，法律规定债务奴隶的期限仅为三年。《汉谟拉比法典》明确规定："如果任何人因无法偿还债务而出售其本人、妻子、儿子或女儿以换得金钱，或将他们送去从事强迫性劳动，他们应在买主家中或业主处工作三年，到第四年他们应重获自由。"

其次，如果普通债务水平的增长威胁到国家财政乃至政治的稳定，就采取一种更加激进的做法，即宣布总体上的"债务豁免"，废除所有借贷款项。此类豁免通常和国家赦免囚犯的法令一起颁布，一般发生在新君即位时，但有时也会于某位君王的在位期间发布。例如瑞姆辛国王在其封地被汉谟拉比攻占的约十年前，突然宣布所有债务失效。这一做法使得杜木兹－伽米尔原本稳定的合作关系彻底破裂，同时受到打击的还有乌尔的大量其他商业活动。有证据表明，债务免除仅限于因消费或支付税款而发生的短期个人借贷，而投资借款和支付罚金产生的欠款则不包含在内。但这并不足以挽回巴比伦商业的颓势，在很久之后它才重返昔日繁华。

或许这种通过粗暴管控强制实现的粗犷式商业周期，给巴比伦人造成的危害并不如我们这些旁观者想象的那么严重。因为几百年后，希伯来人就从中吸取教训，把这种做法写入了《申命记》第 15 章的宗教律法：

> 每逢七年末一年，你要施行豁免。　　　　　　　　185
>
> 豁免的定例乃是这样，凡债主要把所借给邻舍的豁免了。不可向邻舍和弟兄追讨，因为耶和华的豁免年已经宣告了……
>
> 你弟兄中，若有一个希伯来男人或希伯来女人被卖给你，服事你六年，到第七年就要任他自由出去。
>
> 你任他自由的时候，不可使他空手而去。

最后，在古巴比伦帝国彻底的政治、社会和经济变革的推动下，苏美尔文化统治的遗风也消失殆尽。

苏美尔语作为一门活语言的时代就此终结。从今往后，闪米特文化和闪米特语将主宰美索不达米亚大地，尽管人们在日常生活中使用的并不是新统治阶级的西部闪米特语，而是一种被语言学家称为"古巴比伦语"的阿卡德土著方言。虽然没有人确切知道从何时起大街上就再也听不到苏美尔语了（也许在乌尔第三王朝的末期便已如此），但这并不意味着人们摒弃了苏美尔语。苏美尔语真正退出历史舞台还要再过约两千年，即在美索不达米亚文明气数将尽之时；而且虽然苏美尔语不再是当地的口头用语，但它依然以书面的形式在宗教和学术领域得到了保留。

后来，人们通常把对书面苏美尔语的保留与欧洲历史上作为学术通用语使用的拉丁语的角色进行比较，因为从西罗马帝国灭亡到20世纪中叶，多数学校最后取消了古典学课程。当然，这种类比不甚恰当，因为拉丁语一直存在于口语中：遵循语言学发展的一般过程，拉丁语口语逐渐演变为法语、意大利语、西班牙语、葡萄牙语以及罗曼语族中的其他现代语言。与此同时，书面拉丁语作为一种学术语言，其发展到公元1世纪便止步不前了。

苏美尔语和希伯来语之间的比较应该更具价值。希伯来语作为一种日常用语，先是被阿拉姆语，之后被大流散①中的各地方言所取代。然而，在此后的两千多年里，希伯来语依然是犹太人的宗教、文学和学术用语，也是犹太儿童学习读写时使用的语言。不论在家庭或工作场所中使用的是何种语言，人们都会用希伯来字母做书面呈现。最终，这奠定了19世纪末希伯来语重新成为口头用语的基础。同样，只要楔形文字继续为人们所用，苏美尔语就一直保有其作为基础性语言的地位。

苏美尔语、拉丁语和希伯来语作为它们各自所代表的传统的象征性标志，都发挥了试金石的作用。例如，此时的巴比伦各地"战争、恐怖活动、谋杀和流血冲突"层出不穷，但这并不妨碍巴比伦的文化传统不断发展并逐渐抵达巅峰的趋势。不论水平高低，只要掌握了苏美尔语，就等于拿到了参与创造

---

① 公元前586年，巴比伦国王尼布甲尼撒二世下令将数万名犹太人作为俘虏押回巴比伦，开启犹太民族历史上的"巴比伦之囚"时代，这被称为犹太人的大流散。

这一伟大文化的入场券。

美索不达米亚的新统治者将苏美尔语和苏美尔的文化传统当作团结其疆域内各个民族的黏合剂。正如法国公民被教导要忠于自由、平等、博爱的大革命精神，美国儿童被教导要忠于国旗、宪法和国父理想，古巴比伦国王的子民无论其是何出身，都要学会尊重古代神话、传说和神圣故事，以及这片土地上他们所知的苏美尔祖先的习俗和历史。宗教信仰几乎没有改变，唯一的革新是巴比伦城的保护神马尔杜克被请入万神殿，并逐渐接手曾经的众神之王恩利尔的地位和特权。地位高贵的书吏们还为自己取了苏美尔语名字，就像中世纪甚至再往后的欧洲学者效仿古典风格为自己更名一样〔例如有人不愿被称为诺伊曼，而希望被称为尼安德；不要平淡的史沃泽，而要墨兰顿；不要简单的菲利普·冯·霍恩海姆，而要菲利普斯·泰奥弗拉斯托斯·奥里欧勒斯·博姆巴斯茨（简称为帕拉塞尔苏斯）〕。

教育因此变得至关重要。实际上，教育是巴比伦文明的核心。此时的教育机构不再是乌尔第三王朝时期舒尔吉国王建立的那类规模庞大、监管严格的公立学院，办学机构也像新巴比伦时期的各行各业一样经历了私有化的转变。但这样的教育体系仍为我们留下了数量繁多的文献资料，它们是堆积如山的废弃的书写练习和测验材料。也正因为如此，相比古巴比伦其他方面的历史，我们对当时的"校园时光"有更多了解。

巴比伦学校

学校一词，在苏美尔语中为"埃 – 杜巴"（E-Dubba），在巴比伦语中为"贝特 – 图皮"（Bet-Tuppi），这两个词都是指用于记录文书的泥板。所有的教育活动也都是围绕苏美尔和巴比伦文本的阅读与书写展开的。以下是一名应届毕业生的简历：

> 我在学校度过的日子如下所示：每个月我有三天假期。正因为每个月的这三天假期我们不用上学，所以我每个月的在校天数是二十四天。对我来说，这段时光似乎不算太长。

> 从现在开始，我将投身于泥板抄写和撰写工作，进行所有实用的数学运算。实际上，我对书写艺术有着全面的理解，知道如何恰当地排列每行字并加以书写。我的老师只要向我展示一个符号，我就能立刻想出与之相关的大量符号。由于按要求我已经在学校待了足够长的时间，因此我了解关于苏美尔语、拼写以及所有泥板上的内容的最新知识。

我们的这位毕业生不仅会阅读、写作和算术，也掌握了诸多办公技能。

> 我可以拟写各类文本，包括从 300 升到 18 万升大麦的容量测量文书，以及从 8 克到 10 千克的重量测量文书。我也可以按要求撰写任何合约，包括关于婚姻、合作关系、房产和奴隶销售的合约，白银债务担保书，关于农田租赁，棕榈林种植的合约，以及收养合同。以上这些我都可以起草。

虽然上述内容就像是从现代学校的宣传手册中摘抄出来的，但这些技能着实令人钦佩且很可能的确为该毕业生所掌握。很显然，这名毕业生对自己能力的描述展示了一幅理想化的古巴比伦开放式教育体系的图景。

古巴比伦还有一位类似查尔斯·狄更斯或托马斯·休斯的无名作者，他的作品让我们对校园生活有了一种完全不同的或许更加贴近真实情况的印象。这个流传甚广的短篇故事题为《校园时光》，是由其最早的译者和编辑萨缪尔·诺亚·克雷默从二十多份散布于多家博物馆的残片中整理出来的。这个故事讽刺了纪律管束的随机性、教师的腐败，以及赞美与成就之间可笑的不对等。故事的主人公并非一位道德楷模。

故事的开头讲述了一天的正常活动。我们的主人公上学、练习朗读、吃午餐、抄写文本、回家并向父亲炫耀学到的内容。父亲对他的进步感到很满意，这个男学童却忽然借机变成了一个小恶魔。

> 我渴了，给我喝的！
> 我饿了，给我面包！
> 帮我洗脚，为我铺床！
> 我要睡觉去了。
> 明天早晨叫醒我。

这些描述全是为了烘托第二天要发生的事。一开始一切似乎都很正常。他早早起床，母亲为他装好午餐，然后他就出门了。但当他到达学校时，督学拦住了他。

"你为什么迟到?"

我很害怕,我的心跳得很快。

我走进去坐下来,我的老师读了我的泥板。他说:
"漏了一些东西!"

然后他用棍杖打我。

一名督导生说:"没有我的允许,你为什么要开口说话?"

然后他用棍杖打我。

负责纪律的人说:"没有我的允许,你为什么要站起来?"

然后他用棍杖打我。

看门人说:"没有我的允许,你为什么要出去?"

然后他用棍杖打我。

189　啤酒壶的看管员说:"没有我的允许,你为什么喝了酒?"

然后他用棍杖打我。

苏美尔语督学说:"你为什么要说阿卡德语?"

然后他用棍杖打我。

我的老师说:"你的字写得不好!"

然后他用棍杖打我。

命运的突变让这个男童感到十分不解,他回到家,制订了一个计划。他建议父亲邀请老师来家里吃晚餐,但他并不准备让父亲去抗议自己受到的待遇,真正的策略要比这更妙。

男童出言,其父照办。

老师从学校中被请来。

进了家门,老师被安排坐在主座上。

男童搬了一张椅子,坐在老师旁边。

男童把他学到的书吏技巧呈现给他的父亲。

他的父亲心情愉悦，愉快地对儿子的"校父"说：您训练了犬子的手艺，让他成了行家，向他展示了书吏技巧的所有细节。

在对老师恭维一番之后，父子俩继续向老师奉上美味佳饮和厚礼。

他们为老师斟满上好的枣酒，为他搬来一张桌台，放上他的容器，令上等纯油流入该容器。

为他穿上崭新的服饰，

并赠以好礼，为他的手腕戴上手镯。

对此，老师非常直接地做出回应，正如他们预想的那样。

因为你们为我准备了你们原本无须准备的物品，

在我的报酬之外，对我赠以好礼，

让我备受尊敬，

愿众守护神之女王尼达巴（Nidaba，书吏女神）成为你的守护神，

愿她青睐你的芦苇笔，

愿她抹去你抄本中的所有错误。

愿你成为弟兄中的领导者，

愿你成为同伴中的佼佼者，

愿你位列所有学童之首。

190

如果学校这个词让你只想到一栋带有操场的宏大建筑和众多学生，那么这种想象并不准确。且不说舒尔吉国王在乌尔和

尼普尔所设立的学院是怎样的，在古巴比伦时代，学校被设在私人住所之中，类似于维多利亚时期的女性创办的家庭学校，唯一不同之处在于执教的是男性。此外，虽然某些考古学家认为他们发现了一些教室，如安德烈·帕罗在马里宫殿遗迹中发现了摆有长凳的大房间，但实际上大部分课程应该是在户外教授的，因为楔形文字文本的处理基本上是一项户外工作。

我们今天在书写时，文字的辨识度是通过黑色或深色墨水与莎草纸、牛皮纸、羊皮纸或现代纸张的白色或浅色背景间的对比实现的。尽管良好的光线有助于书写，但它并非不可或缺的条件。然而，对于泥板上的立体楔形文字符号而言，由于符号和衬底之间缺乏色彩或色调上的反差，想要阅读或书写楔形文字就必须有稳定的好光照。

但美索不达米亚房屋的内部是十分阴暗的。这个地区以高温著称，一年中的大部分时间非常炎热。人们必须尽一切努力遮蔽日光。巴比伦的房屋常常连一扇窗户都没有，就算有它们在白天也都紧闭着。因此，读写的学习一定是在住宅的露天庭院或屋顶上进行的。

虽然巴比伦校舍的场地与 19 世纪的学校大不相同，但它们在其他方面仍有诸多相似之处。例如《校园时光》中的教师难以拒绝贿赂，因为他只是一个受薪员工，而不是学徒师傅。那些棍打主人公的督导生和督学很有可能是高年级的男生，即所谓的"学长"，他们也是这种完美的监管体系的组成部分。理论上，19 世纪的所有人似乎都可以接受教育。同样，尽管我们不知道巴比伦的国王（如汉谟拉比）是否精通读写，因为他们没有像舒尔吉国王那样炫耀自己的教育水平和书吏技能，但学者们认为，在美索不达米亚的历史进程中，古巴比伦时期的人口有最高的识字率。当时的学生不一定非要出身于牧师或官员阶层。此外，同维多利亚时期一样，只有那些不需要子女挣钱补贴家用的家庭才会将孩子送去学校，而且求学的时间很长，可能会超过十年。普通家庭几乎不可能做出这么大的牺牲。下面这份文献就记录了一名父亲对儿子的学习态度的抱怨，他还要求儿子懂得感恩：

> 我这一生从没有让你把芦苇扛到芦苇地。你也从来没有扛过其他年轻人和孩童要搬运的灯芯草。我从来没有对你说"跟上我的车队"。我从来没有让你耕田犁地。我从来没有让你去我的田里挖土。我从来没有让你像劳工一样干活。我从来没有对你说，"去工作并赡养我"。和你一样大的人都在用劳动养活他们的父母了。

我们既不知道上学要交多少学费，也不知道这笔费用是如何支付的。不管怎样，通常只有较为富裕的家庭才能够在无须孩子工作的前提下承担学费，尽管有些贫穷的男孩也会在被他人收养后被送去上学。与从古至今的许多传统社会一样，读书写字在美索不达米亚基本上是男性的特权，虽然我们也知道一些女性书吏的名字。

同不久之前的欧洲学校一样，古巴比伦的教育往往由神职人员掌管。私立学校一般会被设在神庙官员的家中。例如，在距巴比伦约 80 千米的西帕尔 - 阿姆纳努姆城（Sippar-Amuanum）中有一位名叫乌尔乌图（Ur-Utu）的卡拉马胡姆祭司①，从他住所的遗址中出土了几千块学生练习书写的泥板。然而，美索不达米亚宗教与基督教有一处极大的不同——美索不达米亚没有明确的宗教教育。巴比伦的文本不会讨论神性的本质，泥板上也没有记载对生命意义的思考；文书中既没有规定神学教条，也没有罗列敬拜神明的正确方式。虽然古代宗教中的神话和许多赞美诗作为练习用文本，被一而再再而三地临摹抄写，但学生们所接受的似乎还是世俗教育，这一状况也与我们的教育体系构成了强烈对比，因为我们花了近两千年才让教育跟它最初的发起者——教会分离开来。

192

巴比伦的学校教育是一种精英教育，毕业生会被分配到各种需要读写能力的岗位，学童们将接受一种课程覆盖面很广的通才教育，而不是狭隘的职业培训。学生不仅要学习未来作为书吏所必需的技能，也要按照一份人文学科课程表学习当时的各种知识。当然，在最终进入成人职场之前，无论他们将走上何种岗位，都会受到进一步的指导。我们了解到的一些职业有会计、管理人员、建筑师、占星师、神职人员、抄录员、军事工程师、公证员、祭司、公共书吏、篆刻师、秘书、测量员和教师。学校教育为这些专业学习打下了坚实的基础。

前文那名应届毕业生的简历清楚地表明，在巴比伦教育中算术与读写同等重要。通过仔细考察当时有关数字运算的教学，我们可以了解巴比伦人是如何研究各方面的知识的。

首先，我们必须承认，在那个时代，人们对数字的掌握要比欧洲历史上的大多数时期强。数学家约翰·艾伦·保罗斯（John Allen Paulos）在他的《超越数》（*Beyond Numeracy*）中

---

① 卡拉马胡姆（kalamahhum）祭司是负责演唱哀歌的祭司。

提到了一则小故事。在中世纪，有个德国商人询问应该将他的儿子送到哪里学习数学。"如果你想让他掌握加法和减法，"有人答复说，"本地的大学就足够了。但如果你还希望他学会乘法和除法，那么你需要把他送到意大利去。"巴比伦的学校就没有这样的限制，而且他们的记数系统比中世纪欧洲人采用的罗马数字更加先进，欧洲人直到早期现代仍在使用罗马数字。巴比伦的记数方式是已知最早的"位值制记数法"，也就是我们小时候学的"个位、十位和百位"的记数法。它与现代记数体系的唯一不同之处在于，我们所谓的阿拉伯数字是十进制，而巴比伦人使用的是六十进制。因此，他们的数字𒁹𒁹𒁹𒁹（1111）在我们的记数中就表示为 216000 + 3600 + 60 + 1，即 219661。大家都知道，我们仍然保留着巴比伦的记数体系：我们会按照六十进制来表示 95652 秒，也就是 26 小时 34 分钟 12 秒；或当我们记录角度大小的时候，我们将其写作 26°34′12″，而巴比伦人会将这个角度表示为 𒀹𒀹𒀹 𒀹𒀹 𒀹𒀹。 193

巴比伦人缺少两种符号：零和小数点。他们虽然可以用数字间的空格来表示零，但基本上不会这么做。因此，想区分 26、206、2006、260 或 2600，只能依靠上下文判断。印度人认为，一排数字中的空格可以像其他数字那样被表示出来。但直到几千年之后，阿拉伯人才将这一理念广泛应用。[阿拉伯人用一个点来表示空格。我们使用的"0"实际上来自犹太学者亚伯拉罕·伊本·以斯拉（Abraham ibn Ezra）1146 年在维罗纳用希伯来语写成的《数字之书》（*Sefer ha-Mispar*），它是欧洲最早出版的解释印度–阿拉伯数字的书。]事实上，在公元前 700 年前后，美索不达米亚人就发明了一种在数字中标记空格的方式，但这个标记并不能在数尾使用。巴比伦数字是真正的"浮点数":不论是 26、260、2600,还是 2.6、0.26 和 0.026,它们的表示方式都是一样的。

今天我们以 10 为基数,但那时候的学童要面对的却是 60,这么大的基数在他们背诵乘法表时,着实构成了巨大的障碍。背诵 1~10 的乘法表还算容易,略大于 10 的数字背起来就有点勉强了。在英国货币改为十进制之前,学生们必须记忆 1~12 的乘法表,因为 1 先令等于 12 便士。1 打等于 12 个的算法在今天仍然很普遍,且每个学生都知道 12 打就是 1 罗。在计算机时代早期,按照 16 的倍数记数十分有效,这被称为十六进制,但这种记数方式需要额外增加 6 个数字符号,即 1~9 之后还有 A~F。许多计算机发烧友都能将 1~16 的乘法表熟记于心。但如果必须记住 1~60 的乘法表,就太过分了。所以如果经过一所巴比伦学校,我们应该不会听到孩子们大声地重复我们所熟悉的"二一得二,二二得四";就算我们听到了,也一定不会听到他们一直念到"三一乘五三得一六四三"。实际上,巴比伦人依赖的是书写在泥板上的乘法表。

在乘法表泥板的帮助下,即便是遇到很大的数字,乘法运算的过程也会变得相对直接。但是除法就没那么容易了,于是巴比伦人想出了一个办法。大多数于 20 世纪中后期接受学校教育的人应该都很熟悉这个办法。我们曾使用常用对数表进行查询,只需加减即可计算大额数字;而巴比伦人使用的是倒数表,倒数等于数字 1 除以另一个相应的数字。例如,2 的倒数是 1/2,在十进制中表示为 0.5,4 的倒数是 1/4 或 0.25,5 的倒数是 1/5 或 0.2。有了这个倒数表,他们就能够将除法变为乘法,因为除以任何数字等同于乘以该数字的倒数,例如 12 除以 4 等同于 12 乘以 0.25。

　　常用的其他计算表还包括：平方数表、立方数表、平方根表和立方根表。有了这些计算表，巴比伦的学生们就能够解决相对复杂的数学问题。他们还找到了解决线性方程式的方法，现代数学家注意到该方法类似于高斯消元法，可用于解二次方程和三次方程，计算直角三角形的斜边边长（勾股定理），推算多边形的面积，还可以完成与圆形和圆形弦长有关的计算。他们估算的圆周率 π 为 $3^1/_8$，即 3.125。相比一千年后《圣经》中提到的数值 3，巴比伦人的 π 值显然更加接近我们所使用的 3.14159。

　　如果上文读起来晦涩难懂，那是因为我们使用了现代数学的抽象语言来表达这些概念。巴比伦的教育者则让这些问题变得更加通俗易懂。如同维多利亚时代教科书中的内容，巴比伦人将这些概念与十分具体且实际的场景结合起来。例如，19 世纪的人会面临这样的问题：“如果 8 个人 14 天可以割草 112 英亩，那么要在 10 天割 2000 英亩草需要多少人？”同样的，巴比伦的学童要解答的问题是：“如果攻占马尔杜克的敌对城市需要越过一个体积为 90 的土坡，从土坡坡脚向前行进的长度为 32，土坡高度为 36，那么为了攻占该城需要行进多远的距离？”

　　甚至在面对复杂的代数时，巴比伦人也会以实际问题的形式来解释数学概念。我们今天可能会让学生求出二次方程“$11x^2 + 7x = 6.25$”中 x 的值，而公元前 1800 年的题目则是：“我将正方形边长的 7 倍加上其面积的 11 倍，得到的结果是 6　15。”在巴比伦的六十进制数字当中，$6^{15}/_{60}$ 被用来表示 6.25 或 $6^1/_4$。这道题的目的是求出边长。面对这类计算，现代数学家会使用普通的二次方程的解法，但巴比伦人采用的是如下解题之道：

195

先将 7 和 11 提取出来，把 11 乘以 6 15 得到 1 8 45，再把 7 对半分得到 3 30。把 3 30 乘以 3 30，然后将得到的结果 12 15 加上 1 8 45，得出的 1 21 的平方根是 9。从 9 中减去之前被平方的 3 30，然后得到 5 30。11 的倒数除不断。那么 11 乘以什么可以得到 5 30 呢？答案是 0 30，所以这个正方形的边长是 0 30。

巴比伦人通常会将解题步骤描述得十分详尽，却从来不会进行解释，也不会归纳出方法。某位现代数学家指出，"上过高中代数课"的人一定会对这种解题方式感到非常熟悉，"因为他会通过做大量系数不同的题目来学习二次方程，而不是通过阐释和证明某一定理来一次性地解决所有可能出现的二次方程问题"。

是否如此，尚待查验

偏好具象而非抽象，实践而非理论，具体案例而非一般规则，这种现象存在于巴比伦学习、思想和精神生活的各个领域。这是美索不达米亚文明巅峰的最鲜明特质，事实上这一特质贯穿了整个美索不达米亚文明。在某种程度上也正是出于这个原因，尽管希腊人提倡的是与巴比伦人截然不同的思维方式，但他们的诸多闻名于世的发明与发现，实际上都体现了对美索不达米亚文明的传承。例如，巴比伦的音乐理论在毕达哥拉斯和柏拉图之前一千多年就已产生，但其概念是以操作指示的形式（例如如何为乐器调弦）呈现的。

科学的基础早在亚里士多德之前就已奠定。观察与分类是所有真知的根本所在：分类学必先于动物学，因为在进化论的设想产生之前，必然要先建立对生物世界分类方式的准确认识。在每一位查尔斯·达尔文出现之前，一定有一位卡尔·林奈①。

自从楔形文字产生以来，读写训练就以字表，也就是所谓的词汇表为基础。这些长长的字表罗列了动植物、岩石、由不同材料制成的人造品、口头表达和语法形式。书吏们要通过抄写它们学习如何识别并复制楔形文字符号——一开始先学习由几个楔形记号组成的简单标志，然后学习更加复杂的拼写。当然，如果要让学生完全掌握楔形文字，这些字表的内容就必须十分全面。因此，美索不达米亚生活和环境的大部分显著特点最终被纳入字表。人们根据这些条目的楔形记号和发音的近似度进行整理，或依照其功能、形状、尺寸或材料进行分类。

过去我们认为这是科学的起源，因为在对这些词进行排序时，美索不达米亚人对他们所在世界的特点运用了由他们首创的分类原则。但是今天的学者意识到，如果非要将此认定为科学的话，那么它也只能算是一种文字科学，而非基于客观现实的科学。即便如此，词汇表所反映的规律、形式和秩序是每个能接受教育的美索不达米亚人都要学习的内容，人们对这些内容的重视必定会影响他们看待这个世界的方式。

这一点在巴比伦的文献藏品里的一类常见文本中显得尤为突出：巴比伦人在"凶兆表"中罗列了许多不祥事件以及这些事件发生前的异常征兆。在我们看来，一件事发生在另一件

---

①　卡尔·林奈（Carl Linnaeus）是瑞典生物学家，提出了界、门、纲、目、属、种的物种分类法。

事之后并不意味着两者有关联，但这种对凶兆的荒谬迷信能让我们看到巴比伦人世界观中的重要方面。他们眼中的世界是建立在规律和规则之上的，这意味着如果这件事情发生了，那么那件事情很可能也会发生。在他们看来，事情的发生不是因为上帝或神明随心所欲的命令，而现在的某些宗教信徒却持有这样的看法。巴比伦人与现代卡巴拉主义①者不同，他们不认为世界靠奇迹才能日复一日地存在。他们觉得宇宙拥有一种根本性的秩序和逻辑，如果仔细观察便可获得揭示这一切的力量。我们今天称这种力量为科学。

占星术无疑是典型的巴比伦科学。虽然现代宇宙科学因为它很可能是一门伪科学而将其拒之门外，但这毕竟只是我们这个时代的看法。不可否认，根据星象探寻未来是一种基于规律、规则、观察和推断的研究。同样的，通过观察祭祀用动物的肝脏、油倒入水中后的图形、升腾的烟雾中的形状、夜空中的异常轮廓、暴风云的模样、畸形的新生婴儿或动物来判断吉凶也可算作一种研究：

一个雌雄同体的胎儿就是大地统治者阿扎格保（Azag-Bau）的征兆。（她曾是一家旅店的掌柜，于公元前2500年前后成为著名的基什女王。）王之国土将被侵占。

如果一个胎儿雌雄同体，但没有睾丸，那么宫殿中的王子将统治这片土地，或公开反对国王。

如果出现连体双胎，他们头部相连，长了八条腿，但只有一根脊柱，大地就将迎来一场毁灭性的风暴。

———————

① 卡巴拉教是犹太密教中的一支，据说起源于古代埃及。

虽然我们现在可能会嘲笑这类似是而非的关联性，但我们必须明白，这些占卜者认为他们自己是在进行实证性的观测。他们尊重自己发现的证据，想必现代研究人员也会认同这一态度。

> 征兆：如果一个胎儿有八只脚和两条尾巴，统治者就将获得一统天下的大权。
>
> 一个名叫乌达努（Uddanu）的屠夫报告了以下信息：
>
> 一头母猪生了一只长有八只脚和两条尾巴的幼崽。我已用盐做防腐处理，将它存于屋内。

如果调查人员认为需要展开进一步研究，他们就会毫不犹豫地提出要求。一匹长有两个屁股的异常马驹的出生被判定为一个吉兆，但调查人员仍对此持保留态度："是否如此，尚待查验。根据指示，展开调查。"

凶兆表还展现了巴比伦人向现代科学的方向所迈出的又一步。根据其罗列的大量预兆和预言，我们看到占卜官们开始系统性地总结他们的发现，并根据这些发现进行推断，以填补知识面的空缺。最有力的证据是，凶兆表的条目类别涉及了不可能发生的只存在于理论上的现象，也就是那些我们不可能观察到的事件。例如在太阳和月亮运转到地球同一侧的夜晚不可能出现月食，因为此时月亮不会在地球的阴影中。公元前第二千纪的天文学家可能还不知道月食只会出现在每月的某几天，但他们意识到从未有巴比伦人遇到过这种情况："如果太阳在夜晚出现，阳光照耀国土各方，天下就将为之大乱。"

198

* * *

就算是那些坚持认为凶兆调查是迷信而非科学真理的人，也不会以同种态度看待巴比伦的医学方法。希腊历史学家希罗多德曾提出一个荒谬的观点，他说"他们把病人带到街上，因为他们没有医生。来往的人要为病人提供建议，要么提供他们自己发现的治疗该病的方法，要么提供他们所知道的别人被治愈的办法。每一个从这个病人身边经过的人必须询问该病人的病情"。

这种观点虽然很吸引人，也很有想象力，却与真实情况相去甚远。巴比伦当然有医生，实际上他们的医生还分为两种：专门分辨吉凶、驱魔除患的阿什普（*ashipu*）和进行生理诊断、开方施药的阿苏（*asu*）。约公元前 1800 年，汉谟拉比国王的法典明确规定了支付给医生的费用，费用高低取决于病人的地位，或者说病人拥有的资源。法典还规定了外科医生在治疗失败后要接受的惩罚。

或许希罗多德之所以没有注意到巴比伦的医生，是因为这些医生作为美索不达米亚人更加注重具体的实践操作，与后来那些自以为提出了举足轻重的疾病理论，实际上却经常犯错的希腊医学理论家不同。希腊医学理论家认为疾病的成因是人体内四种液体间的不平衡，这四种液体分别是血液、黑胆汁、黄胆汁和黏液。这一理论在两千多年间一直误导着医学实践。与此形成鲜明对比的是马里王写给妻子的一封信，信中的内容可能会令 19 世纪晚期之前的大多数欧洲医生感到不解："朕已听说南娜姆（Nanname）夫人患疾。她与宫中众人皆有往来。她也在家中与诸多女士会面。现在要严令禁止任何人使用她用过的餐具，坐她坐过的椅子，躺她睡过的床铺。她不得再在家中与诸多女士会面。这种疾病会传染。"

2005 年出版的一部巴比伦医学文献的翻译作品集指出，美索不达米亚的治疗方法通常十分妥当，因为它们是几百年的细致试验与观察的成果："一些治疗方法至今仍在使用，例如为肺炎患者的肺部和胸壁之间的脓肿做切开引流手术。其中'用燧石刀切开第四根肋骨'以插入引流导管的明确指示，与现代的手术方式很接近。"之所以难以判断巴比伦的治疗方法的功效，是因为他们的疾病名对现代读者来说实在是晦涩难懂："如果一个人的眼皮肿起，泪流不止，这［种疾病］就是'疾风'。如果一个病人白天状况良好，但在傍晚至夜间发病，这［种病症］就是'鬼袭'。"不过，如果对疾病症状的描述是准确的，我们通常还是能够辨认出那些我们十分熟悉的病症。例如对关节炎的描述是："如果某人患病五天、十天、十五天、二十天……他的手指和脚趾无法活动，僵硬到手掌不能展开或无法用双脚站立，［这种病症就是］伊什塔尔之手。"还有阿兹海默症："他的思维不断变化，他总在胡言乱语，记不住说出的话，而且后背因受风而痛苦；他将像个陌生人般独自死去。"

巴比伦人的疗法必然以草药疗法和食疗为主，包括开出药片和药剂、肠道和阴道的栓剂、可外用于皮肤的贴片和膏药。其中一些疗法甚至与现代医学的医药处方一致。"有两块泥板描述了夜盲症。有一个病人在日光下能够看见事物，但一到夜间就会失明，"那部医学文献翻译作品集的作者说道，"他们 200

谈及割下一块肝脏让该病人食用。我们知道夜盲症是因缺乏维生素 A 引起的，而肝脏中富含维生素 A。"巴比伦人似乎也观察到枣核中含有我们今天所说的雌激素。巴比伦人将缺乏雌激素的病症称为那赫沙图（Nahshatu），其症状之一是血尿。为了治疗该病症，"可将枣核碳烤后碾碎，用羊毛包裹并塞入女性阴道"。

事实上，巴比伦的医学中有许多值得借鉴的地方，我们或许能够从中发现一些被忽视的可用于治疗当下疑难杂症的方法。毕竟，现代医学中的很大一部分是以民间智慧和非西方医学传统为基础发展而来的。若是经过两千多年的试验和观察，美索不达米亚人真的找到了不为我们所知的治疗方法，也不足为奇。

古巴比伦的终结

在从古代流传下来的浩繁卷帙中，我们竟找不到关于古巴比伦这个兴盛非凡的文明中心如何走向灭亡的详细记载。历史写作不属于巴比伦的文学体裁，而这座伟大都城的衰亡仿佛是一场突如其来的意外。此外，也没有任何文献能够让我们了解，当城民得知他们的璀璨文化和安逸生活将面临风云突变和最终的瓦解时，他们有何感想。

从某种程度上来说，这种空白反映了美索不达米亚人精神生活的一个典型特征，那就是他们不喜欢抽象和理论化的表达。但若像过去许多人那样认为巴比伦人对哲学、对探索人类存在的本质完全不感兴趣，就实在是有失公允。"闪米特人向来在思辨思想方面无所建树，"芝加哥大学的 D. D. 卢肯比尔

（D. D. Luckenbill）在 1924 年 4 月写道，"他们早期所处的荒漠环境让他们变得十分精明、自立和自私。鉴于他们在这种环境中很难发展，他们不太可能对死后世界形成积极的观念……他们对来生持消极态度，并且越将其看作一种苦难，他们就会在悲观的深渊中陷得越深。" 201

但事实并非如此。从那些数学练习、医学诊断和凶兆表中我们可以清楚地看到（尽管它们从未直接公开表明），巴比伦文化中的确存在一些基本原则，且古巴比伦的部分文献是建构在我们今天所说的哲学理念上的。诚然，这些哲学理念仍然是按照美索不达米亚人的一贯方式，即通过描述具体情节表达出来的，但这一点与许多欧洲文献相差无几。今天我们知道伏尔泰在《老实人》（Candide）这部讽刺小说中暗藏了他的哲学思想，因此又有谁会去指责他"在思辨哲学领域没有建树"，或是去认同托马斯·卡莱尔（Thomas Carlyle）所持的伏尔泰一生中从未有过原创思想的观点呢？

我们面临的最大困难在于，我们不了解巴比伦人的思维方式，因此我们很难掌握写作者试图表达的意思，尽管他们的作品中有时明显含有某种思辨思想。若想推断出某些作品的写作背景，就更是难上加难。最为典型的例子是一份让学者们反复研究的神秘文本：一个犹豫不决的主人向他的奴隶提出了几个不同的想法，旋即又改变了主意，但可笑的是，他的奴隶总是有办法迎合主人的决定。

给我听着，奴隶！
——我听着，主人，我听着呢！
快！把我的马车牵过来套好。我要驾车去宫殿。

> ——去吧，主人，去吧！这对您很有利。当国王见到
> 您，他会授予您荣誉。
>
> 哎呀，奴隶，我还是不去宫殿了！
> ——不要去，主人，不要去了！
> ——当国王见到您，他可能派您前往连神明都不知道
> 的地方，
> ——他可能让您走一条您不知道的路，
> ——他会让您日日夜夜受苦受累。

202 对话还在继续。主人先是提议要举办宴会、打猎、结婚、觐见
国王、发动改革、示爱、献祭等，接着又否定了这些想法。每
一次，奴隶都能对主人的决定附和几句。最初，这个故事似乎
表现的是对民间智慧的讽刺；可在另一些场合中，这个奴隶又
表现出了哈姆雷特式的深沉，例如在主人改变主意，不愿提供
一项公共服务时。

> 哎呀，奴隶，我不想为我的国家做这件公益之事了！
> ——那就不要做了，主人，不要做了！
> ——去古代废墟那儿走一走吧。
> ——看一看那混在一起的平民和贵族的头颅。
> ——孰为恶人，孰为恩主？

在对话的最后一部分，主人考虑自杀，而奴隶突然谈论起人类
理解的局限性，然后又以刻意而不失幽默的奚落结束了对话。

> 给我听好，奴隶！

——我听着，主人，我听着呢！

怎样是好呢？是把你我的脖子弄断，

还是把我们投入河里，那样好吗？

——谁有那么高，可以升到天堂？

——谁有那么宽，可以覆盖全世界？

哎呀，奴隶，我会杀了你，让你先去看看！

——是啊，但是我的主人也比我多活不过三天。

这个奇怪的短小故事到底想说什么？难道这只是一个笑话吗？
或者它像很久之后的《传道书》1：14（"我见日光之下所作的
一切事，都是虚空，都是捕风"）那样，旨在表达一种一切皆
徒劳、生命无意义的厌世态度吗？这一文本是如此简短，我们
如果不能全面了解巴比伦世界，就永远不可能真正理解作者的
意图，但这种意图一定是存在的。美索不达米亚文本的创作
（及抄写）都不是兴之所至的随意之举。这个故事不可能是某
个业余知识分子在闲暇之余随手写下的一则诙谐小品。我认为
这个故事不仅能被用来反驳那些认为巴比伦人没有深刻思想的
人，还让美索不达米亚人用他们自己的方法以及表达方式，　203
展示了他们同后来的思想家一样，执着于探究人类社会的
意义。

＊　＊　＊

根据巴比伦第一王朝的谱系，汉谟拉比王之后还有五位国
王，每位国王的在位时间都在二十年以上。虽然古巴比伦王朝
的存续时间超过了乌尔第三王朝，但伟大的汉谟拉比王的继承

者们要面对都城统领的疆域不断收缩的事实。在汉谟拉比之子的统治时期，严重的叛乱爆发了，他虽然在战场上基本能取胜，但无法阻止尼普尔等重镇落入他人之手。说不同语言的新的民族不断进入该地区，抢占美索不达米亚的疆土，他们中有可能来自高加索地区的胡里安人，还有来自扎格罗斯山脉的加喜特人。

与此同时，美索不达米亚中部地区的人也在迁移奔走。随着政府垮台、交通中断、官僚制度崩溃，城市生活遭到了破坏。乌尔城已基本荒废，乌鲁克的神职人员也纷纷离开。人们逃回乡村，城镇人口数量降至一千年来的最低点。

最后，同前朝往代的情形一样，致命一击通常来自一股意想不到的力量。此时，历史舞台上出现了一个新的角色——安纳托利亚中部的赫梯王国。该国的人口未经开化，使用的是某种粗野的印欧语。他们派出了一支远征部队，南下直抵幼发拉底河河谷。赫梯人或许出其不意地袭击并战胜了巴比伦的军队，最终洗劫了整座城市，为这个辉煌的朝代拉上了帷幕。

赫梯人无意占领这片距离本国如此遥远的土地，于是在掠劫之后便离开了。他们留下的权力真空很快就引来一个新的统治民族，即不久前从东部迁移至此的加喜特人。他们将在接下来的四百多年时间里掌管这片土地，但在这一时期文明并无多大发展，基本处于止步状态。不过可以肯定的是，人们耗费了大量精力来搜集和整理早期文献，编译了从苏美尔到阿卡德时代（不包含加喜特王朝）的经典作品，并做出了新的分析与评价。此外，篆刻和珠宝制作等手工艺得到了新的发展且日臻完美。然而，加喜特巴比伦社会极度保守，其统治民族似乎把

保留其抵达时发现的一切、确保它们的延续作为自己的最高
职责。

　　在下一个五百年里，创新与发展的源泉将从水草丰美的亚
述家园迸发。那是一个位于灼热的巴比伦平原以北的遥远国
度。它将用其铁拳利齿捍卫美索比达米亚的文明传统。

第九章 亚述帝国：公元前第一千纪的巨人

约公元前 1800 至前 700 年

未来帝国缔造者的楷模

　　在巴格迪达（Baghdeda），一个距今伊拉克北部摩苏尔不远处的杂乱村落附近，有一片高约 8 米的日晒砖碎石堆废墟。废墟周边环绕着丑陋的混凝土建筑，其平屋顶上架设着如杂草般凌乱的电视天线和碟形卫星天线。顺着一段石阶登上废墟，可以见到一座为马什摩尼（Mart Shmoni）建造的古老教堂。

　　该建筑并无夺人眼球之处：教堂本身不高，由土砖砌成的墙面上毫无装饰，低矮的圆顶塔楼上竖立着一个金属十字架。但正是这样一座不起眼的宗教建筑，不仅能助我们与遥远的过去直接沟通，而且挑战了我们对古代世界史的简单假想。

　　尽管我们知道从 8 世纪或是 4 世纪起便有一座教堂屹立于此，但无人知晓眼前这一建筑的最初建造时间。从设计风格判断，在成为教堂之前它应该是一座犹太会堂，朝向耶路撒冷的圆形后殿里原本应摆放着圣约柜，在这个挂有帘布的柜子中存放着"摩西五经"的经卷和宗教仪式用具。马什摩尼并不是基督教的圣人。公元前 2 世纪，她和她的七个儿子在犹太人反对希腊文化和宗教强制性同化的战争中殉道。
《马加比二书》① 讲述了这个故事。该地区的基督徒对一个犹
太女英雄的尊崇，印证了公元前第一千纪美索不达米亚北部曾
有大型犹太社区的说法。1165 年图德拉的本雅明造访摩苏尔
时，发现有 7000 个犹太人居住于此。因此，在公元前 722 年
萨尔贡二世毁灭以色列王国之后迁徙到亚述中心地带的十个以
色列部落，可能并不像我们一直认为的那样凭空消失了。

　　马什摩尼教堂的历史将我们带回到更久以前。在马什摩尼
教堂所处的高丘之下，有一堆又一堆神庙和神龛的废墟，最早
的一堆可以追溯到公元前 2000 年，那时这里供奉的很可能是
月神辛。依照美索不达米亚地区的传统，这些建筑没有被移
除，人们将这片土地填平之后在原址上又加盖了新的建筑。不
同于其他教堂，迄今为止该教堂的周边连一块墓地或一口水井
都找不到，这是为了保护之前的建筑不受亵渎，尽管此地原先
崇拜的是异教神祇。

　　在信仰古老神祇的地区建造基督教建筑的现象并不罕见。
许多英国教堂的所在地曾是盎格鲁－撒克逊人的圣林。这些地
点的名字通常能反映其在成为基督教场所之前的历史，例如地
名"山上哈罗"（Harrow on the Hill）中的哈罗就曾是一个异
教圣地。但在多数情况下，相关地点之前作为圣地的痕迹会被
教会清除得一干二净。

　　但这种消除记忆的做法并不适用于美索不达米亚北部地
区，因为这里的人对祖先的认同并不仅仅是靠建筑来维系的。

---

　　① 天主教与东正教认为《马加比二书》是《圣经》的一部分，它主要讲述
犹太人反抗叙利亚塞琉古王朝国王安条克四世的经过。

伊利里亚人
培奥尼亚人
马其顿
伊庇鲁斯
萨索斯岛
（希腊殖民地）
阿拜多斯
爱琴海
拜占庭
（希腊）
卡尔西登（希腊）
基齐库斯
希腊城邦
雅典
科林斯
斯巴达
吕底亚
王国
萨迪斯
米利都
罗德岛
克里特岛
提恩姆（希
阿斯塔卡斯（希腊）
弗里吉亚
戈尔迪乌姆
安卡拉
王国
凯莱奈
塔尔苏斯
法赛利斯
（希腊）
萨拉米斯
帕福斯
塞浦路斯
阿
比布罗
西
推罗
撒马利
伊利提基
阿什凯隆
拉菲亚
地中海
昔兰尼（希腊）
赛易斯
塔尼斯
布巴苏斯
培琉喜阿姆
孟斐斯
欧恩
赫拉克里奥波利斯
埃及
阿赫塔顿
尼罗河
休特
王国
阿拜多斯
底比斯
杰布

0   200   400 千米

亚述帝国

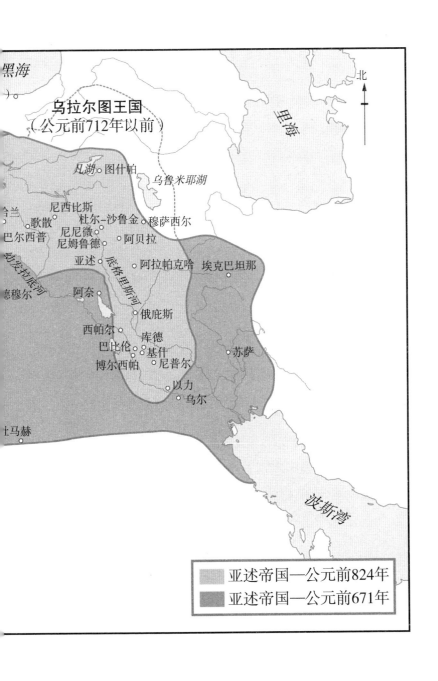

黑海

里海

北

乌拉尔图王国
（公元前712年以前）

凡湖 图什帕

乌鲁米耶湖

尼西比斯

歌散

杜尔-沙鲁金 穆萨西尔

巴尔西普

尼尼微

尼姆鲁德 阿贝拉

亚述 阿拉帕克哈 埃克巴坦那

阿奈

俄庇斯

西帕尔

巴比伦 库德

博尔西帕 基什 苏萨

尼普尔

以力

乌尔

土马赫

波斯湾

亚述帝国—公元前824年
亚述帝国—公元前671年

在马什摩尼教堂参加宗教仪式的信徒同样以自己的祖先为傲。他们称自己为亚述人，并将自己看作亚述帝国——一个兴起于公元前第一千纪早期、灭亡于公元前 612 年的强大帝国——的基督徒后裔。

他们的土地或部分土地的名称也得以保留。巴比伦攻占当地之后，亚述国西部的半数国土仍被称为亚述省（后来由于其元音首字母的消失而被称为叙利亚①）。波斯帝国、亚历山大的帝国及其后的塞琉西帝国，还有后来的罗马帝国都保留了这个地名。已故亚述学家亨利·萨格斯（Henry Saggs）教授在《威武亚述》（*The Might That Was Assyria*）中解释道，在亚述帝国灭亡后，

> 只要条件允许，亚述农民的后代便会在旧城之上修建
> 208　新的村庄以继续从事他们的农业活动，延续之前城市的传
> 统。在历经七八个世纪的世事兴衰之后，这里的人成了基
> 督徒。
>
> 这些基督徒以及散居在他们之中的犹太人，不仅保存
> 了关于他们亚述祖先的鲜活记忆，还将这些记忆与《圣
> 经》中的传统结合在一起。《圣经》就这样成了帮助亚述
> 记忆保持鲜活的重要因素。

但他们也为这样一种身份认同付出了沉重的代价。千百年来，这些亚述基督徒遭到了他们近邻的歧视和残酷镇压，最为惨烈的经历是 1914～1920 年的大屠杀。当时，成千上万亚述基督

---

① 亚述国的拼写为 Assyria，元音首字母 A 消失后变为 Syria，即叙利亚。

徒在青年土耳其党革命中被杀害。在最近一次的海湾战争中，他们也饱受蹂躏，不仅遭到阿拉伯和库尔德军队的夹击，还承受了越过边境的土耳其空军发动的空袭。大量亚述基督徒被迫逃离故土，流落他乡。

这群普通人中有商店店主、裁缝、鞋匠、医生、工程师和大学教授。他们真的是古代亚述人的后代吗？如果他们是，我们就需要换一种眼光去审视这个古老的帝国。亚述一直是历史上最为恶名昭彰的国家之一。巴比伦可能以腐败、堕落和罪恶而著称，亚述人及其著名的统治者则令人闻风丧胆，例如有撒缦以色（Shalmaneser）、提革拉帕拉萨（Tiglath-Pileser）、辛那赫里布（Sennacherib）、以撒哈顿（Esarhaddon）和亚述巴尼拔。在人们的想象中，他们的残酷、暴力和杀戮暴行仅次于阿道夫·希特勒和成吉思汗。多数关于亚述的历史故事会引用诗人拜伦《辛那赫里布的覆灭》（"The Destruction of Sennacherib"）中的诗句，我也不能免俗："亚述之师如狼临羊圈，耀眼的大军紫金闪炫。"

但当人们深入了解亚述如何在其统治者的治理下取代古巴比伦成为文明中心后，他们就会发现一个矛盾的事实。一方面，亚述国王和军队威震四方的说法似乎确有其事。例如，亚述巴尼拔曾派人为他的王宫制作一尊装饰雕像，它不仅展现了亚述巴尼拔与其夫人在花园中设宴招待的场景，人物两侧的树上还分别挂着埃兰国王被砍下的头颅和手掌，如同恐怖的圣诞装饰或诡异的果子。还有哪个帝王会像亚述巴尼拔这样呢？

亚述战争的残酷性的确与当代各国的战事不相上下，事实上罗马人的残忍程度也不亚于亚述人。在斯巴达克奴隶起义之

209

后，罗马人将数以千计的人吊在道路沿线的十字架上，让他们痛苦地死去。当时，亚壁古道（Appian Way）上有一整排的十字架，上面的 6000 具尸体历经数年才完全腐烂。在就整个人类历史而言的不久之前，英国还在用公开绞刑、剖腹和分尸的方式处决叛国罪罪犯；如果有涉思想犯罪或异端邪说、巫术或异教信仰，则将被处以火刑；伦敦也会用敌军的首级来装饰主干道。即便到了 20 世纪，我们依然觉得空袭手无寸铁的村庄居民，用炸弹引发火灾并烧死全城百姓，向日本的城市投射原子弹是合情合理的事情。

另一方面，亚述帝国通过采取一些当代人也称道的措施，保护并发展了美索不达米亚的艺术。这一时期的文学、神学、科学、数学和工程学都达到了新的高峰。此外，它还帮助美索不达米亚地区进入了铁器时代。亚述的国王们也通过史无前例的政策，提升了子民的福利和平等程度。《希伯来圣经》规定工作六日后，第七日应当休息。这一规定首次出现在亚述的记载之中。芬兰学者西莫·帕尔波拉（Simo Parpola）教授这样写道："亚述人的宗教信仰和哲学态度仍存在于犹太教、基督教以及东方的神秘主义思想与哲学中。"

亚述的统治模式也成为后世的帝国缔造者们可参照的范本：从亚述到巴比伦，再到波斯、希腊和罗马，它们之间都存在着直接的延续性。此外，亚述帝国也是把美索不达米亚的知识和文化传输到希腊并引导其继续向西传播的导管，美索不达米亚文化因而成了欧洲文化遗产的一部分。亚述政权的鼎盛时期恰巧与希腊的东方化时代重合。在这一阶段，美索不达米亚在艺术、文学乃至法律方面的影响成为希腊人从古风时代过渡到古典时代的桥梁。马丁·韦斯特（Martin West）是英国杰出的古典学者之一，他曾表示"在最古老的希腊神话、古风时代早期的某些诗歌，以及公元前 7～6 世纪的神学与自然哲学中，都有大量的东方元素"。他甚至提出荷马的作品在很大程度上借鉴了美索不达米亚的史诗，尤其是吉尔伽美什的故事。

210

* * *

亚述人与南部的巴比伦人源于同一闪米特民族，这一点可以从他们的语言中看出。亚述阿卡德语和巴比伦阿卡德语十分相近，因此有语言学家认为它们是同一语言的不同方言。亚述人的所有艺术和科学传统都是从美索不达米亚的主流文化中发展而来的。此外，亚述和巴比伦的宗教也基本相同，只是在两国通用的美索不达米亚万神殿中，亚述用它的城市守护神阿舒尔（Ashur）代替了巴比伦的马尔杜克。月神辛依然受到人们的敬拜。至于象征母亲、处女和娼妓的尼尼微女神伊什塔尔，也就是以八角星为标志的金星女神，她的名字在近东地区家喻户晓。

一些学者推断，自从南部城邦的移民抵达北部河谷并与当地的原住民混居起，亚述民族便开始形成。后来他们宣布独立，不断壮大势力并最终超越了母国。如果事实果真如此，那么亚述对古巴比伦强国地位的继承，就类似于美国逐步从英国殖民地转变为世界霸主的过程。亚述与巴比伦间的"特殊关系"极度矛盾，可以用"爱恨交织""似敌似友"来形容。然而，亚述又不得不承认，它的整个文化几乎都源自巴比伦。同时，双方在贸易和权力领域互为劲敌。亚述曾几次袭击并重创巴比伦城，但每次又会迅速反悔并试图加以补偿。长期以来似乎都有两股力量在对亚述的对外政策施压：一边是反巴比伦的强硬的民族主义，另一半是亲巴比伦的传统主义。

　　使亚述与其南部邻邦相割裂的差异性源于自然环境和政治环境的不同。地形与气候往往能够塑造一个民族。沿海居民不同于草原居民，森林部落亦有异于山区部族。在南部烈日下大汗淋漓的民族与在北部雪地中瑟瑟发抖的民族几乎没有共通之211　处。拜伦对此也深有感触，他将英国的阴霾比作"我们阴冷的女人"。他还说："也总是在热带有这类事由，神仙叫做通奸，人世叫做风流。"①

＊　＊　＊

　　今土耳其、叙利亚和伊拉克三国的交界处附近曾是亚述国的中心地带。该地区位于安提托罗斯（Antitaurus）高地的山谷间，这片高地西连土耳其的托罗斯山脉，在东南方向与伊朗的扎格罗斯山相接。山麓间狭窄的山谷通向一片广阔的平原，阿拉伯人称之为 Al-Jazireh，意为"岛"。自北向南流经该"岛"的是底格里斯河，它比向西 400 千米以外的姊妹河幼发拉底河更急、更深，也更加危险。但它们在山脉地势的作用下逐渐靠近彼此，并在位于海湾口的入海地带汇合。

　　平原的南边是绵延的沙漠，西边是干燥的大草原，但"岛"的大部分区域处在关键的呈闭合状态的 200 毫米等降水量线内，这条线也是表示年降水量是否足以支撑农业生产的分界线。因此不同于巴比伦，亚述的耕种者无须为浇灌农田而经

---

① 诗句选自拜伦的《唐璜》，译文引自《穆旦译文集》第 1 卷（人民文学出版社，2005）。

常性地采取集体行动；他们也从未有过合力修建和维护运河、大坝、河堰、河坝、水道以及水闸的迫切需要。虽然后来的亚述君主也曾下令挖掘沟渠、运河和涵洞，从而将水流从山区引入新建或扩张的城市，但这些都只是政绩工程而非必要之举，体现了奢靡之风。

从整个美索不达米亚南部地区，特别是海湾附近的入海地带的早期历史开始，对集体劳作和大量劳力的需求就使得人口庞大的城市雨后春笋般不断涌现，有时城与城之间的距离近到能彼此相望。由此引发的兄弟相争、同袍相残成了该地千年历史的主旋律。而在北部地区，除了圣地（如被人口密集的市镇包围的尼尼微伊什塔尔神庙）外，最初只有一座得到全面发展的城市——亚述城，但城中的人口可能还不到 1.5 万人。亚述城背靠底格里斯河上方的悬崖峭壁，城市的前部有后来建成的宏伟高墙，它由八道巨型城门和一条 15 米宽的护城河构成。亚述既是这座城市及其守护神阿舒尔①的名字，从根本上说也是阿舒尔神掌管的土地和王权的名字。亚述是一个主要由个体农民构成的国家，只有很少几个城市中心。这些农民所居住的独立小型村落最终将因政治和战略需要而被整合为一个典型的封建体系，就如同中世纪欧洲的情形。

亚述所处的地理位置极为不安全，这使得自卫成为其首要生存原则，众所周知的亚述军国主义由此萌芽，亚述城也因此修筑了宏大防御工事。由于缺乏天然屏障的保护，该地区在战略上向来处于劣势，而亚述城横跨自北向东的几条要道，不论是商业贸易活动还是侵袭劫掠活动，都要经由这些环山路径才

212

———————

① 亚述和阿舒尔的拼写一致，均为 Ashur。

能穿过叙利亚抵达地中海。在亚述的北部边境，强大的蛮族之国不断涌现：有摧毁古巴比伦帝国的赫梯人，这个使用印欧语系语言的民族将国都建在了位于安纳托利亚核心地带的哈图沙（Hattusas）；还有可能来自高加索但统治阶级的语言属于印度伊朗语系的胡里安人，他们建立的米坦尼（Mitanni）王国迫使亚述长期向其臣服。

但这种局势也为各国带来了好处。赫梯人和胡里安人学习了亚述人的文化，最重要的一项是他们改造了阿卡德楔形文字以作为自己的书面文字。同时，北部各族在科学技术领域具有优势，而这些发展将对政治史产生重大影响。亚述人从赫梯人那里学会了如何熔铁铸造兵器，向胡里安人学习了马术，并且获得了一种将会改变战争形态的装置：采用辐条轮而非实心轮的高速轻型曲木战车。

尽管北部的蛮国为亚述人带来了新思想以及一个潜在但终将被克服的军事挑战，但这座"岛"还面临着一个更大的威胁——它无法阻挡来自西侧草原和南部荒漠的渗透与侵袭。由于骆驼在公元前第二千纪的后半期被成功驯化，亚述不得不应对闪米特族新一轮的移民，他们是来自今叙利亚荒漠地带的、使用阿拉姆语的贝都因人。这些人不擅打斗，但人数众多且源源不绝，他们很快就会让亚述发生深刻的变化。

213　　　向外部世界开放的特性也为亚述人创造了一个契机。巴比伦一直拥有适宜谷物生长的广阔冲积层，而亚述的土地不如巴比伦那般肥沃多产，大部分只适合用来牧养羊群。为了补充本国资源，亚述人从很早以前便开始抓住机遇，以自家出产的羊毛制品、从邻国巴比伦购得的上等织物和在东部山区开采的金属矿石等商品为基础开展贸易活动。依靠商业，亚述得到了良好的发展。如同比利时、英国、荷兰和法国等近代贸易大国所经历的变化，商贸需求正在缓慢而稳步地将亚述人从商人转变为帝国的缔造者。

这个流动商人的国家是如何在一千多年的时间里发展为古代世界里威震四方的强大帝国的，个中细节尚不为我们所知。这方面的史料记载很少。在漫长的岁月中，考古学界也仅开辟出了几扇历史之窗，让我们能略微窥探这段传奇的历史。不过，我们还是有幸看到这一切变化的开端，看到亚述人民为开拓国际贸易而踏上了历史性的冒险之旅。但这扇让我们得以一探究竟的窗户不在亚述城，甚至也不在亚述国，对于该阶段的这二者，我们几乎一无所知，我们的窗户开在一个远离亚述本土、深入安纳托利亚中部的地方。

临近 19 世纪末期，国际文物市场上出现了大量用古亚述阿卡德方言书写的泥板。在很长一段时间里，人们不知道这些泥板从何而来。最后，有人追踪到了一个距离美索不达米亚甚为遥远的意外之地：位于土耳其中部的沙丘库尔特扑（Kültepe）。库尔特扑靠近一个名为卡拉休于（Karahüyük）的村子，附近还有一条河，希腊人称之为哈利斯（Halys），土耳其人称之为克泽尔河（Kızılırmak，即红河）。1926 年，捷克学者贝德里希·赫罗兹尼（Bedrich Hrozný）发现，这些泥板实际上是从距离库尔特扑约 100 码处的一处附属遗址中挖掘出来的。进一步的研究表明，这里曾是一片飞地，是外来移民的聚居地。亚述商人获准在这个混合定居点生活，并与本地居民做生意。近代的一些贸易帝国把这类地方称为工厂，如英国东印度公司设立在印度西海岸苏拉特（Surat）的首个贸易站。在古亚述，这个地方被称为卡鲁姆卡内什（Karum Kanesh），意为卡内什商站。

214

但这不是亚述在安纳托利亚的唯一工厂，这样的地方还有好几处。但卡内什商站是亚述在安纳托利亚的贸易总部，负责监督和管理所有商业活动，同时还是本城（亚述人将亚述城简称为"本城"）与各地的贸易站点间的交通枢纽。到了公元前第二千纪初期，亚述国的贸易行业兴旺蓬勃；为了在表述上加以区分，我们把这个阶段称为"古亚述时期"。

和那些居住在印度的欧洲富豪一样，卡内什商站的商人们也过着背井离乡的生活。亚述有钱有势的贸易家族都会将他们的子孙派往国外，以维护家族生意的利益：这些人先是接收从亚述送来的托运货品，将它们出售给当地人，然后将挣得的银两分包装好，派值得信赖的差役把它们送回本家。久而久之，一些人就娶了当地人为妻并生下子嗣。等到他们准备结束旅居国外的生活时，他们在法律的允许下可与当地妇女离婚，前提是在返回本国之前，他们须向他们的临时妻子及后代支付一笔金额合适的补偿金。

几个世纪以前，阿卡德的萨尔贡曾派兵前往普鲁什坎达，从安纳托利亚统治者的压迫下救出美索不达米亚的商人，并为此举行纪念活动。那个时候的国际商业往来基本上属于国事。到了古亚述时期，商业已由私人接手，由他们开创的地中海东部贸易传统一直延续到了今天。的确，亚述商人促进安纳托利亚经济发展的作用，与中世纪犹太人在打开欧洲内陆市场一事上扮演的角色有着惊人的相似之处。但或许这也是情理之中的事：《巴比伦塔木德》中关于犹太文化与传统的详细规定大部分就形成于美索不达米亚。

卡内什商站的贸易家族的繁盛历经几代而不衰，其中有些人富甲一方，堪称古代的百万富翁。但并不是所有的商业活动都是由家族经营的。亚述具有成熟的银行体系，因而某些投机者会将部分资本投入安纳托利亚的贸易。这是一项长期投资，而这些独立投机者将获得的回报就是按合同约定的比例抽取的利润。想必古亚述人一定不会对如今的商品市场感到陌生。

215

* * *

如果我们在公元前20～18世纪来到处于侨商殖民地全盛时期的卡内什商站，我们就会看到处处都是一派繁忙的商业景象。我们可能会在库房前的院子里见到年轻的普祖尔亚述（Puzur-Ashur）。从他的信件中我们得知，他的工作是监督抵达此地的商队车马卸下货品：50头乃至更多的驴子驮着的上乘纺织品和一种叫作"安努库姆"（annukum）的金属矿石。多数学者认为这种矿石是锡，也有部分人觉得是铅。如果是锡，那么它将被用于制铜。据统计，在大约五十年的时间里，通过驴子从东南地区运抵该地的金属矿石至少有80吨，足以制造800吨铜。如果像另一些人推测的那样，这些金属是铅，那么它便是白银提纯工艺中的必备材料。直到今天，人们依然在使用这种被称为"灰吹法"的工艺。亚述商人来此经商，正是为了出售货物以换取安纳托利亚本地的白银。

经过长达六个星期的长途跋涉，无论是动物还是车夫都会精疲力竭。他们先是逆底格里斯河而上抵达山脚，然后沿山边的小道行进，直至跨过幼发拉底河，再爬上安纳托利亚高原，攀爬之旅漫长而艰巨。一路上，他们不仅要应付崎岖的路面和陡峭的山坡，还要面临被出没于荒山野岭的土匪强盗袭击的风险。其中一条路线被称为"危险之路"

（*Harran Sukinim*），只有勇士才敢涉险走它以躲避卡内什的关税机构。从一名本城商人写给他的国外代理人的信中我们可以看出，旅人在途经十分接近目的地但不受卡内什管辖的地盘时也面临着风险："阿斯库尔阿德度［Askur-Addu，他是卡拉纳（Karana）国王，卡拉纳是一个距离亚述不到50英里的小城］同意让一支商队的车马借道经过。然而，只有50头驴和相关人员顺利通过并抵达卡内什，其余货物和人员均被扣留在该国王的地界。"若是被发现运送违禁物品，这些商客还可能陷入更加危险的境地。普祖尔亚述就收到了他在本城的亲戚发来的严重警告。

216　　　　　伊拉（Irra）之子运送给普舒肯（Pushu-Ken）的禁运品被发现了，当地官府逮捕了普舒肯，把他投入监牢严加看管。该国女王还向卢胡萨迪亚（Luhusaddia）、胡拉玛（Hurrama）、沙拉哈舒瓦（Shalahshuwa）和她自己的国家发布了有关走私的命令，并任命了监督人员。请勿走私任何物品。如果途经提米勒吉亚（Timilkia），可将你携带的铁留在当地友人家中，再派一个信得过的伙计留守，你自己过来就好。等你抵达后我们再商讨下一步的计划。

铁在当时很可能仅能从陨石中获取，因此是一种昂贵的受限商品。

假如商队避开了沿途的所有风险，那么这些驴子一抵达目的地，就会和它们所负载的货物被一起卖掉，而商人会打包挣得的白银，将其交由可靠的递送员带回故乡。或许这些递送员就是往返于亚述城和商业殖民地之间的收递信件的邮差。

　　高风险也意味着高利润：金属矿石可挣得 100% 的利润，亚述纺织品的利润更是高达 200%，但利润最高的还是巴比伦出产的上等布料。可惜这些布料并非随时都有，尤其当政治事件波及商业时其供给就会受到影响，一个亚述贸易家族向他们在卡内什的代表解释了原因：

　　　　您在信中提到要购买阿卡德（即巴比伦）纺织品，但自从您上次离开，阿卡德人就没有来过亚述城。他们的国家发生了暴乱。如果他们能在冬天之前进城，我们或许还有机会购得能使您获利的货物。我们会先用自己的银两垫付，替您购买这些纺织品。

由于货源中断，人们开始努力让亚述的纺织品达到相同的质量标准。在此不久前，普祖尔亚述不得不给他在本城的妻子瓦克特图姆（Waqqurtum）写了一封信：

　　　　你寄给我了一批上等布料，请务必生产更多同类布料，并让亚述伊迪（Ashur-Idi）把它们带给我。然后，我会寄给你半磅白银。对布料的一面进行精梳，但不要弄得光滑平整，且要保留细密纹理。与你之前寄给我的那批纺织品相比，务必在每份布料中多加一磅羊毛，但仍然要保证布料质地足够细腻。另一面仅需稍加梳理，但如果布料看起来还是很毛糙，那么必须把它精修成卡塔努（katanu）布料那样。至于你寄给我的阿巴尔内（abarné）布料，千万别再寄了。如果你坚持要寄，至少要把它织得像我以前穿的布料那样。

217

不是所有纺织品都产自家庭作坊。很显然，亚述城也有一个销售织物的市场。

> 如果你不想自己制作那些上等纺织品，那么你可以去买一些寄给我；我听说本城可以批发。你制作完成的布料必须有 9 厄尔（约 4 米）长、8 厄尔（约 3.5 米）宽。

由此可见，商人们在本城老家的妻子也在她们丈夫的贸易事业中发挥了重要作用：监督织布、装载车马、派发货品。后来的亚述律法在很大程度上歧视女性并忽视了她们的福利。尽管女性在诸多社会中的法律地位总是低于男性，但在这时的亚述，她们还是愿意且能够毫不示弱地反击此类现象，毫不犹豫地提出批评和进行抱怨：

> 你为什么一直写信跟我说："你寄给我的纺织品的质量总是很差。"住在你家里并一直骂寄给他的纺织品不好的那个人到底是谁？而我在这边辛辛苦苦地织布寄纺织品给你，让你每笔生意都能挣到 10 谢克尔白银。

留守故乡的妻子对丈夫的另一种常见抱怨是寄回家中的钱太少，都不够购买食物。虽然这种境况听起来很惨，但丈夫们似乎并不太把妻子们的抱怨当一回事。

> 你写信跟我说："把你的手镯和戒指留着，必要的时候可以用它们来购买食物。"你的确让伊力巴尼（Ili-Bani）捎给我半磅金子，但你留下的手镯又在哪里呢？你

走的时候，甚至连一谢克尔白银都没有留给我。你把家中所有值钱的东西都带走了。

自你走后，本城遭了饥荒。你一升大麦都没有留给我。我只好不停地购买大麦作为我们的食物……哪有什么你一直说的奢侈浪费？我们连吃的都没有。我们怎么可能去花钱享受？我把我手里的一切都省下来给你寄去了。家里现在空无一物，而且马上就要换季了。你一定要把用我的纺织品换得的白银寄给我，这样我就能至少买到十份大麦……你为什么总是听信谣言，写些恼人的信给我？

最重要的是，从这些信可以看出，很多事情就算经过几千年也没有发生太大变化。例如，妻子被要求原谅因外出挣钱而常年不在家的丈夫，于是她写了一封信给丈夫。先不管信中那些怪异的宗教用语，她所表露出的情绪让人觉得似曾相识：

我们在这边请来了懂得如何解释预言、会用内脏占卜、能沟通祖灵的女法师。阿舒尔神向你发出了一则严重警告："你热爱金钱，厌恶生活。"

四方势力

最终，这位亚述妻子如愿以偿。在三四代人之后，狂热的经商赚钱风潮先是逐渐消退，而后完全平息，同时停止的还有亚述和安纳托利亚之间的通信往来。出现这种现象的原因同样不为人知。也许人们在当地发现了新的金属矿源，也可能亚述

218

和巴比伦的纺织品不再流行了。我们唯一可以确定的是，通向古亚述世界的窗口已被关闭。

　　在公元前第二千纪初期，横扫该地区的重大政治变革很可能是造成这一局面的最大原因。在美索不达米亚北部，被后世尊为亚述开国者的阿摩利军阀沙姆希阿达德在儿子的帮助下取得了对亚述国土的控制权。但他建立的政权未经几代便丢失了大部分领土，他的血脉也随之消失。接下来便是几百年后的"亚述王表"曾简短叙述的空位时代，它也是卡鲁姆卡内什的贸易活动终止的时代。"亚述－杜古尔（Ashur-Dugul）这个无权继位的无名之子在位六年；于无名之子亚述－杜古尔在位期间，下列这六位无名之子也都各自执政不到一年时间：亚述－阿普拉－伊迪（Ashur-apla-idi）、纳西尔－苏恩（Nasir-Suen）、苏恩－纳米尔（Suen-Namir）、伊布其－伊什塔尔（Ipqi-Ishtar）、阿达德－撒卢卢（Adad-Salulu）和阿达西（Adasi）。"

*   *   *

　　到目前为止，讲述美索不达米亚的故事时不一定非要提到其周边的势力。的确，长久以来，生活在底格里斯河与幼发拉底河河谷的民族算得上唯一的"文明人"。但在公元前2000年之后的几个世纪里，其他民族开始崭露头角。四个国家或者说四方势力开始争夺权力，试图对各自周边的地区施加影响。与美索不达米亚政体相比，埃及的出现时间稍晚但寿命更为长，尽管它在宗教和政治上确实更加保守，但其文明也很先进。它正在逐步将势力范围扩大至美索不达米亚的东部海岸线。在那里，埃及军队遭到了来自安纳托利亚的赫梯人的抵抗。虽然赫梯民族是后起之秀，但他们凭借制铁工艺不断发展壮大，并于公元前 1500 年前后一举摧毁了古巴比伦王国。此时，赫梯在与米坦尼王国［又称哈尼加尔巴特（Khanigalbat）］进行较量。米坦尼王国占据了美索不达米亚北部，封锁了从西侧的沿海地带到东侧的山地，从阿勒颇地区到基尔库克（Kirkuk）地区的大片区域，以此迫使亚述向其臣服。在一次著名的袭击中，哈尼加尔巴特国王下令洗劫亚述，抢走了一组用金银铸造的精美大门，用以装饰他自己的宫殿。与此同时，美索不达米亚中部和南部的巴比伦正处于加喜特王朝的统治之下，该国也在这个各国争权的格局中占据了一席之地。

亚述作为一个贸易小国，只有一些新造的铁制兵器和战车战马，无力与这些嚣张跋扈的军事大国抗衡。自己的统治者不得不向米坦尼屈服的屈辱对亚述人来说是一个沉重的打击。随之而来的经济萧条让亚述人谨记如下教训：必须守护贸易线路和作为货物集散地的城镇，不论它们有多么遥远，都要掌握对它们的控制权，否则亚述人将永远陷于落后与贫困。

由此，亚述人开始意识到他们正处于危险境地，四周全是不希望他们获得安宁的残酷的敌人。直到近代，我们才清楚地看到这种认知的危害有多么严重，以及它会让深陷其中的国家做出何等过激的残暴举动。深重的苦难往往不会让人变得更加温和、良善。一个国家如果认为自身的安危受到了威胁，可能就会采取会引发后世强烈谴责的行动。我们有幸通过古代世界留给我们的最接近通俗文化的事物，来了解亚述是如何发展出它那带有偏执性的政治制度与战略的。

几乎所有从美索不达米亚出土的艺术品和文学作品都来自

精英阶层。统治阶级希望通过这些作品，向他们的臣民和外邦敌手彰显自己的存在。这些作品的首要目的在于宣传，即将信息公开地传递出去。所以，透过这些作品，我们很难看到它们的制作者对自身的认识和对生活的思考。但是，有一类作品带有较强的个人色彩——滚章。这些小巧的私人雕刻品旨在用特定图案来标识主人的身份，它们当然也是精英的所有物：只有那些拥有需要验明身份的财物，或居于要职需签发指令之人，才需要这些印章。虽说如此，但因为滚章是如此私密的个人物件，所以它反映出的物主的真实信仰和感受，要远远多于宫殿或神庙中的任何一件公共艺术品。

居住在卡内什的商人所使用的印章设计，是与古亚述时代有关的重要历史材料。这些印章的设计与巴比伦、阿卡德乃至苏美尔的滚章之间存在着较强的延续性。印章上刻有神话场景、众神形象，通常还会展现其主人在神明面前祈求赐福的情景。这些画面是静态、庄严、平静的，通常还附有苏美尔语的赞美诗与祝祷文。这类印章不仅被用于标识其使用者的身份，还被认为是护身或辟邪之物，具有用圣景和圣文的真谛驱赶邪灵的神力，且可以像藏族的转经筒那样复制出无尽无穷的圣景与圣文。

随着卡鲁姆卡内什的消失和亚述财富的减少，印章的主题内容也改变了，于是我们看到了最早一批具有亚述本土风格的印章。这类印章上几乎没有铭文，它们主要展现了身体的力量和打斗场景。最常见的主题是殊死搏斗，包括与野兽、蛮怪和恶魔展开的大战。两枚刻有国王名字的印章上的场景是恐怖翼兽压制小型动物。对此，《剑桥古代史》做了如下注解："这类长有羽翼的怪兽……将亚述印章带入了一个怪力乱神的世界，这不像是在讲述某个故事，而是想要描绘神话中的怪物与被恶魔附身的人类之间的冲突。"

* * *

让亚述由弱变强的机会直到公元前 14 世纪晚期才出现。赫梯人洗劫了米坦尼的都城，米坦尼国王也在一场宫廷政变中被他的一个儿子刺杀。哈尼加尔巴特陷入一片混乱。赫梯人和亚述人都迅速采取行动，于是胡里安人的大部分领土被这两个国家瓜分。

在夺得新的土地之后，亚述在强大的统治者亚述乌巴里特（Ashur-Uballit）的带领下，宣告加入这场中东的政治角逐。此后，亚述国王更是马不停蹄地向埃及的异教国王阿肯那顿法老（Pharaoh Akhenaten）发出讯息，以宣示自己的新地位。

尊敬的埃及国王，朕是亚述大地之王亚述乌巴里特。

愿您本人、您的家庭、您的国家、您的马车和您的军队一切安好。

朕已派遣使节前去拜访您和您的国家。朕的先祖们此前从未向您送去问候。今天，朕亲自写信给您。为表诚意，朕为您送去了一辆上乘的战车、两匹马以及一枚由纯质青金石制成的枣形珠宝。

至于被朕派去探访您的使节，请勿扣留他。让他拜访您，再让他离开。让他见识一下您和您的国家的热情，然后请允许他离开。

阿肯那顿必定积极地回应了亚述的提议，因为在执政后期亚述乌巴里特又给法老写了一封信，信中他称法老为"兄弟"，这是对同等地位的统治者的外交用称谓："告诉……伟大的国王，即埃及国王、朕的兄弟，朕是亚述乌巴里特，亚述大地之王、伟大的国王、您的兄弟。"

222　　这种地位上的平等是需要捍卫的。只要稍有怠慢，便会触动亚述统治者敏感的神经。地位较低的君王都会在给埃及法老的信中屈尊写道："在我主我王的脚下，我俯伏跪拜七次再七次。"亚述乌巴里特却用一种直接但并非不敬的口吻，表达了他对一件埃及送来的礼物的不满。

伟大国王给的礼物就是这样的吗？金子在您手中就如尘土，一抓就有一大把。为什么您这么吝啬呢？朕打算建造一座新的宫殿。送来足够的金子为它装饰和添置家具吧。

朕的先王亚述纳丁阿赫（Ashur-nadin-ahhe）曾致信埃及，他们便送给他 20 塔兰特金子。当哈尼加尔巴特王向您父亲，向埃及写信时，您的父亲送来了 20 塔兰特金子。

现在，朕与哈尼加尔巴特国王地位相同，您却只送给朕……金子（很可惜，泥板上的这一关键数量已看不清了）。这还不够支付朕的信使的往返路费。如果您珍视我们的友谊，就给朕多送一些金子吧。

在早期的信件中，亚述乌巴里特明确表示，亚述与埃及之前并无往来。在后来的这次通信中，他却宣称他的祖先在位时不仅与法老有过交流，而且从法老那里收到了作为礼物的一大笔金子。他清楚地看到自己目前处于强势地位，足以在历史事实上玩一些外交游戏。无论如何，他还看到了更令他忧心的问题。例如，他的使节被要求在太阳底下站上数个小时，这显然让他们的生命陷入了危险的境地。这些使节可能被安排参加了一场阿肯那顿的太阳崇拜仪式。对于亚述乌巴里特来说，这样的事是不可接受的，为此他发出了尖刻的嘲讽。

> 使节们为什么要被迫长时间地站在太阳底下，而后中暑身亡？如果站在太阳底下会为国王带来益处，那么就让他自己站出来，让他自己直接中暑身亡吧——倘若国王真的能从中受益。

周边国家都察觉到了亚述人新树立的这种惊人自信。亚述这个突然崛起的国家也的确引起了其南部邻国加喜特巴比伦的警觉，于是巴比伦国王向法老发去了紧急通知："亚述人是朕的子民，朕并没有派遣他们。他们为何擅自前往贵国呢？如果您与朕交好，就让他们在贵国一事无成、空手而归。"

没有迹象表明埃及国王对巴比伦国王的来信做出了任何反应。

但加喜特王朝的统治者一定看清了新局势。不久之后，他说服亚述乌巴里特将一个女儿送到南部，与巴比伦的王储成婚。他们生下的具有两国血统的儿子在其父死后继承了王位。然而一段时间之后，加喜特贵族就发动了一场政变，年轻的国王遭到暗杀。为此，亚述国王出兵征讨巴比伦，击败了密谋造反之人，派出钦定的人选入主王宫。至此，乾坤扭转，巴比伦国王第一次向亚述国君俯首称臣，之后巴比伦将听命于亚述。

亚述和巴比伦在主导权方面的斗争还将持续数百年。它们之间永无止息的冲突，以及与周边各国的频繁战事，都被详细地记载于流传至后世的长篇史诗和编年史之中。这些文献中充满了对胜利的吹嘘和令人心生疑窦的捷报，而且很快就会让读者感到思绪不清、索然乏味。所幸赫梯帝国在公元前 12 世纪晚落衰亡，退出了这出历史大剧的舞台，让局势变得清晰了一些。此时的亚述正在逐步扩张领土，尽管其范围有时也会收缩，但它的疆域面积终于在公元前 10 世纪 20 年代达到了峰值：国王提革拉帕拉萨一世跨越幼发拉底河，占领了伟大的卡赫美士城（Carchemish），并直抵黑海和地中海。他由此建立了亚述帝国。

可是，亚述帝国的广阔疆域并没有维持太久。西部说阿拉姆语、牧养骆驼的游牧民族过去四处漂泊，但他们此时已会聚、融合成了一股即将席卷整个中东地区的猛烈洪流，很快会让该地区又一次迎来多事之秋。与此同时，亚述国的边境线一再后撤，亚述的势力范围在接下来的一百多年里也再次被限制在其中心地带。

虽然提革拉帕拉萨一世的疆域扩张只是昙花一现，但在此过程中亚述城已发生了心态和宗教信仰方面的变化，这种变化224 将产生持久而深刻的影响。苏美尔人在千年之前创造了美索不达米亚的悠久文化和哲学传统。作为这片土地上的文明的继承人，亚述人悄悄地将思想上的变化融入他们的信仰，而这些信仰将为此后的历史发展奠定一定基础。

厌女主义和一神论

从 1903 年到 1914 年欧洲陷入战火之前，在德国东方学会（Deutsche Orientgesellschaft）的主持下，考古学家在亚述国都亚述城，也就是今天的谢尔卡特堡（Qal'at Shergat），开展了大范围的挖掘工作，并出土了许多列有法律条文和宫廷律例的泥板。它们是中亚述时期的著名文物。在这些法律泥板中，有一些可追溯到提革拉帕拉萨的统治时期，但只有编号为 A、B、C 的三块保存较好的泥板可供解译和阅读。泥板 A 和 B 分别涉及犯罪与惩罚、财政与债务。

这些法律条文最引人注目地方在于，它们比汉谟拉比"以眼还眼"的律法要更加严苛、残酷，而且体现了对女性的极度贬低。具体的惩罚措施包括毒打、骇人的肉刑，还有多种执行死刑的恐怖方式，例如活剥或钉死在木桩上（这也是罗马十字架酷刑的原型）。以下是对流产的惩罚："如果一位因自身行为而流产的女性受到控告并被判有罪，她将被钉于木桩之上，他人不得将她埋葬。如果她在流产中死亡，她将被钉于木桩之上，他人不得将她埋葬。"

损害男性生育能力的人将受到肉刑："如果一位女性在争执中捏碎了男性的一个睾丸，那么她的一根手指将被砍去。如果另一个睾丸受到感染（即便医生已经为其包扎），或者也在争执中被捏碎，那么她的双眼都要被挖出。"

通奸的人可能会被判处死刑或受到毁容的惩罚："如果一位男性被发现与另一男性的妻子通奸，如果他被控告并被判有罪，那么他和另一男性的妻子都要被判处死刑……但她丈夫如果选择将她的鼻子削去，那么也应取出男性通奸者的睾丸，且该男性应当被毁容。"

225 不得不承认，我们并不知道这些惩罚的实际执行情况。亚述的统治者们不遗余力地通过施加野蛮酷刑树立威信。历史学家阿尔伯特·奥姆斯特德（Albert Olmstead）将此称为"蓄意威慑"，并称亚述统治者以此为治理工具和心理战武器。在一段铭文中，提革拉帕拉萨一世被比作猎人，"在日出前出发，到日落前便行进了三日的路程"，他自豪地宣称他"剖开了孕妇的子宫，戳瞎了婴儿的双眼"。此等恶行与《列王记下》8：11中先知以利沙（Elisha）告诉阿拉姆国王哈薛（Hazael）的预言高度吻合："用火焚烧他们的保障，用刀杀死他们的壮丁，摔死他们的婴孩，剖开他们的孕妇。"但这种对女性和孩童的野蛮暴行也可能只是常见的文学修辞，而非真实发生的事件。毕竟在一战期间，协约国与同盟国都曾说对方犯下了类似的凶残罪行，只不过他们的目的在于声讨与谴责，而不是收获赞美。相较于歌颂残酷，中亚述时期的残暴法律条款的作用可能更多在于震慑。

然而，就算这些严苛的惩罚的确只存在于理论而非实践层面，法律中的反女性基调是无可否认的事实。男性可以自由地休妻并让她们净身出户，女性却没有离婚的权利。女性要分担丈夫的债务，也要因丈夫的罪行受到惩罚，男性却不必为妻子的违法行为承担任何责任。虽然在我们所知的古代社会中，没有一个能够被称为女权主义天堂，但中亚述时期的法律把对女性的压迫推向了前所未有的极端境地。似乎另一种性别就是另一个种族，甚至是另一个物种。公开的性别隔离在亚述得到了严格的执行。已知最早的让女性佩戴希贾布①的要求也源于亚述：

> 不论已婚、丧偶还是未婚，女性如果外出上街，都要遮住头。贵族的女儿……必须用披巾、长袍或罩衫遮盖自己……当她们独自出门时，必须遮盖自己。随女主人外出上街的妾侍必须遮盖自己。在街上，已嫁为人妇的圣妓必须遮盖自己，但未嫁者不得将头遮住，不得戴面纱。娼妓不得戴面纱，必须露出头来。对遮盖自己的娼妓和女仆，应剥去她们的衣物，殴打五十下，再用沥青浇灌她们的头。

226

曾有一个用面纱罩住自己的冒失女奴，她不仅被剥去衣物，还被削掉了双耳。此外，若看见任何违反这些规定的行为，目击者必须进行举报，否则他将自身难保：

> 看到穿戴面纱的娼妓的人必须将她拘捕，提供目击者证词并把她带到宫殿内的审判庭；他们不得拿走她的珠宝，但拘捕她的人可以带走她的衣物；他们要对她杖责五十，再用沥青浇灌她的头。

如果被发现没有履行此项义务，即便是上层人士也要受到惩罚：

---

① 即穆斯林女性佩戴的头巾或面纱。

如果一名绅士看见一个娼妓穿戴面纱，却让她离开而没有将她带到宫殿内的审判庭，那么他就要被杖责五十。要把他的双耳刺破并用绳子穿起来，还要把绳子系在他背后。他还要为国王劳动一整个月。

不得不说，就算是最狂热、最苛刻的塔利班分子，可能都会觉得中亚述时期的律法是对女性的过度压迫。这些律法与宫廷法令相比却是小巫见大巫。宫廷法令针对的是王室女性，目的在于限制和约束那些居住在宫廷女眷区的人，以及前来与王室女性接触的人的活动。这些女眷就是我们现在所说的后宫的早期形态。她们的住处让我们联想到位于伊斯坦布尔的奥斯曼托普卡比宫（Ottoman Topkapı，托普卡比意为"大炮之门"），因为在这座宫殿中也有很多狭窄弯曲的通道、密门、格栅窗、隐蔽的庭院和隐秘的房间。

亚述王室的女眷居所常年大门紧锁，男性不得入内，女性被关在里面。国王的妻妾妃嫔就在此耗尽终身。如果没有宫廷长官的明确许可，任何人都严禁进入女眷居所。进入可观察到女性的宫中任一角落，例如屋顶之上，都是重罪。这项禁令连宫内人数众多的宦官都必须遵守。

宦官在受命进入后宫处理事务时，须同其他人一样，先得到宫廷长官的许可，而长官本人也要站在入口处，以确保宦官之后会出来。宦官在进入后宫后，得时刻保持谨慎，注意自己的行为，因为偷听女眷吵嘴的宦官除了要受到切除双耳的惩罚，还要被殴打五十下。如果因执行公务而需要与某位女眷说话，宦官要站在七步之外；如果对话时间超出必要时长，即使对话是由女眷开启的，宦官也要被抽打并被剥去衣服。男性若在没有第三方在场时与宫中女性谈话，则会被判处死罪。如果任何人，如信差或另一名宫中女眷看到违规行为却没有向国王报告，那么他或她将被丢进热炉中（可能类似于《但以理书》中被扔进"烈火的窑"的沙得拉、米煞和亚伯尼歌）。

古代亚述发展出的对女性的隔离法则日后成了许多社会的学习对象。古亚述的后宫形式的确从随后的巴比伦时代、波斯时代和希腊化时代一直延续到拜占庭宫廷，然后穆斯林贵族从拜占庭人那里继承了不希望女性抛头露面的偏好。但是，由于伊斯兰教义倡导社会公正，对女性的约束因此被民主地从贵族女性推广到了所有女性。亚述和拜占庭严格禁止下层女性遮盖自己，而伊斯兰世界希望消除女性间高低贵贱的区分。王后、贵妇、妻子、妾侍、未婚女儿、女工匠、女工和女奴，无论其处于何种社会环境，都要遵从将自己遮盖起来的规定。伊斯兰教对所有女性都进行约束的做法在其信徒看来不是一种限制，而是一种解放。

* * *

有些人将中亚述时期法律和宫廷法令的反女性特点，归因于闪米特族男性固有的大男子主义，这种解释毫无意义。从卡鲁姆卡内什收到和发出的信件可以看出，女性在亚述社会中发挥了重要作用，她们积极地从事着男性商业活动中某些实质性的工作。即使在此之前，女性也在美索不达米亚的宗教中扮演了重要角色。自阿卡德的萨尔贡起，国王的长女都会被委任最高级别的职务，例如掌管所有月神神庙的乌尔月神庙女性大祭司。亚述时期的女性生活之所以发生了如此之大的转变，是因为宗教思想发生了深刻而根本性的变化，亚述人对统治世界的力量的看法也发生了彻底转变，同时这些变化又导致了男性地位的改变。

这种宗教信仰上的转变对世界历史产生了重大影响，开启了造就当今人类社会的变革。从前人类信仰无所不在的神祇、自然力量的精神化身、居于世间并以自然现象为象征的神明，这时他们相信的是超脱于自然以外、凌驾于自然之上且本身不属于自然的神明。

我们不应该让"无所不在""超然存在"等高深的概念掩盖宗教信仰转变的重大意义。过去，人们信仰神圣的大地，认为自然中的所有事物——天空、土地、大海、山峰、河谷、江流，以及居住其中的动植物——都具有超自然力量；但此时，一种新的信念让大部分人相信物质世界并不神圣，并认为物质世界就像一个了无生气的提线木偶，受到幕后神力的操控，这种神力被中世纪一位不知名的基督教神秘主义者称为"不知之云"（cloud of unknowing）。

在美索不达米亚时代初期，诸神就被视为自然及其力量的本源和人格化象征。空气之神或大气之主恩利尔（今天我们可能会叫他"生物圈之主"）是主宰神界的君主。他的儿子，大地之神恩基，后来称为埃阿，是浇灌农地的甜水之神，也是人类文明的传播者。安努是天空之神；后被称作辛的南纳是月神；乌图也就是后来的沙玛什是太阳神。伊南娜，即闪米特人认定的伊什塔尔，是肾上腺素女神，无论何时何地，只要男性在冲锋陷阵或是风流欢爱，她都会现身。即使有新的神明产生——如巴比伦人将他们的城市守护神马尔杜克也纳入了诸神之列——人们也会想尽办法让其融入旧有体系。于是，马尔杜克就成了文明之神埃阿的儿子，他与埃阿和谐共处，一起统治各方。在《埃努玛·埃利什》记录的有关故事中，马尔杜克被授予了众神之神恩利尔的能力、特权与力量。

我们可看到，在现阶段的亚述，印章和雕塑中刻画的神与自然的联系先是逐渐减弱，而后便完全断绝。在此之前，诸神都以人类的形象出现，头上有角和圣冠，全身散发出神性，如我们在刻有《汉谟拉比法典》的石柱顶端看到的太阳神沙玛什为巴比伦王册封的场景。但从现阶段开始，诸神将第一次与世界保持距离，他们将像基座或平台上的偶像那样被"束之高阁"，然后被符号取代，其神像将完全消失：太阳代表沙玛什，月亮代表辛，一颗表示金星的星星代表伊什塔尔。考古学家曾在亚述的神庙中挖出一座与众不同的圣坛。这座现保存在柏林博物馆的圣坛是为诸神的信使努斯库（Nusku）建造的，圣坛上架着用于书写的泥板和刻笔，仿佛在等待一股无形的力量在上面写下祝福或预言。阿舒尔则乘着带羽翼的圆盘，悬浮于世间之上。这个形象后来也被波斯拜火教用来表示他们的至高神阿胡拉·马兹达（Ahura Mazda）并被沿用至今。在所有无具体形象的神明符号中，最惊人的是一串一米长的神明脚印，其发掘地点距离叙利亚阿勒颇40英里远。这串脚印通向安达拉（Ain Dara）神庙的内殿，是无形之神存在于世间的唯一迹象。

对神的超然性的信仰取代了对神的内在性的信仰，这种情况造成了深远的影响。大自然丧失了神圣性，不再圣洁。鉴于神明游离于自然之外，人类——在美索不达米亚的信仰中，人是按神的形象、作为神的仆人被创造出来的——也必然存在于自然之外。既然人类不再是自然的一部分，那么人类就成了自

230 然的上级和统治者。后来的《创世记》1：26也总结了这一新的信念："神说，我们要照着我们的形像，按着我们的样式造人，使他们管理海里的鱼，空中的鸟，地上的牲畜和全地，并地上所爬的一切昆虫。"

这节经文明确指出，这一切都是为了人（男人）。但女性要承受不可克服的困难。当男性自欺欺人地以为他们不仅存在于自然之外，而且地位高于自然时，女性却无法将自己从这个世界抽离，因为她们的生理条件决定了她们必定是自然的一部分。她们的子宫生出孩子，她们的乳房流出哺育婴儿的奶水。她们的月经周期与月亮的盈亏相关。在当今社会，如果对女性提出生理决定命运的说法，理所当然会招致厌恶与反感。但在亚述时期，这是一个不证自明的事实，女性被隔离在完整的人性之外。

即使在今天，我们也会看到，某些强调神的超然性的宗教坚信女性是一种低等存在，并且就算没有完全禁止女性参与公共崇拜仪式，也会有严格的限制性规定。众所周知，犹太教正统派男性教徒每天早晨都会祷念："主啊，我们的神，宇宙的君王，您是配得称颂的，因您没有让我成为女性。"此外，女性的低贱显然具有传染性，会威胁并降低男性的地位。这种传染性在女性生理性凸显的阶段变得尤为强烈：根据中亚述时期的宫廷法令，以及当今犹太教正统派和伊斯兰教的教义，刚刚分娩的女性和月经期间的女性尤为不洁。只有在非经期女性才可面见亚述王。祭司们要格外谨慎：在性接触后要尽快用宗教仪式净化自己，哪怕是同妻子的性接触，因为女性会威胁到男性的半神性。直到基督徒开始相信神是从一个普通女子的子宫中以自然分娩的方式降生世间的人子，女性在宗教中的地位才得以提升。

　　神界与自然界之间的这种联系断绝还带来了另一个不可估量的后果。如果众神不再与物质世界的方方面面存在直接联系，那么就没有理由想象出如此之多的神明。如果诸神现在不再存在于自然之中，也不再居于圣地的神龛、圣堂和神庙里供人们敬拜，那么他们便是无所不在的。因此，人们可以在任何地方向阿舒尔祷告，不一定非得去他的神庙。随着亚述帝国不断扩张，即使在最遥远的边境，人们也可以与阿舒尔相遇相通。

　　从相信神的无所不在转变为一神信仰的过程并不漫长。因为神无处不在，所以人们逐渐认识到，从某种意义上说，当地的神明仅仅是同一个阿舒尔神的不同显现。有多位学者注意到，亚述人为追求修辞效果倾向于用单个表述指称所有神明。其他学者指出，美索不达米亚的文献显示，这些古人感受到在他们敬拜的每位特定神明身后，存在着同一位遥不可及的神。正如西莫·帕尔波拉在其作品集《亚述预言》（*Assyrian Prophecies*）的导言中所写的："各类神明都被视作阿舒尔的力量、形态、能力或特性，人们通常称阿舒尔为（那个）神。"虽然帕尔波拉所宣称的犹太教的形而上源于亚述预言遭到了领域内其他学者的全盘否定，但其最为严厉的批判者之一，约翰霍普金斯大学的杰罗尔德·库珀（Jerrold Cooper）也赞同称"美索不达米亚的'神'和'诸神'基本上就是决定命运的同一神力"。从希伯来部落传向世界的一神教的基础便是在此时，即公元前第二千纪晚期的亚述打下的。

　　但这并不意味着希伯来人借用了亚述先辈的全能全在之神的概念，只能说他们建立的新神学并不是什么前所未有的革命性宗教运动的产物。起源于圣地的犹太教－基督教－伊斯兰教传统并不是独立于过去的全新事物，而是美索不达米亚南部地区从青铜时代晚期到铁器时代早期就已存在的宗教思想的衍生。这种宗教思想反映了亚述王国的世界观，而在接下来的几个世纪里，该王国会将其信仰和势力扩散至整个西亚地区。

意识形态和帝国

232　　与此同时，来自沙漠和草原的阿拉姆人仍在不断进入美索不达米亚，他们霸占了亚述历经千辛万苦才得来的帝国领土。即使是身处 21 世纪的我们也不难想象亚述人对此会有何种感受。

　　在某些历史时期，整个世界似乎都处于流动之中；我们现在似乎就生活在这样一个时代。联合国数据显示，"从 1960 年到 2005 年，全球跨国移民人数增长了超过一倍，从 1960 年的约 7500 万人增长至 2005 年的近 1.91 亿人"。此外，没人知道还需要在此基础之上增加多少记录之外的非法移民，其人数可能高达官方数字的 1/4 甚至 1/3。

　　这类群体和个人的流动有别于历史上由战争引起的民族迁移，如公元第一千纪中期日耳曼民族迁入欧洲，或第二千纪上半叶突厥民族征服中亚和西亚。从理论上来说，武力侵犯可以从军事层面回击。而移民会成为一股更强大的力量，因为从根本上看它是不可抵挡的：某些国家颁布的限制移民的规定到最后都无法实施。

　　亚述无法阻止人口的流动，就好比英国政府难以阻止非法入境者，更何况英国还是一个有着天然屏障的岛国。美国国土安全部（US Department of Homeland Security）在边境围挡方面的作为一定比不过乌尔的舒尔吉国王及其后人，可乌尔第三王朝建造的"抵御阿摩利人之墙"依然无法阻止移民最终接管整个下美索不达米亚地区并建立起古巴比伦王国。

该地区迎来一拨又一拨来自西部草原和沙漠的闪米特新移民。在最早的史前时代就有外来者来到这里，同苏米尔人一起开垦肥沃的底格里斯河与幼发拉底河冲积平原，他们所说的语言后来演变成了阿卡德语。之后，西部的闪米特人，即阿姆鲁人或阿摩利人也来到这里。到亚述时代，轮到阿拉姆人登场了。

大量移民的到来是两种力量相互作用的结果，一为推力，一为拉力。移民离开他们的故土总有各种理由，而他们选择的目的地必定是对他们格外具有吸引力的地方。在我们的时代，人们因为失业和贫穷，政治、经济和宗教压迫，社会动荡和战争而离开家乡，他们的目标是找到一个能够为他们提供更好的未来的地方。可能也是出于同样的原因，闪米特人从有历史记录之前就开始一小拨一小拨地移居新月沃地。但在公元前的最后一个千年之交，气候的剧烈变化导致周边土地不再适宜居住，因此亚述人迎来一股人数剧增的移民浪潮。

许多证据表明，约在公元前1200年之后的两个世纪里，地中海东部的降水量减少了近20%，平均气温上升了2～3℃。这足以令生活在草原和沙漠边缘的人面临大范围饥荒，于是各部落为了生存不得不逃荒至各地：北往亚述，东至下美索不达米亚，西达地中海沿岸。他们在新占领的土地上建立起小酋长国，而当地居民早已因气候变化所导致的饥荒变得虚弱不堪。据一部写于此后不久的亚述编年史所述："在图库尔蒂－阿皮尔－伊沙拉（Tukulti-apil-Esharra）国王统治的第三十二年（公元前1082年），已经因为严重的饥荒而出现了人吃人的现

233

象……阿拉姆部落掠夺土地，侵占道路，攻克并占据了亚述的许多要塞重镇。亚述居民只好逃往山区……以求活命。阿拉姆人抢走了那些居民的金银财产。"

然而，即便站在阿拉姆人的角度，我们看到的景象竟也十分相似。在这长达几百年的干旱、饥荒和人口流动之中，阿拉姆人进入了《圣经》声称的以色列子民的地盘，也就是后来所谓的圣地。每年，在耶路撒冷圣殿中举行的初熟节上，人们都要吟诵《申命记》第 26 章的经文："我祖原是一个将亡的亚兰人①，下到埃及寄居。他人口稀少，在那里却成了又大又强、人数很多的国民。"埃及的统治阶级十分反感阿拉姆人，将他们视作正快速壮大的、来自王国内部的威胁。"埃及人恶待我们，苦害我们，将苦工加在我们身上。"于是《圣经》继续写道，上帝带领希伯来人走出埃及，来到迦南。那时迦南主要的地方力量暂时处于微弱之势，希伯来人便乘机将土地占为己有："他就用大能的手和伸出来的膀臂，并大可畏的事与神迹奇事，领我们出了埃及，将我们领进这地方，把这流奶与蜜之地赐给我们。"在经历了几个世代的部落生活和宗教领袖的统治后，希伯来人终于在公元前 1000 年即将来临之际，由扫罗王根据犹太传统建立了希伯来王国。

这究竟是神话还是史实，学者们对此意见不一。但不可否认的是，迦南之地就在亚述最为微弱的时候成了以色列人之地，文献中也记载了人们对于大批移民进入新月沃地的不满；换作其他任何时期，以色列十二支派都不可能有机会成为所谓的应许之地的主人。

---

① 即阿拉姆人。

亚述的边境线再次被迫后撤，一直撤回到最早的疆域范围。亚述几个世纪以来获得的领土，现在都被亚述人眼中的那些野蛮王国瓜分。亚述城再次失去了大部分位置绝佳的内陆地区，也失去了对支撑其社会繁荣和奢华生活的国际贸易通道的控制。亚述挣扎在贫困的边缘。

亚述统治者从这场灾难中汲取的教训就是，他们的安危取决于是否拥有不可撼动的军事力量。战争极其重要，容不得国王和将军们施展他们的浪漫主义英雄情怀。如果传统的战斗方式无法阻挡蜂拥而至的大漠牧民，亚述的统治者就要集中精力设计和打造一种无人能敌的新型战争机器。另外，彻底阻止移民来到亚述的唯一办法就是接管他们的母国并对他们实施铁腕统治。建立帝国是一种必要。如果这会让统治者不得人心，那也只能随它去。正如近乎疯狂的罗马皇帝卡利古拉（Caligula）至爱的拉丁文名言所说的，"Oderint dum Metuant"，即"只要他们惧怕，随他们恨去吧"。

* * *

然而，打造一支无敌之师是一个长期的过程。别的不说，这首先需要大量财力，但亚述不具备这种财力，因为此刻的亚述又小又穷。它只能依靠现有的武力攫取邻国的财富。尽管亚述人最初在军事方面缺乏规模、物资和技术，但至少他们都能够用极端的暴力加以弥补。

亚述很快便发现了一个令人痛苦的现实：帝国就如同庞氏骗局，一种把新投资者的钱当作回报支付给最初那批投资者的经济诈骗。帝国领土的开支只能依靠不断征服新的土地并获取

235

战利品和贡品来支撑；帝国只要没有瓦解，就必须持续扩张。所以从公元前10世纪起，亚述便开始实施收复原有疆土的计划，它先是吞并周边的阿拉姆王国，恢复原有的帝国边境，而后继续扩张，到了公元前8世纪其国土面积已达到前所未有的水平。此时在位的国王是提革拉帕拉萨三世，也就是《列王记下》15：19中提到的亚述王普勒（Pul，这可能是他的本名）。他是《圣经》提及的第一位亚述国王："亚述王普勒来攻击以色列国。"

以色列国和犹大国拥有独立君主的时期，恰好是亚述重启其历史上最大规模的帝国扩张的时期。正因如此，我们还能在《圣经》中找到与这一时期的亚述君王十分相似的名字。我们看到的撒缦以色，原名是舒尔马努－阿沙里杜（Shulmanu-Asharidu），意为"舒尔马努（神）是最伟大的"；撒珥根①，原名沙鲁－金（Sharru-kin），意为"正统之王"；西拿基立②，原名辛－阿赫－埃利巴（Sin-Ahhe-Eriba），意为"（月神）辛取代了兄弟"；以撒哈顿，原名亚述－阿赫－伊迪纳（Ashur-Ahhe-Iddina），意为"亚述给了我一个兄弟"；提革拉毗尼色③，原名图库尔蒂－阿皮尔－伊沙拉，意为"伊沙拉的后裔是我的信念"，这里的伊沙拉是指亚述城中阿舒尔神的伟大神庙。

公元前740年前后，提革拉帕拉萨对以色列发动了袭击，当时领导北部希伯来王国的是其第六位统治者米拿现（Menachem）。通过政变和暗杀夺取王位的米拿现同样以残暴

---

① 《圣经》中的译法，即萨尔贡。
② 《圣经》中的译法，即辛那赫里布。
③ 《圣经》中的译法，即提革拉帕拉萨。

著称。一向偏祖犹大而批判以色列的《圣经》描述了他在巩固统治过程中的骇人暴行："那时米拿现从得撒起攻打提斐萨和其四境，击杀城中一切的人，剖开其中所有的孕妇，都因他们没有给他开城。"（《列王记下》15：16）即便如此，当看到亚述的野战军团在他的都城夏姆伦［Shomron，靠近今天的纳布卢斯①］之外全副武装、集结待命时，米拿现也被震慑住了。

　　经过几代帝王的改革，亚述军队首次成为真正意义上的现代战斗机器。在火器和机械化生产出现以前，它将成为所有军队的范本。这支军队的规模相当大，人数在三万和五万之间，等同于现代部队的五个师，按今天的标准来看也算是一个大型兵团。米拿现国王一定登上了由前代国王暗利（Omri）建造的高大的环城石墙，以便更好地观察亚述军队排兵布阵。那时候，他放眼所见的是2.5千米长、200米宽的作战队列。

　　在队列的中心，米拿现还会看到步兵团的主力——密集的矛兵方阵。每个方阵均由十列二十排步兵组成，他们的矛刃在阳光下闪闪发光。面对这支队伍的纪律性和其部署的准确度，米拿现不仅会感到震惊，或许还会为之战栗，因为他们与原先相对散漫的军队有了很大不同，采用了高度成熟且高效的指挥结构。步兵每十人组成一支作战分队，每支分队由一名军士领导；五到二十支分队再组成不同的连队，每支连队由一名上尉也就是基尔苏（Kirsu）指挥。这些士兵都有良好的防具，也配备了更好的武器，因为他们是亚述派出作战的第一支铁器军队。他们有铁剑、铁矛刃、铁盔，甚至连他们的外衣上都缝了

236

---

① 　纳布卢斯（Nablus）是巴勒斯坦中部城市。

铁质鱼鳞铠甲。铜制兵器则不可与铁制兵器相提并论，因为铁这种新材料便宜、坚硬且不易断裂，可以打造出更锋利、更长的兵刃。但由于美索不达米亚南部中心区域没有铁矿石，所以亚述竭尽全力控制周边的一切金属来源。

此外，亚述的矛兵在移动方面也比以往的矛兵更加灵活，因为他们脚上穿的不再是镂空的鞋履，而是亚述军队发明的军靴，这可能是亚述最具影响力、历史最悠久的发明之一。这些靴子长度过膝，为皮制，有厚底，鞋底打了钉，而且靴内还插入了铁板以保护小腿胫骨。因此，无论是糙土还是湿地，山区还是沼泽，冬季还是夏季，士兵都可以穿着它们作战。这也是历史上第一支可全天候、全年活动的军队。

237　　在矛兵方阵后方部署着弓箭手和投石手，其中许多人是外援力量。他们也被分为连队，负责越过步兵的头顶投射箭弹。弓箭手们现在使用的是亚述人的另一项发明——新型复合弓。它由不同材料组合而成：木头、犄角和动物的筋。尽管这种弓与传统木制弓相比，不仅更易受潮湿天气的影响，而且拉弓也需要更大的气力（部分研究人员认为这种力量超过了现代体育中的人体能力范围），需要两个人一起拉弓，但它具有更为强大的威力，也比之前的所有木制兵器更加致命。

位列最前端的是突袭部队，由战车和相当于古代坦克的移动飞弹平台构成。牵引这些车的不再是行动缓慢的驴，而是更为快速、高大和健壮的动物——马。每辆战车都由四匹马牵引，它们由一个人驾驭。马术技能较高的御者有时也会骑在一匹马上，用缰绳控制其他马匹，从而为平台上的弓箭手和持盾士兵留出更大的战斗空间。这些弓箭手和士兵同时也配备了矛、剑、斧，所以在首次攻击结束后，他们可以跳下车马，作为重型步兵作战，此时御者便会驾车返回安全地带。

战车作战对以色列国王来说已不再是什么新鲜事。实际上，北部的希伯来人也十分擅长使用马匹牵引车辆进行战斗。在接下来的一个世纪里，在亚述军队的高级长官和马术官名单（被称为"战马表"）中，以色列的战车御者就占了很大一部分。但对于亚述人在长期作战中的另一项发明——骑兵，以色列国王恐怕就没那么熟悉了。如果御者可以骑在一匹牵引战车的马上，那么他也能够驾驭那些无须牵引战车的战马。这些骑兵挥舞着长矛或弓箭，甩着与现代缰绳类似的驭马工具驰骋沙场，只是那时还未发明出马鞍或马镫，因此他们用胸带、肚带和马尾带将毛毯固定在马背上，并用脚跟的力量来控制他们的坐骑。马已然成为亚述人的重要作战工具，他们不远千里从库施王国（Kush）的努比亚（Nubia）进口马匹。讽刺的是，以色列人是当时马匹交易中最主要的中间商，但亚述帝国通过重定和扩张边界，将最好的马种繁育地区纳入了自己的领土范围。亚述各省也都建立起完备的负责为军队提供马匹的官员体系（musarkisi）。尼尼微城出土的史料记载，各地每月共可确保供应约3000匹马，其中约60%被用于战车兵团，30%为骑兵用马，剩下的则是种马。一个世纪之前，亚述国王撒缦以色三世就曾宣称他已建立一支近3.5万人的军队，其中包括2万名步兵，1200辆战车和1.2万名骑兵。这些数字可能出于宣传需要而有所夸大，但各个兵种的相对比例应该还是较为真实的。

米拿现站在城墙之上见到的景象，其实只是冰山一角。若要在战场上集结、供养和维持这样一支庞大的军队，亚述就必须进行深刻的社会变革。早在提革拉帕拉萨三世时期，亚述社会就已经历了全方位的军事化改革。军队已然成为整个亚述社会真正意义上的核心。每个成年人都有义务参军，除非他可以派一个人代替他或是为免服兵役支付一笔费用。军队中最高级别的长官是总司令、左司令和右司令，他们同时也是各省的省长。军官都有相应的行政头衔，除了名称不同，这些头衔在职能上几乎没有明显的差别，就像欧洲中世纪采用的公爵、伯爵、骑士和候补骑士等头衔，它们最初均与军事等级有关。此外，同中世纪欧洲一样，在亚述贵族履行军官义务之后，国王都会为他们加封土地，这就是封建制度的原始状态。

米拿现望着城外的亚述大军，对战况了然于心。他十分清楚那些奋力抵抗亚述的人有怎样的下场，因为亚述人长期以来都在向世人宣传反抗的后果。依照"只要他们惧怕，随他们恨去吧"的原则，提革拉帕拉萨的高祖父曾向世界宣布：

> 朕在城门处建造了一根石柱，朕剥下反叛头目的皮，用它们来包裹石柱。一些人被钉在石柱顶部的木桩上，还有人被绑在石柱周围的木桩上……朕将这些官员的四肢砍下……这些造反的叛徒……众多囚犯……朕用火烧死了一部分，也留了许多活口作为俘虏。其中一些人被朕削去了鼻子、耳朵和手指，朕也挖掉了很多人的双眼。一根柱子上绑着活口，另一根上挂着头颅，朕还把他们的脑袋系在亚述城周边的树干上。朕用火烧死他们当中的一些男男女女……剩下的叛军被朕丢在幼发拉底附近的沙漠，活活渴死。

米拿现感到自己无法承受被这群残暴的敌人打败的风险，于是支付了一大笔赔款。如此一来，在亚述这个世界超级大国的协助下，他便可以稳固手中的王权，让希伯来王国免遭一切挑衅，而他面临着很多类似的挑衅："米拿现给他一千他连得①银子，请普勒帮助他坚定国位。""米拿现向以色列一切大富户索要银子，使他们各出五十舍客勒，就给了亚述王。于是亚述王回去，不在国中停留。"（《历代志上》5：26；《列王记下》15：19）

这个决定和巨额的赔款得到了回报。在亚述人的协助下，米拿现成为这个无主时期唯一保住王位并在床榻上自然死亡的以色列统治者。这笔交易也在亚述王的自传铭文中得到了印证："我收到了科马根尼的库什塔什匹（Kushtashipi of Commmagene）、大马士革的利逊（Rezon of Damascus）和撒马利亚的米拿现（Menachem of Samaria，楔形文字拼写为 Me-ne-khi-im-me Sa-me-ri-na-a-a）送来的贡金。"

以色列王国便是亚述人所说的撒马利亚，有时又因暗利——以色列第四王朝的伟大创建者，耶洗别（Jezebel）王后的公公，将夏姆伦建为都城之人——而被称为"暗利之国"。此时此刻，它已成为亚述帝国的附庸国，但不在亚述国的国土范围内。亚述帝国的最初政策是让那些保证效忠的地区，像英属印度时期得以保留的土邦那样，拥有名义上的自主权。

同英国东印度公司一样，亚述占领和守护战略与经济要地，以及贸易路线与中转口岸，同时绕开不会对亚述的利益造成威胁的次要地区。整个帝国不是一片统一的连续领土，而是维持着一种开放的状态，这种状态一直持续到帝国末期。一位 240 研究该时期的历史学家提出："亚述帝国不是一片庞大的疆域，而是一张可运输货物的交通网。"

①　即塔兰特。

　　长期以来，在亚述本国和其附庸地区之间一直存在明显的区别。亚述国是统一受都城管辖的地域，被统治者和人民称为"亚述之地"（Mat Ashur），附庸地区则不属于亚述的本土范围。但是，如果附属国的统治者拒绝履行义务，甚至密谋袭击或损害亚述的利益，他就会被永久废黜，其王国也将被吞并。

　　随着时间的推移，开放中的网络空隙逐渐被填满，因为一些不甘顺服的统治者发动了抵抗和反叛，于是亚述国王只得将越来越多的独立王国纳入版图，进行直接管辖。反叛者中就包括了米拿现死后十七年内即位的第三位以色列王何细亚（Hoshea）。他停止向亚述进献贡金，并同埃及法老一道谋划摆脱亚述的控制。《列王记下》18：4 有这样的叙述：

　　　　何细亚背叛，差人去见埃及王梭［可能是埃及第二十二王朝的奥索尔孔四世（Osorkon Ⅳ）］，不照往年所行的与亚述王进贡。亚述王知道了，就把他锁禁，囚在监里。

　　　　亚述王上来攻击以色列遍地，上到撒马利亚，围困三年。

　　　　何细亚第九年亚述王攻取了撒马利亚。

萨尔贡本人也记录了这件事："朕包围并攻占了撒马利亚。朕从该国带走了 27290 人，并组建了一支 50 辆战车的队伍。朕让留在当地的人继续各司其职，还安排了一名朕的官员来管理他们，向他们收取前代国王本应进献的贡金。"

　　这就是北部希伯来王国和（根据宗教传统）居住在此的十个支派的结局。被萨尔贡带走的人口被新来的移民替代，丧失主权的王国领土也被并入亚述本国。亚述的王室历史也以一贯的口吻记述道："我将这片土地并入亚述之地，我令这些人成为亚述民众。"

到了亚述帝国末期，不论是出于偶然还是按照计划，亚述成了一个几乎囊括整个近东地区的巨型帝国，跨越并覆盖了整个新月沃地。从地中海沿岸至波斯湾入海区域，从埃及到埃兰，其疆域范围之内的所有居民都被视为亚述公民，就像在卡拉卡拉（Caracalla）统治下的庞大罗马帝国中，所有的自由民都可以声称"*civis Romanus sum*"（我是罗马公民）。但是，一个帝国是不可能只依靠权力来维系的。单纯的军事力量只能让大部分民众顺服一时，因此必须要建立起信仰和准则。亚述帝国就是依靠一种坚定的意识形态来实行统治的，这种意识形态也成为后世帝国效仿的对象。

必须实现统一。每一寸亚述领土，无论是亚述城直接控制的土地，还是附庸国土，同等视作各省"之土"，均如亚述城一般为国家财产。此前的亚述王曾允许附庸国各自保有其民族认同，并将当地精英阶层并入帝国体制。但在这种统治政策下，只要帝国中心稍显虚弱，叛乱与暴动就会随之发生。而亚述帝国是一个统一的整体，母国与各地之间的联系就如同现代法国与其海外领地之间的关系。

必须有一个统一的民族。居住在亚述的人都是亚述人，不论他们说何种语言或遵从何种风俗。所有人都享有相同的福利，都要履行同样的义务，缴同样的税金，服同样的兵役。通常，附庸国被攻克后，帝国会驱逐当地居民并让其他地方的人定居该地。但这个广为人知的惩戒措施对亚述来说并不是一种惩罚，而是要让人们随着时间的流逝，在亚述的"大熔炉"

241

中淡忘除亚述人之外的民族身份和除帝国之外的效忠对象。以色列十支派在融入亚述人后逐渐消失的事实，足以体现该政策的成效。即便是竭力保留身份认同的希伯来人，也抵挡不住这种融合趋势。

只能有一名领袖。此前的美索不达米亚统治者都被英雄化、偶像化，有些甚至还被神化。他们把自己当作保护神的仆人和其在世间的代表，而这些保护神则是历史大剧中真正的演员。亚述的国王们却是他们国家的终极代表，是亚述的化身。亚述国王的形象通常是混乱秩序下的专制暴君，他们邪恶暴虐且腐败奢侈，如同古希腊作家的作品以及东方主义画家欧仁·德拉克洛瓦（Eugène Delacroix）的画作《萨尔丹那帕勒斯之死》（"The Death of Sardanapalus"）所刻画的那样。这些描述与我们在亚述文献中找到的记录相去甚远。"在亚述人眼中，一位荒淫无度、嗜血成性的国王本应是群起而攻之的对象，"西莫·帕尔波拉写道，"亚述王权是从天而降的神圣制度，亚述人民将他们的国王视为人类的完美典范，没有他人类就无法获得自我救赎。"特拉维夫大学（Tel Aviv University）考古学系教授伊斯雷尔·芬克尔斯坦因（Israel Finkelstein）提出，要想了解公元前 8 世纪末到前 7 世纪（从提革拉帕拉萨到亚述巴尼拔）亚述宫廷的真实景象，只需查阅《圣经》中《列王记》的内容及其对所罗门王的描写，包括他的财富、智慧和妻妾就可以了。在芬克尔斯坦因看来，尽管这些文字并不是对公元前 10 世纪的粗野的高地首领的真实描述，但它们的确反映了"终极理想中的亚述王权"。亚述之地的统治者被认为是"完美之人"；时至今日，阿拉伯语仍在使用同样的字眼，即 al-Insan al-Kamil，来描述先知穆罕默德。

只能有一位神明。阿舒尔神在帝国之中无处不在，而且只有一座神庙，也就是他自己城中的伊沙拉神庙。犹大国的希伯来人也效仿这一做法，他们"废去丘坛，毁坏柱像，砍下木偶"（《列王记下》18∶4），并首次将他们的信仰全心全意地献给耶路撒冷的圣殿。与此同时，阿舒尔却必然是在各个地方接受人们的崇奉的，也就是说，他是世界上首个传教式神明。提革拉帕拉萨在记录自己获得的一场胜利时写道："朕把帝国沉重的枷锁加在他们身上。朕要求他们敬拜我主阿舒尔。"虽然那些古老的神明依然有它们的信众，例如尼尼微一直延续着伊什塔尔的宗教仪式，对哈兰（Harran）月神辛的祭拜也从未停止，但是整个帝国都在传播和加强一种观念，即这些神明都是唯一一位全能全在的宇宙之神的投射、分身和显形，这位神就是阿舒尔。阿舒尔就是亚述帝国存在的原因。阿舒尔降下旨意要让对他的礼拜仪式和崇拜遍及各地，而他在世间的代表就是亚述的国王，亚述王的地位就如同拜占庭人的基督和穆斯林的哈里发。

　　因此，我们或许可以大胆地用一句简练的话总结亚述帝国的意识形态：一个王国、一个民族、一个领袖。这听起来很像一句德语口号：一个帝国、一个民族、一个元首（*Ein Reich*，*Ein Volk*，*Ein Führer*）。可惜尽管第三帝国确实只有一个国家和一个元首，但希特勒将民众划分为雅利安人和劣等人，这种行为在亚述人看来就是一种背叛、一种犯罪。据文献记载，所有亚述人，无论是外来的被驱逐者，还是像"古老的尼尼微家族"这类本地血统，均被一视同仁。新来者会得到仔细教导，了解他们的义务。"使用外语和不同方言的四方（世界的边界）之民，来自山区和平原的各地居民……奉我主阿舒尔

243

之命，朕让他们说同一种语言，在同一处定居。朕委任亚述本地各行各业之精英，组织并监督他们学习得当的举止，学会敬畏神明与国王。"

国家高级官员名字中的外来姓氏即可反映此番政策的成效。拉萨帕（Rasappa）的长官吉里萨普努（Girisapunu）一定是腓尼基人，著名的阿希卡尔（Ahiqar）也是腓尼基人。阿希卡尔是以撒哈顿时期"国王印章的保管人和亚述国内臣"，他的故事将在不同语种的文学中成为经典，包括叙利亚语、阿拉伯语、埃塞俄比亚语、亚美尼亚语、土耳其语和斯拉夫语。古鲁苏（Gulusu）、阿尔巴亚（Arbaya）和阿达德－苏里（Adad-suri）等省、区的长官名字中则带有阿拉姆的姓氏。同样如此的还有"宦官护卫指挥官"哈努努（Hanunu）、"王太后护卫指挥官"萨拉马努（Salamanu）和"大宦官战车的第三副手"阿巴迪－伊力（Abdi-ili）。"驻守在要塞"的曲亚哈（Qu'yah）、希尔奇－亚哈（Hilqi-yah）、吉里－亚哈（Giri-yah）和亚哈－苏里（Yah-suri），他们的名字表明他们都是崇拜希伯来神明的以色列人。

然而，这个兼具包容性和人人平等原则的政策所带来的深远影响即将显现。说阿拉姆语的新亚述人很快就会在人数上超过本地居民。不久之后，使用亚述本土阿卡德方言的人就会成为自家土地上的少数群体。当然，学者们仍将坚守他们的语言传统，但这阻挡不了新语言缓慢但不可阻挡的发展趋势。于是，阿拉姆语先是成了官方语言之一，后来还成了帝国政要的通用语言。

244　　此外，帝国的政策和最高指导原则也在推动着阿拉姆语的发展，帮助它去终结那个建立在苏美尔语和阿卡德语基础之上的两千年文明。但出人意料的是，这种做法反而成就了该文明的万世不朽。

第十章 薪火相传：终结与启程
公元前 700 年以后

秘密武器

印刻着提革拉帕拉萨二世年表的红色泥板的上半部分如今
静静地躺在大英博物馆里，并被打上了编号 K3751。同该年表
的编写者一样为王室撰写史诗和年表的另一位亚述学者，沉浸
在美索不达米亚过去的辉煌之中，且确信自己所处的文明优于
世间其他一切文明。同时，他也看到在现在的帝国中，说阿拉
姆语的人越来越多，但他还是会用这种情况并不新奇的想法来
安慰自己。几千年来，美索不达米亚地区的外来者不是征服者
就是移民：古提人、埃兰人、阿摩利人、加喜特人等。这些民
族最终要么被驱逐出境，要么被全然同化，最终都丧失了原有
的族群身份，但也帮助了为他们所接受的苏美尔－阿卡德文化
的传承。

但这一次，说阿拉姆语的群体成了亚述国民，结果也截然
不同了。因为阿拉姆人带来了强劲的秘密武器，它能让悠久的
美索不达米亚传统的传承终止，继而毁灭这种文明，直到抹灭
其所有遗迹，令世间再也找不到有关这两千五百年璀璨文明的
直接证据。与此同时，阿拉姆人接过文明的接力棒，带来历史的

新巴比伦帝国

下一波浪潮，并为我们生活着的现代社会打下基础。取得如此巨大之成就的武器，是一种防止语言随时间流逝而消失的全新工具：字母。在刻着提革拉帕拉萨二世年表的泥板的顶部边缘，大英博物馆标注了字母"K"，它既象征着新旧文字的更替，也意味着新旧世代的更迭。

247

* * *

当今的学者认为，楔形文字最初是由会计人员发明的，并在书吏和学者手中得到了发展，而字母的出现则源于普通民众。最新考古发现表明，字母文字的灵感来自公元前第二千纪之初的一群移居至埃及的闪米特工人。他们受到埃及"象形文字"，也就是"祭司符号"的启发，发明了一套可适用于他们自己语言的速记方法。约翰霍普金斯大学的近东研究专家约翰·威尔福德（John Wilford）教授说："这些灵光乍现的闪米特人最早是生活在文明社会中的文盲。当时只有接受终身训练的书吏才能掌握正式书写体系中那些种类繁多的符号。因此，这些闪米特人从埃及文字体系中提取了一种简陋的文字体系。掌握这种体系只要数小时的学习，而无须终身训练。这一实用发明让士兵和商贾都能从中受益。"

今天全世界使用的每一个字母和音节文字（表示整个音节而不是单个字母的符号）都来自这个不起眼的源头，包括西方的拉丁语、希腊语和俄语的字母，再到印度、西藏和蒙古的文字。当然，在它们的演变过程中，许多符号，如希腊字母或拉丁字母的形式发生了变化，但不是所有符号都发生了变化。字母"A"曾经以带有牛角的牛头表示，他现在虽然被上下颠倒过来了，但原来的形状依稀可辨；字母"L""M""N"也略有变化。我们在用 alphabet 这个单词表示字母列表时，其实使用了两个闪米特语单词的变形：第一个词是"Aleph"，意为牛；第二个词是"Bet"，意为房子。

这种工人的速记文字迅速在地中海东部沿岸的闪米特人以及迦南人、腓尼基人中传播，并在他们所在的庞大贸易帝国中扩散开来，而且每种语言又根据各自的需求调整了文字规则。

248　　阿拉姆语的文字与普通的劳动人民密切相关，而楔形文字则被视作受教育者和精英阶级的专有物。阿拉姆语的符号相对较少，只有不超过三十个，可在几周的时间内学会，而楔形文字则需好几年的强化学习才能掌握。人们可以将阿拉姆语写在几乎任何表面上，如用墨水写在陶片、骨块或叶片上，用粉笔涂写在墙壁上，用尖棍划在地面上，以及正式写在羊皮纸或纸莎草纸上；但在写楔形文字时，即便是准备泥板所用的黏土都需要一定的技巧和经验。难怪在该时期，读写能力的普及在速度和广度上都达到了前所未有的水平。

正因为阿拉姆语易于书写且被写了下来，它才没有像之前那些移民族群的语言那样消失。也正是由于当时阿拉姆语的使用人数大大超过了阿卡德语，这一新语言才能快速奠定其作为第二大国民语言的地位，并最终成为帝国的主要官方语言和行政语言，乃至整个地区的通用语。此刻的阿卡德语就好比先前的苏美尔语，成了只有在外交、学术和宗教领域才会使用的语言。美索不达米亚人所使用的苏美尔语通常被拿来跟中世纪的拉丁语做比较，但现在我们必须对这种比较加以修改。如果将阿卡德语视作拉丁语，那么苏美尔语就是欧洲中世纪时期的希腊语。

　　在很长一段时间里，大部分接受了教育的亚述人必须掌握两种语言，即能够自如地使用亚述语和阿拉姆语。雕塑、壁板和壁画上的书吏均以成对的形象并排出现：一人在泥板上印刻，另一人在皮革或纸莎草纸上书写。当然，关于这些书吏的书写内容并没有任何图像记录可供参考，这些内容更多是以抽象而非具象的风格呈现的，而且学者们的解读也各不相同。但鉴于每一种文字的书写方式都受限于其所属的语言，例如亚述语总是以楔形文字来书写，阿拉姆语则是用字母来呈现，所以假如楔形文字和字母文字的两名书吏要同时记录一段口述内容，那么其中一名书吏就得对口述内容进行同声传译。

　　一个国家的官方语言被替换，通常会造成影响深远的后果。就此案例而言，阿拉姆语的兴起不仅对古亚述人造成了影响，还牵连了现代考古学家，因为语言和书写方式的改变意味着我们对丰富的古代文献的继承中断了。泥板往往难以毁坏，249 更不用说其中一些经过有意或无意的焚烧之后转变成了赤陶，这一情况在存放泥板的建筑受到严重毁坏时常有发生。虽然这些泥板被遗弃千年，但它们依然完好地保留着最初印刻在上面的文字。然而，记录在如纸莎草纸和皮革等有机材料上的阿拉姆语文献做不到这一点。这种书写介质即使没有被焚毁，通常也会在几十年，甚至更短的时间内腐烂、消失。因此，我们对美索不达米亚最后几个世纪的文明知之甚少。除了极少数情况外，我只能知道古人选择使用即便在当时也只有学者、神职人员和古文物研究者才掌握的语言写下的内容。对于亚述人来说，这应该带来了一个可怕的警告，即他们的整个历史正面临从这个世界上销声匿迹的可能。

* * *

就亚述字母的演变带来的影响而言，现代社会中没有可供比较和帮助我们理解的类似案例。最为相似的应该是20世纪20年代的土耳其语改革。发起此项改革的是现代土耳其共和国的建立者和首任总统穆斯塔法·凯末尔（Mustapha Kemal），他又被称为阿塔图尔克（Atatürk）。该国的前身是统治期长达五百年之久的奥斯曼帝国。1928年，使用阿拉伯字母书写该国语言的做法被禁止，取而代之的是一种经改造的拉丁字母。改革虽然在初始阶段遭到了抵制，但在短时间内便得到了推行。阿塔图尔克带着黑板和粉笔亲自前往土耳其各地，在市集广场和火车站设立临时识字课堂。此后，随着1932年土耳其语言协会（Türk Dil Kurumu）的成立，土耳其的民间习语和新造词淘汰并取代了奥斯曼时代所使用的阿拉伯语和波斯语中的大量词和短语。所有土耳其人都得重新学习说话方式。随后的几代人由于仅学习了新的字母和新的"纯正"语言，已无法阅读写于1928年之前的文本。这一改革的后果就是土耳其民族的历史被全部抹杀，所有关于奥斯曼时代的大众认知也被完全清除。当然，结果无论好坏，这就是阿塔图尔克的本意所在。

亚述人能够预见这样的后果吗？随着阿拉姆语的大范围扩散，亚述人可曾想象到，奠定他们成就的悠久历史可能迎来消逝的一天？或许他们真的看到了这一天的到来：身为自豪的苏美尔 – 阿卡德古老传统继承者，他们预感到这个文明面临着史无前例的严峻威胁。

过去的成就可能化为乌有，就连他们的存在都可能被遗忘。这种恐惧感开始出现的第一个迹象就是亚述巴尼拔在尼尼微行宫建立的王室图书馆。他是亚述的最后一位伟大君主，在位时间约为公元前 668 年至前 627 年。尽管这座图书馆不是古代美索不达米亚人建立的第一座或唯一一座收藏大量文献的图书馆，但它是一座专为保护历史遗产而设立的档案馆。其中收藏的诸多泥板上都有这样的标记："为了遥远的日子。"这也印证了亚述巴尼拔国王保存这些用楔形文字写就的文学瑰宝的用意——在遥远的未来，学者们可能会阅读这些文献。

我们不知道在故去的亚述统治者中有多少人识字，或者至少能够自己阅读书信和快讯，而不是需要秘书官为他们大声诵读。这种能力可能十分重要，并不是因为它可以表现国王接受的精英教育和具备的非凡智慧，而是因为它有利于国王获得事件的真相。不难想象，书吏们会仔细过滤要说给君主听的话。很多人害怕成为坏消息的传话人，尤其是在面对性情暴躁、脾气暴烈的君主时，传信之人或许会因传递的消息而受到惩罚。此类信息过滤的做法可能甚为普遍，因为在一封送至王宫的信的顶部就有明确的警告："即将朗读此信的书吏，无论你是何人，不得对国王我主隐瞒任何内容，这样神明彼勒（Bel）和拿布（Nabu）才能在国王那里为你美言。"

亚述巴尼拔的能力不仅限于阅读，他宣称自己完全掌握了书吏的全部技艺。

　　　朕，亚述巴尼拔，在宫殿之中，参透了拿布（学习之神）的智慧。各种书写的技艺，无一不被朕掌握……

　　朕阅读艰深的苏美尔泥板，还有晦涩的阿卡德语，要想正确使用阿卡德语是很困难的。阅读大洪水之前的石刻铭文让朕十分享受。

他不仅会阅读，也会书写。

251　　　　在朕之前没有一个国王学过的书吏艺术的精华，包括从头到脚的治疗之法，非经典之选集，巧妙的学说，有关医学大师尼努尔塔（Ninurta）神和古拉（Gula）神的一切，朕将其写在泥板之上，检查并校对，而后将泥板存入朕的宫殿以供翻阅品读。

（亚述巴尼拔的楔形文字书写能力有实证相佐：一些留存下来的泥板上刻有"亚述王亚述巴尼拔"的字样。很明显他的刻字技术并不纯熟。）

　　筹建图书馆似乎不只是一项满足这位博学君王的虚荣心的工程。亚述巴尼拔致信全国，要求各地将所有文本送至尼尼微。巴比伦城附近有一座叫博尔西帕（Borsippa）的古城，我们看到亚述巴尼拔写信给该城长官。"国王致沙杜努（Shadunu）：朕安好，你放心。在收到朕的泥板的当天，你要为朕带来舒姆乌金（Shum-ukin）之子舒马（Shuma）、舒马的弟兄贝尔－埃提尔（Bel-Etir）、阿尔卡特－伊拉尼（Arkat-Ilani）之子阿普拉（Apla），以及你知道的那位博尔西帕专家；你还要带上他们家中的和存放在埃兹达（Ezida，博尔西帕城保护神拿布的主庙）的所有泥板。"亚述巴尼拔不仅想收集尽可能多的藏品，而且要确保自己拥有美索不达米亚文明中的每一部重要著作。在信中，他还用每一份文本的开篇字句罗列出各祈祷文、咒语和其他文本，这种命名文本的方式在古代很普遍。他想获得开篇为"战斗"的系列泥板，以及"他们的血""在战斗中矛不可靠近人""休憩于野地而又就寝于宫殿"等作品。此外，他还要求沙杜努收集王宫图书馆中可能缺少的所有文本。

> 你要去搜寻，然后寄送给朕……宗教仪式文本、祈祷文、石刻铭文和一切有助于王室的内容，例如各城的悔罪书，还有有助于在恐慌时期蒙蔽邪恶之眼的内容，以及王宫所需的其他文本。既要有所有常见之作，又要有亚述所没有的稀有泥板。
>
> 朕已致信掌管神庙之人和行政主管，告诉他们你会将泥板存放在你的储藏室中，任何人不得拒交泥板。如果你见到一些朕未曾提到但又适合王宫的泥板或宗教仪式文本，就去检验它们，得到它们，再将它们寄送给朕。

幸运的是，亚述巴尼拔的目标实现了，他在自己的档案馆中"为遥远的日子"保存了苏美尔－阿卡德文化中的文学瑰宝。在19世纪40~50年代，他的图书馆成为美索不达米亚地区最早的一批考古发现。就这样，这位国王的梦想实现了，因为他曾期许有朝一日，他的馆藏能帮助后世重拾关于这个文明的智慧结晶的记忆。在对古代尼尼微遗址，也就是现在的库云吉克（Kouyunjik）的发掘中，共计出土三万余份文本和残片，其中包含几千份各类文书——年表、神话、史诗、祈祷文、咒语、词汇表、预兆表、数学练习、天文表、医学典籍。这让当时那些试图破解和翻译楔形文字的学者感到欣喜万分。其中甚至还有一份收购目录，记录了国王的收藏中各个藏品的来源。例如："一块内容为反巫术之道的单栏泥板，（作者为）巴比伦王的书吏拿布－舒姆－伊什库恩之子姆舍兹伯－拿布。两首'哀歌'和一部'解梦书'，共计一百二十五块泥板，（作者为）尼普尔的驱魔人阿拉布。"

然而，亚述巴尼拔图书馆的早期发掘也留下了遗憾，由于原始的发掘方法以及正式记录的缺乏，从不同建筑遗迹甚至不同发掘地点出土的泥板全被混在了一起。直到现在，从所有出土泥板中找出相互匹配的残片的工作仍在继续。

发现亚述巴尼拔图书馆的是奥斯丁·亨利·莱亚德，他是法裔英国冒险家、外交家和政治家。虽然发现埋藏于地下的多个亚述城市让他在国际上声名大噪，但这些挖掘工作在他漫长而成功的职业生涯中所占的时间还不满五年。在莱亚德重拾其政治事业后，考古工程中的大部分组织和监督工作是由拥有亚述民族背景的霍姆兹德·拉萨姆（Hormuzd Rassam）负责的。拉萨姆是亚述巴尼拔子民的后代，莱亚德曾在其发掘记录中向拉萨姆致谢："感谢时常在旅程中陪伴我的霍姆兹德·拉萨姆先生，他受委托作为发掘作业的总指挥，负责为工人们发薪水、处理纠纷和其他各项工作。只有像他这样对阿拉伯人以及考古队雇用的各领域人员都足够了解，并且能在他们之中树立个人威信的人，才能胜任这一职务。"

19世纪的欧洲人通常认为"东方人"油滑、懦弱且不值得信赖，但莱亚德未表现出半点傲慢轻蔑的姿态。在破解楔形文字工作中发挥了重要作用的亨利·罗林森爵士不仅对拉萨姆嗤之以鼻，还全力排挤他，不想让他在发掘工作中担任任何正式职务。相比之下，后来担任英国外交部次官的莱亚德对自己的亚述副手表现出了一种截然不同的态度。

> 他（拉萨姆）孜孜不倦地付出，尽忠职守地履行职责，富有幽默感，必要时态度坚决，而且充分了解阿拉伯人，就连那些在我们看来最难管理的人都对他十分敬重。因为有他，大英博物馆的人才能在研究中取得如此巨大的成就，我才得以在这样的经济条件下完成这些工作。如果没有他，仅依靠我手中的资源，我可能连目前已完成工作的一半都做不完。

莱亚德、拉萨姆及其团队是两千五百多年来首批探索亚述帝王的奢华宫殿的遗迹的人，他们的心情之激动可想而知。在宫殿遗迹中，他们发现了把守过道和大型房间的巨型人首牛身翼兽拉玛苏（lamassu），这些怪兽头顶带角神冠。过道和房间的墙上通常还镶嵌着做工精细但令人毛骨悚然的浅浮雕板。在一条过道的尽头，他们看到了两座仅存下半身的巨像，立刻就辨认出它们是教给人类文明的埃利都之神恩基或埃阿的鱼袍侍从。这是历史性的一刻，因为古代文学的光辉马上就要照进现代世界了。

　　由鱼神把守的第一扇大门通往互通的两个房间，两个房间之间曾有浮雕相隔，但大部分浮雕已被破坏。莱亚德第一次向公众解释了一个在当时看来很新的理念：古代美索不达米亚人把泥板用作书写介质。这发生在 1857 年皇家亚洲学会向四位学者发起破译楔形文字的挑战之前一段时间。

254

　　我所说的这个房间貌似是尼尼微的宫殿里用于存放文

书的资料库。房间地面上堆放的泥板有 1 英尺多高；有一些泥板完好无损，但大多数已碎裂成块，这很可能是建筑顶部坍塌导致的。这些泥板大小不一，最大的泥板长 63 英寸，宽 9 英寸，表面平整；较小的泥板长度还不及 1 英寸，只刻有一两行文字，表面略微凸起。泥板上的楔形文字大多笔锋尖锐、笔画清晰；但有些文字字号过小，如果不用放大镜几乎无法看清。

通常的情况是，灾难发生，宫殿被摧毁，"建筑顶部坍塌"，房间中的泥板被埋于废墟之下长达千年，亚述巴尼拔的藏品才得以保存至今。但我们确实知道这些藏品所在的阅览室的真实模样。1986 年，有人在离巴比伦北部不远的西帕尔城遗址发现了一间没有被破坏的档案室，其年代可能要比亚述巴尼拔的晚一百年。只见档案室内靠墙摆放着大大的格子架，架上完好地保存着经过细致分类和明确标注的约八百块泥板。尽管大多数泥板的内容对学者而言已不再新鲜，但它们完好的状态有助于学者填补已有记录中的空白，正如耶鲁大学巴比伦藏馆的馆长所言："这是一项人们等候了一个世纪的发现。"

19 世纪的那种将文物如数运回欧洲的政策早已被废止，上文提到的西帕尔档案室被并入了伊拉克国家文物博物馆。该博物馆曾收藏了超过十万块泥板，规模空前。可是在萨达姆·侯赛因倒台后，这些文物惨遭洗劫，用于存放这些藏品的木箱被撬开，记录有泥板内容的目录被焚毁。它们被重新找回的可能性微乎其微。一位考古学家哀叹道："你把这些东西装在卡车后车厢，然后开过颠簸的马路，很快车厢里就只剩下一堆尘埃。"

公元前612年，即亚述巴尼拔去世仅十五年之后，亚述的　255 仇敌便夷平了亚述城和尼尼微。然而他们并没有达到最终的目的，即抹杀亚述在历史上的地位。公元前401年，希腊历史学家色诺芬（Xenophon）和他的雇佣军都没有察觉他们在撤退途中路过了尼尼微遗址的所在地，古代战争的破坏程度可见一斑。拥有亚述民族背景的讽刺作家琉善（Lucian）用希腊语写道："尼尼微的毁灭是如此彻底，今已无法确定其方位，该城的一丝一毫均不得见。"这也是"只要他们惧怕，随他们恨去吧"的帝国政策的必然后果，因为恐惧消散后，仇恨终将永存。对于当今那些仍在对邻国实行类似政策的国家来说，这便是摆在它们面前的现实教训。

伟大民族的惨败

巴比伦是最终征服了亚述并摧毁了其各个城市的战争的发起者和主要受益者，它长久以来都是它的北方邻国的历代君王又爱又恨的对象。亚述为了支配、控制巴比伦，曾穷尽一切办法。一些国王，包括提革拉帕拉萨三世，对巴比伦实行直接统治，他们创造出一种双君主制度，将自己封为亚述和巴比伦两国的君王；其他统治者则试图安插近亲来继承巴比伦王位，并寄希望于这名近亲的忠诚；还有的会选择一个巴比伦本地人作为附庸国国王。最终，这些方法无一奏效，叛乱和起义频频发生，而后再被严酷镇压。

亚述所面临的难题还包括：巴比伦同样有大量闪米特游牧移民拥入。在南部，主要的新移民不是阿拉姆人，而是与他们相近的另一民族——迦勒底人。迦勒底人以捍卫巴比伦独立的名义，全力抵抗亚述的统治。公元前 721 年，亚述吞并了以色列，在此后一百年里所发生的动荡与骚乱，就是这一时期错综复杂、充满暴力事件的政治史的真实写照。

　　这一切的起源可追溯到喜欢征伐的亚述国王萨尔贡二世。迦勒底王子兼贝特雅金（Beit Yakin）部落首领马尔杜克－阿普拉－伊迪纳（Marduk-Apla-Iddina），即《圣经》中的米罗达·巴拉但（Merodach Baladan），无视亚述王的驱赶，霸占巴比伦的王位近十年。萨尔贡后来将其逐出并流放于埃兰，而后自立为巴比伦王。萨尔贡战死沙场后，马尔杜克－阿普拉－伊迪纳旋即反扑。萨尔贡之子辛那赫里布率军攻打这个屡屡进犯的敌人，将其逼回至其位于海湾口周边湿地的大本营。与此同时，辛那赫里布也试图通过任命从小就在尼尼微的亚述王宫中长大的巴比伦人贝尔－伊巴尼（Bel-Ibni）继承王位，以缓和巴比伦的敏感局势。但是这位巴比伦贵族同样发动起义抵制亚述的霸权。辛那赫里布只好让自己的儿子亚述－那丁－舒米（Ashur-Nadin-Shumi）取代贝尔－伊巴尼。正当亚述人忙于将马尔杜克－阿普拉－伊迪纳驱逐出其南部湿地的老巢时，美索不达米亚的宿敌埃兰乘机攻击巴比伦。埃兰国王不仅为巴比伦选立了他中意的新君，还给辛那赫里布之子戴上枷锁并将其掳走，其人从此音讯全无。辛那赫里布返回巴比伦后，先是囚禁了埃兰人安排的新君，继而东征埃兰都城苏萨。然而，在他忙于讨伐埃兰人的同时，另一位迦勒底王子登上了巴比伦的王座。盛怒之下，辛那赫里布率军包围了巴比伦城整整十五个月。城墙终被攻破之后，他不仅让冒牌国王和其家人，以及其他迦勒底重臣一并入狱，还将各宫殿和神庙洗劫一空，甚至放倒了巴比伦守护主神马尔杜克的雕像。此后，辛那赫里布下令开挖贯通城中心的水渠，然后水淹整座城池，使之成为渺无人烟的废城。

至少辛那赫里布在铭文中是如此叙述的。

> 城池中的房屋，从根基到墙垣，朕夷之、毁之、烧
> 之。内城墙与外城墙、砖石泥砌的神塔、神庙与神像，朕
> 将其破坏殆尽，弃于阿拉图（Arahtu）运河之中。在城市
> 中央，朕开挖水渠，以水毁灭城基。朕引入大水，彻底摧
> 毁该城。不出几日，城池覆灭，庙神消失，记忆不再。朕
> 以洪流覆之，只余草泽一片。

虽然我们一次又一次地目睹美索不达米亚的各个伟大城市的覆 257
灭，但它们很快便会重新崛起，就像过去什么也没有发生。巴
比伦就是很好的例证。尽管它在公元前 689 年遭到亚述的毁
灭，六十年后，旧城仍在人们的记忆中，新城的繁盛程度却已
然超越旧城。这怎么可能？难道巴比伦实际遭受的破坏并不如
我们读到的那般严重吗？

或许，我们可以参照一下 20 世纪的历史。到 1945 年末，
许多欧洲城市几乎被完全摧毁。柏林处处断壁残垣；明斯克从
照片上看只剩下绵延数千米的瓦砾；在日本，广岛与长崎被世
上首次投下的原子弹夷为平地。但就在短短几十年间，人们根
据原有的城市规划开展重建，大量建筑被修复，城市也得到重
生。在巴比伦上演的似乎也是相同的剧情。

在辛那赫里布于一场宫廷政变中遇刺身亡后，他的儿子以
撒哈顿继位。这位新君准许被驱逐者重返家园，下令修复神庙
中的神像，同时竭尽全力弥补其父造成的损失。他封幼子亚述
巴尼拔为亚述储君，立另一子沙玛什 - 舒姆 - 乌金（Shamash-

Shumu-Ukin）为巴比伦王，试图稳固亚述与巴比伦的关系。

但这一方法依旧无效。以撒哈顿死后不久，两兄弟之间爆发了惨烈的内斗。最终，亚述巴尼拔包围了巴比伦并攻破城门，拥入的大军恣意屠杀城中百姓。沙玛什－舒姆－乌金也在燃烧的宫殿中死去。亚述巴尼拔在巴比伦安插了一位新的傀儡国王后，便开始攻打巴比伦的盟国。

在此过程中，亚述巴尼拔犯下了一个重大的政治错误，尽管在有生之年他并不会目睹这一错误的毁灭性后果。埃兰一直支持巴比伦攻打亚述。为了报仇，亚述巴尼拔对埃兰都城苏萨发起了进攻，并决定让该国牢记教训。于是，他将埃兰宫殿内的值钱之物洗劫一空，还摧毁了神庙、金字形神塔、埃兰先王的雕像，甚至亵渎了埃兰先王的坟冢。而后，他将注意力转向埃兰的腹地。"在一个月内，朕将整个埃兰夷为平地。田间既无喧嚣人声，也无牛羊踪影，更无愉快的丰收歌声。朕将此地变成野驴、瞪羚等各类野兽生活的荒原草野。"虽然苏萨城最终得到重建，但埃兰从此失去了在该地区的霸主地位。

258 亚述巴尼拔在这场战争中取得了战术上的胜利，但犯了战略上的大忌。在毁灭埃兰的过程中，亚述巴尼拔不仅移除了可保护美索不达米亚不受东部外敌进犯的屏障，而且消灭了长久以来阻止外来民族在伊朗高原上建立新政权的力量。随着埃兰的衰亡，来自中亚的半游牧民族开始入主该地：说着印欧语系语言的米堤亚人和波斯人穿过伊朗北部山区的隘口进入伊朗，迅速地在伊朗高地建立起他们强硬的统治。骁勇善战的米堤亚人很快就给亚述国带来威胁。在亚述巴尼拔死后仅十五年，即公元前612年，亚述的边境线因接连几位亚述君主的无能而被迫一退再退，米堤亚军队便乘势粉碎了亚述的防线。巴比伦王也赶来支援米堤亚人，只不过在狡猾的他赶到时战斗已临近结束。就这样，亚述帝国的历史出人意料地在暴力中突然终止了。

经过多年的肃清剿灭工作，两个战胜国对亚述各省进行了瓜分。米堤亚人统治安纳托利亚和东北部地区，巴比伦人则控制整个新月沃地和阿拉伯半岛的北部。此时统治巴比伦的新王是一位迦勒底族长，他用阿卡德语为自己取名拿布－阿普拉－乌苏尔［Nabu-Apla-Usur，即那波帕纳萨尔（Nabopolassar），意为"拿布保佑继位者"］。事实上，在他的统领下，巴比伦接管了其宿敌亚述帝国的疆土。亚述学家口中的新巴比伦王国就此诞生。

然而，这个国家并没有维持太久——只有大约七十年，差不多是一个人的寿命。但近期的一个伟大考古发现让它的短寿成为世人瞩目的焦点。

1187 年，库尔德将军萨拉丁（Saladin）夺回了被基督教十字军占领的耶路撒冷。他下令在曾经的月神之城哈兰古城建造一座清真寺。1956 年，英国学者大卫·斯托姆·赖斯（David Storm Rice）在考察这座 12 世纪的清真寺时，试图验证自己的想法，即在哈兰，古代异教信仰一直占主流地位，直到中世纪晚期。这座清真寺共有三处入口，他在每一处都发掘出了大石板，且这些石板上都有迹象显示它们的年代要比清真寺本身古老得多。在翻看石板的过程中，赖斯发现了巴比伦王敬拜辛的雕刻图案，其中辛由新月图形代表。石板被正面朝下放置，这样穆斯林就可以踏着石板走进寺内祷告，象征着对安拉的信仰最终战胜了对月亮的崇拜。

更令人惊讶的是，在石板的雕刻图案旁，一段楔形文字提

259

到了巴比伦的末代国王那波尼德斯（Nabonidus），里面还有他母亲的传记。尽管我们了解到的古代苏美尔帝王的在位时间都长得离谱，《圣经》中宣称的族长寿命也都长得令人难以置信，但现在我们终于找到一份确凿的文书来证明古代百岁老人的存在："我是阿达-古皮（Adda-guppi）夫人，巴比伦王拿布-那伊德（Nabu-na'id，即那波尼德斯）之母。"她"出生于亚述-巴尼-阿帕里（Asur-Bani-Apli，即亚述巴尼拔）统治时期的第20年，一直活到亚述-巴尼-阿帕里在位的第42年，到其子亚述-埃提鲁-伊力（Asur-Etillu-Ili）在位的第3年，到拿布-阿普拉-乌苏尔（那波帕纳萨尔）在位的第21年，到拿布-库杜尔里-乌苏尔（Nabu-Kudurri-Usur，即尼布甲尼撒）在位的第43年，到阿迈勒-马尔杜克〔Amel-Marduk，即以未-米罗达（Evil-Merodach）〕在位的第2年，再到尼甲-沙鲁-乌苏尔〔Nergal-Sharu-Ussur，即尼里格里撒（Neriglissar）〕在位的第4年"。而且，她到最后都保持着极好的健康状态：

> 诸神之王辛拣选了我，为我正常的寿命添加了许多年岁，让我保持头脑清醒，长命不衰，也因此名扬四方。从亚述王亚述巴尼拔时期到我的儿子巴比伦王拿布-那伊德在位的第6年：那是一百零四年的幸福时光。依照诸神之王辛对我的许诺，我的视力敏锐、听觉灵敏，双手双脚灵活，说话措辞得当，饮食状况良好……精神矍铄。

附言中还写道：

巴比伦王拿布－那伊德在位的第9年，她自然死亡。 260
她最疼爱的儿子巴比伦王拿布－那伊德将她那穿戴着上好
毛料、鲜亮麻衣……佩戴着昂贵宝石的尸体放入棺材。他
将香油洒在她的尸体之上。人们将棺材安置在一个安全的
墓冢之中。他在墓前宰杀了肥美的牛羊，并将巴比伦和博
尔西帕的居民聚集到他的面前。

这位传奇的夫人从亚述政权的鼎盛时期一直活到了距离新
巴比伦王国终结仅剩六年的那一年，这一个世纪诚可谓历
史长河中最具影响力的一百年之一。为什么这么说呢？因
为在迦勒底王朝第二位统治者那波帕纳萨尔之子拿布－库
杜尔里－乌苏尔（意为"拿布保护长子"），也就是《圣
经》中的尼布甲尼撒在位期间，犹大这个小小的附庸国在
一次鲁莽的起义之后，就被完全吞并，成为巴比伦的领土。
于是，耶路撒冷圣殿被拆毁，国王西底家（Zedekiah）被弄
瞎，其后裔被处决，整个犹太的统治阶级被流放到王国都
城。同时，在大范围的平民主义土地改革后，统治阶级的
土地、房产都被分给了平民。对于这一事件，尽管《列王
记》和《历代志》中都有从政治和神学角度出发的叙述，
但最准确的记录来自先知耶利米（Jeremiah）的亲眼见证
（《耶米利书》39：8～10）：

　　迦勒底人用火焚烧王宫和百姓的房屋，又拆毁耶路撒
冷的城墙。
　　那时，护卫长尼布撒拉旦将城里所剩下的百姓和投降
他的逃民，以及其余的民都掳到巴比伦去了。

护卫长尼布撒拉旦却将民中毫无所有的穷人留在犹大地，当时给他们葡萄园和田地。

四十多年后，新巴比伦王国落入波斯人手中，犹大的贵族获准回到耶路撒冷并重建他们的神庙。但只有当时被流放到巴比伦的人才被看作犹太人。那些留守在犹大的百姓，即"民中毫无所有的穷人"，到返乡者那里去请求参与重建，得到的却是强硬的回绝，还被要求滚开（《以斯拉记》4:3）：

261

我们建造神的殿与你们无干，我们自己为耶和华以色列的神协力建造，是照波斯王古列所吩咐的。

不管怎样，想要重回贫穷故乡定居的犹大人只是少数，大部分人还是选择留在美索不达米亚，继续享受生活在文明中心的便利。这之后的几百年间，巴比伦而非耶路撒冷成为最大的犹大人聚居地。《巴比伦塔木德》也是在巴比伦的学院中创作而成的，至今依然影响着犹太教。如果尼布甲尼撒没有征服犹大国并将犹大人流放，就不会有我们所知的犹太教，也不会有今天的基督教和伊斯兰教。

* * *

同阿达 - 古皮一样生活在新巴比伦时代的人们，自然想象不到这样影响深远的后果。实际上，当巴比伦人取代亚述人掌握政权时，几乎没有人察觉到发生了变化。因为这次跟美索不达米亚历史上的数次王权更迭一样，是以接管而不是真正意义上的征服的形式实现的。

　　从一开始，美索不达米亚文明的历史就与现代社会中的工业企业巨头十分相似。尽管企业的所有权和股权可能变更，但不论是谁获得分红和负责撰写年度财务报告，该企业依然宣传相同的品牌、生产同样的产品。只有那些家园就此从版图上消失的亚述和尼尼微市民的生活会受到影响，对于普通农民、手工艺者、不受统治阶级管辖的商人，还有奴隶而言，生活几乎没有发生变化。依然是同一批官僚在进行管理；官方还在使用阿拉姆语；人们沉醉于与之前相同的文学文化，吟奏相同的音乐，吟唱相同的祈祷文，崇拜相同的神明（除了亚述的保护神阿舒尔，他此时已经无人问津）。的确，美索不达米亚人可能感觉到，只是传统的统治阶级又回来了。众多观察家，包括生活在巴比伦鼎盛期一百年之后的希腊历史学家希罗多德，仍将该王国视为亚述帝国，而巴比伦的胜利不过是统治中心的变更："亚述拥有数量庞大的城市，现阶段最知名且最强大的是巴比伦。尼尼微陷落之后，政府的所在地被移至巴比伦。"

　　巴比伦再次站到了世界舞台的中央，这个阿卡德大地上的中心城市承载了一千多年的历史，继承了苏美尔文明。为了彰显巴比伦城失而复得的地位，尼布甲尼撒将其打造成史上最庞大、最辉煌、最负盛名的城市。在一些人眼里，它甚至是世界上最为迷人的魅力之城。

　　希罗多德又写道：

　　　　这座城市屹立在广阔的平原之上，呈正方形，每一侧均为 120 斯塔迪昂（stadion）①，因此整个城市的周长就

———————

　　①　古希腊长度单位，1 斯塔迪昂约等于 185 米。

是 480 斯塔迪昂。此等宏大的规模,再无他城可比。城市周围环绕着一条又宽又深、水流充沛的护城河,河边耸立着宽 50 皇家腕尺 (royal cubit)①、高 200 皇家腕尺的城墙。

希罗多德很可能没有亲自造访此地。他给出的尺寸大得出奇:城墙高度 200 皇家腕尺接近 100 米了。因为该城的遗迹在地表依旧清晰可见,所以我们知道它的占地大小——大约 2250 英亩,那么其周长就不可能达到这位古代历史学家所说的超过80 千米,而应该只有十来千米。

　　现代考古学家发现的巴比伦基本上是尼布甲尼撒花费重金进行大规模重建后的那座城。但这并不代表该城的格局发生过重大改变。巴比伦的重建者总是十分小心,生怕改变了人们眼中的神赋格局。学者会根据某个遗址所处的考古层来断定该遗址的年代,但对于美索不达米亚的城市遗址来说,其考古层的形成主要不是自然衰朽和重建而是有意识的政策引导的结果——人们会在新建筑下方有意识地保留旧城的原有格局。这种做法可一直追溯到新巴比伦时代三千多年以前的圣城埃利都的兴建和重建。

　　于是,在重新修筑被称为伊穆尔 - 恩利尔 (Imgur-Enlil,意为 "仁慈的恩利尔") 的防御城墙时,那波帕纳萨尔说他"试图找寻古代城墙的基底并找到了它"。他讲述自己"探寻古代城墙基底……发现了过去的砖石,并在原有的基底上重建……"几十年后,该王朝的末代君主那波尼德斯在重建阿

---

① 古希腊和罗马的长度单位,1 皇家腕尺等于 17 ~ 20 英寸。

卡德伊什塔尔神庙时，也声称他的砖墙是直接垒砌在"原有基底之上的……不会比原有基底宽一根手指，也不会容一根手指"。

在修复和重建巴比伦的过程中，对古代建筑进行原样复制的工作极其重要，因为这座城市承载着完整的苏美尔－阿卡德历史。无论访客从哪个方向来，他们在远处都会一眼望见巨型的城墙和高耸的金字形神塔。待走近一些，他们会看到那高墙仿佛是从泥沼中升起的，就像是古代神话中对苏美尔和阿卡德之诞生的描述：在靠近遥远南部的海湾顶端的埃利都，大地从被称为阿卜苏的地下水域中浮现，那里是文明之神恩基／埃阿的家园。"朕沿着巴比伦堆起高高的土堤，"尼布甲尼撒写道，"朕让土堤周围涌起如汹涌海浪般的浇水；朕让城市四周化作河沼。"

访客若想要穿过双层城墙，进入位于幼发拉底河东岸的内城，就要经过一道守卫森严的大门，这道门以神明乌拉什（Urash）命名，并且以"敌人憎恶它"著称。接着，访客会快速穿过一个叫作舒安纳（Shuanna）的商业区，来到另一道大门——集市大门（Market Gate）。当时巴比伦城的地志指出："集市大门和大城门（Grand Gate）之间的区域被称作埃利都。"此街区的名字如此神圣，代表了古代苏美尔文明的起点，因此也代表了众所周知的文明之源。这里屹立着巴比伦最为重要的宗教建筑埃萨吉拉。它在苏美尔语中表示"高顶之屋"，是巴比伦的缔造者、保护神和众神之首马尔杜克的人间居所。埃萨吉拉也是恩基在埃利都的居所的名字。由此出发穿过一个 75 米宽的广场，就可抵达最著名的建筑埃特曼安吉（Etemenanki），即"天地之基神塔"。它是一座启发了巴别塔

故事的 90 米高的金字形神塔。《圣经》的撰写者在写下如下
文字时，一定知道这座巴别塔的阿卡德名："他们说，来吧，
我们要建造一座城和一座塔，塔顶通天。"（《创世记》11：4）
并不完全可靠的希罗多德也对它进行了如下描述：

> 从长宽均为 1 弗隆（furlong）① 的坚固石塔上方，升
> 起了第二座、第三座直至第八座石塔。塔身外部有一条蜿
> 蜒而上的通道可通向塔顶。登到一半高度时，就会看到一
> 处可坐下歇脚的地方，人们通常会在向上攀登的途中在此
> 坐下歇息。在最顶端的石塔上，有一座宽敞的神庙。神庙
> 内有一张装饰精美的超大长榻，旁边还有一张金色的桌子。
> 神庙内并未设任何塑像，在夜间除了一名当地的单身女性
> 外也没有任何人留守。马尔杜克的迦勒底祭司确认，这名
> 女性是神明从这片土地上的所有女性中亲自拣选的。
>
> 他们还宣称——但我本人并不相信——神明本尊会降
> 临这间神庙并就寝于长榻之上。

希罗多德的描述并不是我们唯一的信息源。在想象该建筑的样
貌时，我们可以参考一幅明显与神塔同时代的图。在一块现已
残缺的黑色石碑上刻有金字形神塔的平面图和立面图，旁边还
有尼布甲尼撒国王像及一段铭文："埃特曼安吉——朕让全世界
的人都为之震惊。朕使其直入云霄，为其入口筑门，用沥青和
砖石覆盖其表面。"这块浮雕纠正了希罗多德的描述——这座顶
层有一间"宽敞的神庙"的神塔由六座而非八座石塔构成。

---

① 1 弗隆等于 201.168 米。

如今，曾直入云霄的埃特曼安吉连遗址都找不到了。马其顿国王亚历山大在征服亚洲之后，打算以巴比伦为其帝国的都城。他依照美索不达米亚传统，决定重建巴比伦的金字形神塔，并着手拆除原有建筑为重建做准备。然而，这一宏愿在其有生之年未能实现，所以我们今天在巴比伦的埃利都街区只能看到那些被积水浸灌过的地基。

在经过埃萨吉拉和埃特曼安吉后，来到巴比伦的访客可以穿过另一道门进入邻近街区："从大城门到伊什塔尔城门的区域被称为卡－丁吉尔－拉（Ka-Dingir-ra）。"卡－丁吉尔－拉是苏美尔语，对应的阿卡德语是"巴比鲁姆"（Bab-Ilum），即"巴比伦"，意为神明之门。或许这座城市最早就是从这一区域兴起的。于是，美索不达米亚文明的发源地埃利都与让该文明发展至巅峰的巴比伦，就在这里实现了象征性的融合。 265

卡－丁吉尔－拉街区中还有尼布甲尼撒最壮观的城市改造项目——他本人的华丽宫殿。大街两侧的墙壁上装饰着用精美釉面砖拼贴而成的雄狮。这条大街穿过 18 米高的伊什塔尔城门，直达马尔杜克神庙。宏伟的伊什塔尔城门上建有带雉堞的堡垒，其闪闪发光的蓝色墙面上装饰有白色和赭色的牛和龙的图案，还有一段国王亲撰的长文：

> 巴比伦的这条大街地势低洼，朕拆除了几道大门，用沥青和砖石在地下水位的高度重筑基底。朕命人重新堆砌蓝色砖石，以呈现出公牛和龙的图案。朕在门顶上横着架设粗壮的雪松。朕用铜平整这些松木大门。朕在大门处放置野牛和恶龙，并用奢华装饰使其变得光彩夺目，让人们都为之惊叹。

对未来的恐惧

　　这种复制过去并确保巴比伦城的象征性意义能一直延续到未来的想法，可以被视为美索不达米亚的一贯传统。但如同亚述巴尼拔"为了遥远的日子"而建立图书馆的想法一样，这种思想反映了一种新的忧虑：过往的一切都有可能消失。公元前第一千纪的巴比伦统治者们似乎也有同样的忧思。

　　大部分文化要么展望未来，要么追溯过去，极少出现二者兼有的情况。当前路光明、未来激动人心时，人们往往无心惦记历史。日耳曼人定居欧洲后，大多数罗马城市的中心被废弃：广场中搭起了茅草顶木屋，竞技场里出现牲栏畜舍，公共浴场内围起了猪圈。中世纪天主教堂的建造者对祖先留下的原始教堂敬意寥寥；维多利亚时期的英国正处于工业化和现代化的进程中，科学技术快速发展，工程成就不断涌现，因此建筑师恨不得立刻把那些过时的新古典风格的白色乔治亚式联排建筑拆尽。不可否认，取代那些古老教堂的新建筑往往是以中世纪风格设计的，但 19 世纪的人从未考虑过保留古旧建筑。

　　20 世纪 40 年代，瑞士艺术史学家希格弗莱德·吉迪恩（Siegfried Giedion）研究了工业革命时期的美国，那时候的美国在大批量生产方面居于世界领先地位。"我亲自拜访了波士顿城外的一家大工厂，1850 年后不久这里首次完成了钟表标准零件的组装。（这种方法后来被广泛应用于汽车制造业。）19 世纪 70 年代的一些欧洲观察家曾经提到该工厂的早期产品。我想要看看这些产品的样品，研究一下该公司早期产品的目录。可是工厂里已经没有任何旧产品的目录了。因为根据该公司的规定，产品目录会在保存三年后被销毁，仅有的旧产品还是那些被送来维修的老手表。"

相比之下，执着于留存过去事物的时代，通常是那些同现在一样的，人们对未来感到不确定甚至觉得面临威胁的时代，在这些时代里人们保留并保护历史，强调宗族血统，探索并发掘史前遗迹。

公元前第一千纪中期的氛围一定与我们的时代存在共通之处。虽然美索不达米亚人一直以来都对先人和传统保有敬意，但到此时才明显展现了对远古之物的兴趣。可以说，公元前 7 世纪和前 6 世纪的巴比伦才是我们现在所说的考古学研究的真正起源。哈佛大学著名艺术史学家艾琳·温特（Irene Winter）教授指出，我们今天运用的大多数现代考古学标准，是由新巴比伦王国的统治者们建立的。这些国王发起实地勘察行动，努力发掘建筑遗迹。他们的部分考古记录跟 19 世纪勘探家们的叙述并无二致。那波尼德斯曾经踏上前往阿卡德的探险之旅，寻找伊什塔尔神庙的遗址："朕想要重建这座神庙。为了实现这个想法，朕挖开了阿卡德土地以找寻它的地基。"他在另一份文本中写道："朕的前代巴比伦王库里加尔祖（Kurigalzu）曾在阿卡德找寻埃乌尔玛什（Eulmash，伊什塔尔神庙）的地基，早在巴比伦王萨尔贡和他的儿子纳拉姆辛（其实是他的孙子）的统治时期，这座神庙就已不见踪迹……但库里加尔祖没有放弃。在一段铭文中库里加尔祖写道，'朕不停地寻找埃乌尔玛什的地基，但还是找不到它们'。"那波尼德斯还叙述了亚述王以撒哈顿、其子亚述巴尼拔以及巴比伦王尼布

267

甲尼撒找寻该建筑但也徒劳无功而返的事。"尼布甲尼撒召集无数劳工，不停地寻找……他挖掘了深深的沟壑，却一无所获。"最后，在坚持不懈的努力下，那波尼德斯成功了："朕在尼布甲尼撒的沟壑中挖掘了三年……朕左寻右找……在沟壑里前后探查……一场大雨过后，一道水沟出现了……朕说……'在水沟中继续挖'。他们在水沟中挖掘，然后找到了埃乌尔玛什的地基。"

与新巴比伦的其他统治者一样，那波尼德斯也探寻过废墟中的古代文献。他仔细研读这些文献："朕来到先王纳拉姆辛时代的古老地基，朕阅读了金板、青金石板和红玉髓板，上面记载着关于埃巴巴尔（E-Babbar，即太阳神神庙）的内容。"而后他自己添加了一些文字，并将所有文献送回它们的原址。那波尼德斯还发现了一尊破损严重的阿卡德王萨尔贡像。他先将它送到自己的工坊进行修缮，然后将其送回其原先所在的神庙。

许多其他时期的艺术品都被保存在王宫中。发掘者们在巴比伦北殿的废墟中发现了可追溯到公元前第三千纪的尼布甲尼撒时代的物品。这里会不会曾是一座宫廷博物馆呢？无论曾被用于何种用途，这些物品再次证明了新巴比伦王国的人在面对越来越难以确定的将来时，对于保护自己的历史的关切。

到这一时期的晚期，甚至还出现了一个传说，称尼布甲尼撒本人预见了巴比伦世界的没落。马尔杜克的祭司贝罗索斯活跃在公元前3世纪初，即美索不达米亚受马其顿人统治的时期，他曾描述了教导人类什么是文明的鱼神。他对尼布甲尼撒的预言进行了详细的描述。尽管贝罗索斯的作品失传已久，但后来的作家们对他的描述进行了概述，其中就包括生活在公元3~4世纪的凯撒利亚（Caesarea）① 主教尤西比乌斯（Eusebius）②。尤西比乌斯告诉我们：

> 尼布甲尼撒登上王宫的屋顶，感应到神明的启示，突然开口说道："朕，尼布甲尼撒，向你们发出预言。哦，巴比伦人，即将降临到你们身上的灾祸，就连朕的先祖彼勒神和女王贝尔蒂斯（Beltis）都无法阻止。在你们的神明的协助下，一个波斯人将来到这里，和他的同伙米堤亚人，亚述人的骄傲，一起奴役你们。"

这显然是后人加诸伟大的迦勒底君王的一种后见之明，但它表明在贝罗索斯所处的年代及其后很长一段时间里，人们都认为美索不达米亚末代王朝的君王收到了帝国即将灭亡的预警，并感受到荣耀与梦想已然终止，也就是说，巴比伦人对未来的憧憬已荡然无存。

在今天的报刊中，人们能频繁地读到末日预言家和厄运先知的言论。在新巴比伦时代当然也不乏这类人，还有那些走在提拉兹达街上的披头散发之人，他们的身上挂着标语牌，上面用楔形文字写着"末日将至"。令人好奇的是，新巴比伦人是否也像我们一样时常受到这类信息的影响。我们获得的巴比伦文献少之又少，而且文献上的语言还不是新巴比伦人的日常用语阿拉姆语，因此我们无法得到这个问题的答案。不管怎样，我们熟知古代人向来不愿用理论和猜想来表达思想，而是会通

① 地中海东岸的一座古城，今位于以色列境内。
② 基督教史学的奠基人，第一位教会史学家。

过神话故事和史诗传奇，朦胧且委婉地表达他们内心的想法，这让我们那注重事实、不擅隐喻的现代头脑难以参透其中之意。

不过，确实有一位学者成功驱散了这团"不知之云"。约六十年前，现已故的杜兰大学（Tulane University）教授内尔斯·贝尔基（Nels Bailkey）发表了一篇引发争议的文章，题为《巴比伦的历史哲学家》（"A Babylonian Philosopher of History"）。该文显示，通过对文本的深入钻研和细致阅读，就有可能领会文本中的深层含义。贝尔基所指的文本，乍看之下是典型的美索不达米亚神话故事，它被称为"众民之王、灾害之神伊拉的神话"或"迪巴拉（Dibarra）史诗"。（贝尔基认为该文本可追溯至汉谟拉比的统治时期或此后不久的时期。但现在的学者认定的年代要比他所说的晚得多：不是亚述晚期，就是新巴比伦时期。）而事实上，它并不是典型的美索不达米亚神话故事。

故事告诉我们，灾祸、死亡之神和地下世界统治者伊拉－内尔伽勒（Irra-Nergal）的一名信使，"以诗的形式在故事作者达比布（Dabibu）之子卡比提－伊拉尼－马尔杜克（Kabiti-Ilani-Marduk）夜晚［的睡梦中］给出了启示。第二天起床后，他完完整整地记下这首诗，毫无增减"。这一文本并不是一篇韵文，而是一则预言。卡比提－伊拉尼－马尔杜克并不像与他同时代的人那样重视简单地重述古代的故事和保留对过去的记忆。他收到的是一则带给全人类的消息，它不仅预示了将来，还解释了未来之事。

这是一首长诗，总共有六百多行，分为三大部分。第一部分叙述了灾祸之神如何介入天庭，与一些和善神明争斗，以说服其他诸神离开神位，摒弃人间受他们护佑的信众，并允许伊拉－内尔伽勒在苏美尔和阿卡德大地上纵横肆虐。在此之前，美索不达米亚人认为是神明喜怒无常的行为导致了时常降临在人类身上的那些灾难。但是，卡比提－伊拉尼－马尔杜克叙述了伊拉－内尔伽勒的理由，他说的话中除了神明的名字之外，其他内容都更像是出自希伯来先知之口："因为他们不畏惧我的神名，不听从主神马尔杜克的话，反而追随自己的心意，所以我要挑战主神马尔杜克王子，把他赶下宝座，以毁灭人类。"这场毁灭不仅限于马尔杜克守护的巴比伦城，它将像美索不达米亚历史早期的那场大洪水一样横扫四方。"海将不再是海，苏帕图（Subartu）也不再是苏帕图，亚述人也不再是亚述人，埃兰人也不再是埃兰人……大地荒芜，城市萧条，房屋破败，兄弟陌路。人类互相残杀。"

在伊拉－内尔伽勒这段富有说服力的争论之后是第二部分的内容。伊拉－内尔伽勒降下灾难，发泄骇人的怒火。

> 开启道路，我即将出发。
> 末日已至，时辰已到。听我的吩咐。
> 我将阻隔绚烂的日光；
> 我将遮挡夜晚的明月……
> 我将摧毁大地，使其变为荒野。
> 我将破坏城市，使其化作废墟。

这是彻彻底底的灾难。在一段又一段的文字中我们看到伊拉－内尔伽勒摧毁城市、破坏田地、消灭人类、毁灭文明。他召集诸神，夸耀道：

270

> 你们全都安静，听我说……
>
> 我心中的狂怒让我消灭了人类……
>
> 像种植了无果植物的人，我不辞劳苦地砍伐。
>
> 像抓住了不忠与邪恶之人的强盗，我大肆掠夺；
>
> 像张开血盆大口的狮子，在我这里尸首不留。
>
> 在恐惧中毁灭的人，将就此消亡。

最后到了第三部分，我们看到了伊拉－内尔伽勒毁灭人类的用意所在。世界被重塑，人类会重生，城市被重建，田园重新变得丰产，牛羊重新变得肥壮。如同希伯来先知以赛亚在另一个场景中所说："看哪，我造新天新地，从前的事不再被记念，也不再追想。"① 在巴比伦预言家的版本中，伊拉－内尔伽勒下令：

> 尔等要在发怒的神明的王座之上重建众神之土。
>
> 尔等要让牛羊之神和谷物女神降临大地。
>
> 尔等要使高山和海洋奉献物产和贡礼。
>
> 尔等要令焦干的田地出产粮食。
>
> 各地长官要将丰厚的贡品从各城带到巴比伦。
>
> 在被摧毁的神庙中，香火要在绚烂日光下燃烧。
>
> 底格里斯河和幼发拉底河的河水将充沛满溢。

那么一切的恐惧和痛苦又是为何？难道那毫无意义？卡比提－伊拉尼－马尔杜克对此坚决否认。这场灾难不是神明的有意破

---

① 出自《圣经》的《以赛亚书》65：17。

坏。清理过去才能迎来未来的发展。毁灭之后就是重生。但这一次，人类不是要重回之前的黄金时代，而是将迎来一个比过去更加美好的新世界。抹灭过去是为了赐予人类更好的未来。用贝尔基教授的话说："伊拉－内尔伽勒毁灭人类的本质与目的，人类历史不断变化和发展这一基本特点，在此都将被所有人领悟，并以人类赞美神明的形式被呈现出来。神明伊拉－内尔伽勒是这出历史剧的主角，他在第二幕伪装成恶魔初次登场，到了最后的第三幕却以把握全局、高瞻远瞩的英雄形象现身。"

　　卡比提－伊拉尼－马尔杜克所倡导的，是一个近乎达尔文式甚至接近尼采哲学的惊人观念：死亡与毁灭不是人类的敌人，而是推动历史前进的积极且富有创造性的力量。若没有这股动力，历史就不会进步。改变、进步、不断自我超越是人类存在于世的真正任务。巴比伦的先知告诉他的听众："是的，末日即将来临。是的，你们熟悉和热爱的土地将被摧毁。但从灰烬中将升起一个崭新的世界，它将让文明的发展迈入下一阶段。"在倡导这一观念的过程中，卡比提－伊拉尼－马尔杜克一直坚信未来，坚信发展永无止境这一美索不达米亚式信仰。最早接受这一信仰的，是数千年前聚居在遥远的南部海岸上的人们，他们住在埃利都周边的水沼地附近，那里是进步之神恩基的甜水之域。

＊　＊　＊

　　尼布甲尼撒去世后，美索不达米亚的独立仅维持了不到二十五年的时间。尼布甲尼撒在位四十三年，他的儿子在他自然死亡后继位，新王名为阿迈勒 - 马尔杜克（意为"马尔杜克之人"），即《圣经》中的以未 - 米罗达。两年间阿迈勒 - 马尔杜克做出了一系列争议不断的决策，它们导致他遇刺身亡。继位的是尼甲 - 沙鲁 - 乌苏尔（意为"哦，内尔伽勒保佑国王"），希腊人称他为内瑞格利沙尔（Neriglissar）。在尼甲 - 沙鲁 - 乌苏尔死后，他的幼子拉 - 阿巴什 - 马尔杜克（La-Abashi-Marduk，意为"哦，马尔杜克，请保朕不亡"）继承了王位。但不久之后，他就在一场宫廷政变中遇害。一份被称为《王朝预言》（Dynastic Prophecy）的文献对此进行了说明：拉 - 阿巴什 - 马尔杜克一直无法行使权力，因为他年纪尚轻，还未"学会处世之道"。没人知道是谁杀害了他。密谋反叛者将拿布 - 那伊德（意为"赞美拿布"），即希腊人所称的那波尼德斯，推上了王位。那时的那波尼德斯即将告别中年。辅佐他是他那野心勃勃的儿子贝尔 - 沙鲁 - 乌苏尔（Bel-Sharu-usur，意为"贝尔保佑国王"），也就是《但以理书》中的伯沙撒（Belshazzar）。

与此同时，米堤亚国王的女婿居鲁士带领波斯人，将他们那曾经灭亡亚述的米堤亚弟兄赶下了伊朗高原的霸主之位。而后，居鲁士把注意力转向了西方。公元前 539 年，在波斯军队的短暂攻势下，多个城市相继陷落，巴比伦也未能幸免。

有几份关于这一重大事件的记录留存至今，因此我们能够再现当时那些亲历者所看到的景象。

巴比伦的终结

在秋季的提斯利月（Tashritu）的第十五日（10 月 12

日），这座世界上最伟大的城市迎来了温暖舒适的天气——天空万里无云，不再像夏季时那样被沙漠扬起的黄沙遮蔽。神明伊什塔努（Ishtanu）送来试探性的阵风，也就是从北方吹来的第一股冷风，它缓缓地卷起屋舍间街道上的垃圾，吹拂着饿着肚子的野猫的绒毛。野猫们在街巷中游荡，抓扑着被微风吹起的每一根稻草和苇秆。

那天，大街上冷冷清清，出奇的安静；啤酒吧和红酒馆一反常态，闭门谢客；集市广场上空空荡荡；鱼贩和卖水果的妇人也收起摊位，将货摊叠靠在卡其色的墙面上。快餐餐台上空无一物，锅盖紧扣，也不见平时那些站在餐台后面懒散地等待顾客的服务员。在书吏学校（Bet Thuppi），没有青年学生在诵读他们的阅读练习，或是因为粗心、健忘、发呆而受到棍棒的责打。这是一个特殊的日子。

然而，城里并不是寂静无声的。你不论站在哪里，都能听到从埃萨吉拉神庙传来的喧哗声：嘈杂的人声在歌声和庆祝声中起伏，几百件乐器的击打鸣奏声夹杂其中。今天是欢庆的日子。随着大量的牛羊作为祭品被屠宰，圣洁的气味，也就是宰肉的气味从神庙附近飘散开来；在从城市的各个角落都能看到的埃特曼安吉金字形神塔的台阶上，祭司与侍者在疾走奔忙。

幼发拉底河将巴比伦城一分为二，河边商业码头区的两侧是设有神龛且带有雉堞的环城高墙。直通高墙的十字大道上空无一人，城门旁既没有看守者，也没有收取关税的税官。因此，没有人注意到河水水位在几个小时里经历骤降，深度已不及大腿的一半高。

但城里的人很快就会注意到这个问题。

在河流的上下游都出现了全副武装的士兵，他们一队接着一队地穿过浅滩。在发现城里的居民完全没有意识到他们的存在后，他们号召后方的军队向前推进。于是，半数以上的军队从那浅浅的河水中蹚过。在此之前，司令官已派遣另一半军队前去上游开放水闸，将河水引入巨大的蓄水池，这个蓄水池是王后为了保证巴比伦城免遭春季洪水侵袭而下令挖掘的。弓箭手和佩剑兵登上码头边的台阶，穿过河边的城门，随后在巴比伦的各条街道里分散开来，确保了各自撤退路线的安全。

希罗多德写道："如果巴比伦人对居鲁士的图谋早有警觉，如果他们已经预料到自己将面临的危险，他们必定不会给波斯人留下进城的机会，而是会把波斯人完全消灭。他们会派出重兵把守所有通向河流的城门，也会登上沿河的城墙围困敌人。然而，事实并非如此。波斯人对他们发动了突袭，占领了这座城市。"

戈布里亚斯（Gobryas）将军原是巴比伦王国古提省（从底格里斯河东岸延伸至扎格罗斯山脉的地区）的长官，后来倒戈成为居鲁士的波斯军队的总司令。他过去所有的疯狂幻想，都抵不过在这一天实现的野心。他攻占了世上最伟大的城市，这个文明的源泉、世界的中心。但正如希罗多德所说，城内的居民此刻依然毫无察觉。"由于城市规模庞大，在外城被攻占的许久之后，中心区域的居民（据巴比伦居民所述）还是毫不知情，他们沉浸在节日的气氛中，不停地跳舞狂欢，直到确认自己已成为俘虏才停下。"两周后，居鲁士亲临该城并将国王那波尼德斯投入囚牢。

但希罗多德出生于他所叙述的事件发生的五十年之后。该事件的亲历者讲述的是一个不一样的故事。马尔杜克神庙的一位祭祀，同时也是那波尼德斯在位时期的史官，将该事件描述为大受市民欢迎的和平占领。多年来当地的君王不仅对神明大为不敬，而且常常不见行踪，人们因此迫切地渴望改变这种执政不善的状态，希望有人能取代这个谋杀先王窃取王位之人。

那波尼德斯不但无视对马尔杜克的祭礼，还主张崇拜伊什塔尔、沙玛什（太阳神）、辛（月神）。他常年远离都城，隐居在一个叫作泰马（Tayma）的阿拉伯绿洲小镇。这就意味着亚述新年时的阿基图（Akitu）庆典每年都无法举行，因为在这个一年之中最为重要的宗教节日上，君王的出席和参与必不可少，是巴比伦国泰民安的保证；但那波尼德斯让他的儿子摄政王伯沙撒代替他本人参加。

而居鲁士则向民众承诺举办年度仪式，以重树马尔杜克的神威。他还明确表示支持对诸神的合理崇拜。史官特别称赞了居鲁士派遣持盾士兵围守马尔杜克神庙的举动。在巴比伦被攻占后的混乱中，这一做法使得大量的档案、独一无二的文书和珍贵的古董免遭掠劫和偷盗（21世纪的伊拉克征服者就没有这么做）。

有一位神庙祭司创作了一首浪漫主义诗来记录居鲁士的这场征服行动。他在诗中彻底贬损了前一位统治者，以凸显居鲁士的伟大和仁慈：

> 他对仪式一窍不通，
> 他对神谕一无所知，
> 他下令终止
> 最重要的宗教仪式。
> 他在埃萨吉拉神庙中凝视圣像
> 口中却说着亵渎秽语。

275　大家都认同居鲁士是一位值得称颂的君王，既是美德的典范，也是神明的虔诚侍者，且在兵将和百姓都毫发无损的情形下就攻占了这座圣城。

　　然而，巴比伦的城墙曾在此次攻占中遭到严重破坏。在波斯帝国吞并巴比伦的一个月后，巴比伦防御最薄弱的那座城门附近的城墙就被迅速修复。修复的面积很大，花费也很高。承包商一共用了七周的时间来完成这项工程，有四名见证人签署了该工程的收据。

　　　　从提别月（Tevet）第十四日（12月18日）至阿达尔月（Adar）第六日（2月27日），祭司纳奈阿（Nanaia）家族贝尔－伊其萨（Bel-iqisa）之子鲁雷亚（Rurea）对恩利尔大城门的护城墙进行施工，他从努尔辛（Nur-Sin）家族伊德丁－马尔杜克（Iddin-Marduk）之子马尔杜克－雷玛尼（Marduk-Remanni）那里收到19谢克尔（约半磅）白银的酬劳。

居鲁士还运用了大量心理战术。早在他发动侵袭的几个月甚至几年前，他的代表们就在各处传播消息，称巴比伦国王威胁邻国，压迫百姓，因而只有将国王赶下台才能恢复巴比伦的自由与公正。他们宣扬了"万王之王"居鲁士的慷慨豁达和他对基本人权的关切，还给埃萨吉拉神庙的管理委员会及其沙塔姆（Shatammu，即会长）送去密函，向委员会保证居鲁士坚定支持对马尔杜克和美索不达米亚各城尊奉的其他神明的崇拜。对于那些被尼布甲尼撒逐出本土、流离失所的人，代表们向其首领保证居鲁士有意让其重返家园。至于那些在尼哈迪亚

(Nehardea) 侍奉犹大国最后一位合法国王约雅斤（Jehoiakin）的儿子们的人，还有那位被后世称为第二以赛亚（Second Isaish）的宗教鼓动者和传道人，代表们向他们承诺居鲁士将向那座攻陷耶路撒冷的城市发起报复。居鲁士还派遣中间人前往酒吧和客栈煽动心怀不满的群众停止对篡夺了不朽的尼布甲尼撒王权的那波尼德斯效忠，迎接新的统治者；而这位新君将恢复被那波尼德斯无视的古老传统，以仁慈与公正对待民众。

对于包括马尔杜克神庙中的那名史官在内的巴比伦贵族而言，波斯对巴比伦城的征服并不会对他们的生活方式构成威胁，更何况居鲁士还做出了慷慨保证。所以，这不过是一次民众喜闻乐见的统治者的更替。在悠久的历史进程中，苏美尔和阿卡德大地曾先后被多个来自不同民族的君王统治：阿摩利人、加喜特人、埃兰人、亚述人、迦勒底人。他们都被美索不达米亚文化同化，成为地地道道的阿卡德人或巴比伦人。现在，王权落到了少数民族波斯人的手中，但这又有何差别呢？这无法撼动巴比伦的地位——从地图上看它依旧位于世界的中心——也不会改变它是史上最伟大的进步引擎的事实。

如果那名史官真的如此以为，那他就大错特错了。对美索不达米亚的未来丧失信心的情况，最早出现在亚述时期，并在新巴比伦王国对发掘古迹的热忱中再次得到体现，最终被卡比提－伊拉尼－马尔杜克公开表述出来。由此可见，真实的改变正在悄然发生。同样也是从此时起，该地区的新君不再将国都设在巴比伦，而是选择在自己的国家实施统治，后来的都城包括帕萨尔加德（Pasagard）、埃克巴坦那〔现名哈马丹（Hamadan）〕、波斯波利斯〔现名塔赫特贾姆希德（Takht-e-

276

Jamshid）］，以及美索不达米亚的宿敌埃兰国的主城苏萨（现名舒什）。巴比伦风光已逝，魅力不再。

* * *

难道我们就此抵达美索不达米亚文明的尽头了吗？在居鲁士时代的大约三千年前，这段伟大的历史进程发端于波斯湾北岸的肥沃冲积平原，经历了阿卡德的萨尔贡建立首座帝国城池、乌尔国王舒尔吉初试中央计划体制等重大事件，在古巴比伦自由贸易时代登上巅峰，在亚述时期迎来最后的崛起，为现代帝国树立了范本。如今它就要终结了吗？

事实并不是这样的。长达两千多年的传统不会在一夜、一年、十年或者一个世纪间就全部消失。由众多民族组成的新巴比伦王国会在很长一段时间里保持其商业的繁荣，巴比伦的神明也会继续得到服侍与赞美；人们还在观测天象，解读吉凶之兆，研究古代文献；熙熙攘攘的城市中还是会充斥着民族、语言和文化背景各不相同的群体，包括安纳托利亚人、埃及人、希腊人、犹大人、波斯人和叙利亚人。

277　　　如今，在幅员超过 400 万平方英里的波斯帝国里，美索不达米亚尽管被降为省一级的行政单位，却依旧保留了"亚述"这一响亮的名头，而且波斯人从未试图让该省的百姓顺从波斯的传统。波斯文化匮乏、历史短暂，如何能与美索不达米亚媲美？事实是亚述影响了波斯。波斯人借鉴楔形文字的形式创造出他们的铭文，而在此之前，他们的语言中没有书面文字；他们在学术领域和正式场合使用巴比伦的阿卡德语，在外交场合和商业活动中使用美索不达米亚的阿拉姆语（后来这种语言被称为波斯帝国阿拉姆语），甚至在波斯本土也这么做。

这个西亚帝国的统治者们为了丰富他们的文化，除了向巴比伦人学习之外，还汲取各民族的养分。波斯的建筑明显地反映了波斯人从全国各地召集能工巧匠来美化城市。在波斯人专为举办仪式而新建造的都城波斯波利斯，建筑的装饰性石板上精致细腻地雕刻着巴比伦人、亚述人、安纳托利亚人、埃及人、希腊人以及其他民族为该城献上贺礼的场景。大流士大帝著名的自传体贝希斯敦铭文不仅详细记载了他争夺王权的过程，后也成为今天的我们破解楔形文字的关键。波斯人受亚述艺术启发，将这些文字刻在浅浮雕上。它们以三种语言写成：古波斯语、巴比伦语和埃兰语（伊朗高原原先统治者的语言）。波斯人选择学习对象的范围很广。

在巴比伦从亚述手中接过大权时，古代文明的生态将迎来巨变的伏笔就已埋下：美索不达米亚不再是野蛮世界里代表进步力量的唯一信标。四面八方崛起的新文明都向巴比伦在历史长河中的核心地位发起了挑战。邻国近邦纷纷迎头赶上，快速发展本国文明，尤其是希腊人，他们带来了全新的人生观、宇宙观和世界观。自公元前 8 世纪起，希腊人开始在新观念的带领下朝着与巴比伦人全然不同的方向前行。

波斯与希腊在社会模式上的差异很快就引发了冲突。先是书面文本中的摩擦——希腊的作家将波斯政体认定为东方专制主义的最初形态。紧接着便是战场上的短兵相接。这种冲突伴随着波斯帝国的兴衰，足足持续了两个多世纪。抗争双方实力相当，难分伯仲。 278

正如野蛮的阿摩利入侵者建立起古巴比伦帝国，粗鄙的阿拉姆移民打造了伟大的亚述帝国，希腊也因一股蛮力十足、资

源丰富的外来势力——马其顿王国的加入而变得强大。希腊最
终打破制衡，希腊式生活方式赢得了决定性的胜利。马其顿的
亚历山大大帝因几场胜利而声名大噪。在伊苏斯（Issus）和
高加米拉（Gaugamela）的战斗中，亚历山大将波斯王大流士
三世从波斯帝国的王位上驱赶至其近亲的刀口之下。据希腊作
家西西里的狄奥多罗斯（Diodorus）所述，亚历山大还在一位
雅典高级妓女的煽动下焚毁了辉煌的波斯波利斯，以纪念这历
史性的一刻。

* * *

　　如果要选出某一天作为人类历史的前半段与后半段的分界
点，即关于城市生活的最初设想被新观念取代，以楔形文字为
表达方式的初创文明被后来以字母系统为依托的文明（也就
是我们所处的文明）取代的那个时间点，那么那一天就应是
公元前331年10月1日。

　　当然，我们还是要明确一点：存在已久的生活方式不会在
一夜之间骤然消失。如果用图来表现文明的发展状况，例如用
线条来表示一段时间内一个文明的活力值的变化，那么不论活
力值是如何计算的，我们得到的都是一条钟形曲线：它一开始
从基线逐渐上升，而后迅速升至高点，此后将呈下降趋势，先
是急剧下降，然后趋于平缓，最后以十分缓慢的速度渐渐与基
线重合。当一个文明让位于另一个文明时，它们的曲线就会部
分交叠，因为通常在几百年的时间里，前一文明的式微与后一
文明的崛起将同时发生。此时就发生了这样的情况。

　　因此，在美索不达米亚的千年传统销声匿迹之前，美索不

达米亚人就已开始接纳崭新的世界。随处可见希腊式的新城拔地而起，人们狂热地建造形态新颖的公共建筑，包括柱廊神庙、长方形会堂和体育场。城市人口构成十分复杂：波斯人、 279
印度人、希腊人、埃及人和犹太人跟巴比伦人、亚述人、亚美尼亚人和斯基泰人（Scythian）生活在一起。此外还出现了前所未有的全新阶层：名声不佳的企业家、充满魅力的冒险者、雇佣兵、独立思想家和作家、自由传道的神父和宗教改革家。

　　尽管古代城市的传统生活方式继续存在，但变化势不可当。格温多林·莱克在她所著的《巴比伦人》（*Babylonians*）中告诉我们：

> 　　这个时期的大多数文书与奴隶贩售、土地和神庙的买卖有关，且神庙买卖显然是利润颇丰的资本投资形式。但是，当希腊的统治阶级决定从奴隶贩售开始对这些交易征税时，神庙的行政人员已不再负责记录此类交易了。新的记录都被写在莎草纸等更易腐烂的材料上。巴比伦语不再是日常用语，楔形文字也只有在天文学和占卜术中才会被用到。在西方人眼中，使用这些语言和文字的人往往是迦勒底人、魔术师和占星家，且这些人都出自有名的书吏世家。最后一批楔形文字泥板制作于公元 1 世纪，记录的内容是天文观测结果。

最后一批楔形文字记录来自乌鲁克，这个事实显得如此合情合理，三千多年前，文明的本源"密"从埃利都降临该地，令乌鲁克成为美索不达米亚悠久且灿烂的文明的发源地。

　　我们不应认为一切都已消失，不应觉得在古代城市随着岁月流转被埋于沙土之下后，它们的成就也会化为乌有。我们也不该以为这些城市的民众就像《西拉书》（Ecclesiaticus）中所说的，"有的却没有留下纪念，他们死了，好像他们没有存在过；他们生了，好像没有生过；他们的子孙也同他们一样"[①]。因为由马其顿征服者们带来的新文明并不是纯粹的希腊文明。希腊文化（Hellenism）承古纳今，是一种融合式文化。尤其在美索不达米亚，希腊文化更是杂糅了希腊、亚述和波斯的文化。它在世界范围内留下的最伟大遗产——基督教，就融合了美索不达米亚的犹太教、希腊的异教信仰和伊朗的拜火教。

亚述和巴比伦的思想、文学主题、哲学观点、音乐形式、天文学与占星术、医学和数学一直以来都在向西传播，已经成了新型字母文明的文化基础的一部分。因此，我们有充分的理由相信，在历经马其顿、塞琉古（Seleucid）、罗马和波斯等帝国之后，希腊文明延续了下来，最终转变为拜占庭文明，且该文明仍带有提革拉帕拉萨一世于公元前 12 世纪所创立的亚述帝国统治模式的影子。这让我们可以做出具有倾向性的断言，即直到 1453 年征服者穆罕默德二世（Mehmed the Conqueror）最终攻占君士坦丁堡并将其归入奥斯曼帝国，美索不达米亚文明一直以这样或那样的方式延续着。鉴于奥斯曼帝国本身也继承了拜占庭文化，我们甚至可以说直到 20 世纪 20 年代土耳其成为世俗化的现代国家，美索不达米亚文明的延续才终止。

那么，这部从公元前 4000 年以前一直延续至当下的千秋

---

① 出自《西拉书》44∶9。

史诗，对我们来说又有何启示呢？我们从中可清晰地看到这一文明所拥有的形态与模式。

意大利的系统分析师切萨雷·马尔凯蒂（Cesare Marchetti）以毕生之力，撰文论述如何运用数理统计学的方法，尤其是利用于 20 世纪 20 年代提出的，用来模拟掠食者种群规模和猎物种群规模之间关系的公式分析社会数据。马尔凯蒂成功地展示了伦敦大瘟疫的扩散、天主教会历史的发展、英国军队实力变化，乃至艺术家、作家、音乐家、科学家和发明家的创造性成果的输出过程等，都符合该数学模型的模拟结果。例如，通过运用这种模型，马尔凯蒂提出莫扎特在 35 岁去世时，很可能已经完成了他能创作的所有作品，他即使享有更长的寿命，也不会谱写出新的作品。或许我们会对这种推断嗤之以鼻，但不要忘了在莫扎特逝世一年之后出生的罗西尼（Rossini），罗西尼在 37 岁前便创作出了他的全部作品，尽管他一直活到了 76 岁高龄。

在对帝国兴衰这类长期过程进行分析时，马尔凯蒂发现这种数学模型同样十分有效："帝国在几百年间的发展遵循了某个单一……公式，该事实表明帝国的兴衰受某些自动机制控制，而不是拿破仑或成吉思汗的一闪之念的结果。"他的成果确实激动人心，因为这告诉我们，通过对美索不达米亚文明的兴衰开展数学分析，我们可能可以发现影响所有文明，也包括我们所处的文明的自然规律。

但是，马尔凯蒂的成果是以大量数据为基础的。例如，他将莫扎特作品的累计数量与它们的创作年份对应起来，绘制出"莫扎特曲线"；他根据有关"封圣"和新建的天主教堂的历史记载、日期和数量，探究天主教会的活跃度变化。但到目前为止，尚无学者能够解决如何收集和拣选出足够多的相关数据的问题，因而无法运用马尔凯蒂提出的原理和方式来分析古代美索不达米亚文明的发展历程。

但是，如果马尔凯蒂的推断正确，即文明的兴衰也遵循着数学规律，那么这些规律就同样适用于我们今天的文明。

对此，我们应停下脚步，思索一番，因为我们也生活在一个时代的尾声。我们所处时代的许多特征与亚述帝国和新巴比伦王国后期的几个世纪极为相似。我们的社会同样发出了对未来失去信心的典型信号：执着于过去，不计代价地保存和保护历史，热衷于博物馆文化、宗族和史书（本书或许就是一个很好的例证）。我们知道，人类历史后半段中的生活方式不可能永远持续，因为它主要依靠的是对地球资源的榨取。我们看到，如果印度等国家的农民都想要像富裕的西方国家的公民那样生活，那么世界将难以为继。我们明白，人口如果仍然按照当前的指数型速率继续增加，那么就将超出地球的承载能力。我们还注意到，两千五百年来造就了当下的我们的字母文明，正面临着新型文明所带来的前所未有的严峻挑战，这一新文明以 19 世纪 90 年代何乐礼发明的人口普查机器为开端，现处于萌芽阶段，我们暂且将称之为"数字文明"。公元前 2000 年 **282** 前后，《苏美尔与乌尔毁灭的哀歌》（"Lamentation over the Destruction of Sumer and Ur"）的作者就说过："有谁见过哪朝的王权长盛不衰？这一朝的统治的确十分长久，但它终将走向消亡。"

如果现实就是如此，那么我们也许可以从亚述－巴比伦时期的哲学家，也是"众民之王、灾害之神伊拉的神话"的作者卡比提－伊拉尼－马尔杜克那里得到一些安慰：在我们的世界里，衰弱、瓦解和灭亡往往预示着某种重生，正所谓旧的不去，新的不来。经过几世浮沉，真正有价值的事物从未消失，尽管它们的创造者早已被世人遗忘。我们的文明终有一天——或早或晚——会消逝，到那时，我们之中依然会有人像古代美索不达米亚人教导的那样，举目仰望星空。

延伸阅读

刚开始探索古代美索不达米亚历史的时候，我寻求过学术建议。有人告诉我："你可以从 J. N. 波斯特盖特（J. N. Postgate）入手，了解一下美索不达米亚的早期历史，再看一看马克·凡·德·米鲁普的近期著作，其中有许多参考文献值得借鉴。"我觉得这个建议很好。

布莱克威尔出版社（Blackwell）于 2004 年出版了哥伦比亚大学近东古代史教授马克·凡·德·米鲁普所著的《近东古代史（约公元前 3000 ~ 前 323 年）》（*A History of the Ancient Near East ca. 3000 – 323 BC*），该书第二版于 2007 年出版。这不是枯燥的学术教科书，而是通俗易懂的叙述性读本，可被列为该领域的大众标准读物，同类著作还包括现在稍显过时的《古代伊拉克》（*Ancient Iraq*），它的作者是独立学者乔治·鲁（Georges Roux），企鹅出版公司（Penguin）于 1992 年出版了该书的第三版。要想尽可能全面地了解这段历史，可以参阅《剑桥古代史》（*The Cambridge Ancient History*）第二版前三卷，但这几卷书中尚未囊括大多数近期考古发现，而且书中采用的特殊注脚体系可能会给阅读带来不便。

虽然劳特利奇出版社（Routledge）1994 年出版的《早期

美索不达米亚：历史初期的社会与经济》（*Early Mesopotamia：Society and Economy at the Dawn of History*）并未涵盖美索不达米亚的所有历史时期，但它仍是关于美索不达米亚文化、经济和社会史的最佳著作。该书作者 J. N. 波斯特盖特在写作该书时是剑桥大学美索不达米亚研究的准教授。如果需要有关美索不达米亚历史初期至末期的完整叙述，可以结合牛津大学出版社于 1999 年出版的平装本学术著作《古代美索不达米亚城市》（*The Ancient Mesopotamian City*），作者为马克·凡·德·米鲁普；以及企鹅出版公司于 2002 年出版的《美索不达米亚：城市的创立》（*Mesopotamia：The Invention of the City*），其作者格温多林·莱克是一名独立学者兼文化导游。

法国伽利马出版社（Gallimard）出版的杰出著作《苏美尔：艺术起源》（*Sumer：The Dawn of Art*）全面展示了苏美尔的艺术史，该书的英文版由泰晤士与哈德逊出版社（Thames and Hudson）出版。尽管这部著作早在 1960 年就出版了，但书中的精美插图，再加上时任法国国家博物馆馆长和卢浮宫馆长的安德烈·帕罗撰写的配文，使得这部作品成为研究古代美索不达米亚雕塑和绘画作品的经典资料。

我在下一部分内容中详细列举了本书所引用的文献来源。需要注意的是，如今许多文献均可在网络上找到部分或全部内容，但是某些期刊合集可能要通过预付款或成为图书馆会员才可获得。只要肯下功夫，就一定能找到这些资料。

参考文献

第一章　前车之鉴：导言

有多部作品曾提到萨达姆·侯赛因及其自我标榜为古代美索不达米亚君主继承人的心思，其中最著名的包括 Elaine Sciolino, *The Outlaw State*：*Saddam Hussein's Quest and the Gulf Crisis*（John Wiley, 1991），以及 John Simpson, *The Wars against Saddam*：*Taking the Hard Road to Baghdad*（Macmillan, 2003）。

萨达姆·侯赛因声称入侵科威特是神的旨意，这一陈述引自 Umangh Harkhu, "Does History Repeat Itself ?：The Ideology of Saddam Hussein and the Mesopotamian Era", *Scientia Militaria*：*South African Journal of Military Studies*, 33（2005）。有关乔治·布什受圣灵感召的叙述出自诺尔玛·珀西（Norma Percy）、马克·安德森（Mark Anderson）和丹·埃奇（Dan Edge）制作的纪录片 *Elusive Peace*：*Israel and the Arabs*，英国广播公司在 2005 年 10 月 10 日、17 日和 24 日播放了该片。丹·克鲁克香克（Dan Cruickshank）对萨达姆重建巴比伦的批判摘自 "Letter from Baghdad", *Architectural Review*, March 2003。

在被遗忘的泥锥上发现有关先前不为人所知的一位乌鲁克王的记载的故事，原载于 University of Minnesota College of Liberal Arts Newsletter（2008），电子版链接为 http：//cla. umn. edu/discoveries/language. php? entry = 138909。芬兰教授西莫·帕尔波拉（Simo Parpola）认为，苏美尔人与起源于北高加索山说乌拉尔语的族群，如芬兰人和匈牙利人，在语言上存在着某种关联。

欧文·希曼（Owen Seaman）的诗 "On the Instability of Things" 刊载于 *Punch*, 18 July 1923。

第二章　天赋王权：城市变革

我在文中引用的有关古埃利都考古队的报告，出自 H. V. Hilprecht,

Explorations in the Bible Lands during the 19th Century，1903，以及 H. R. Hall，"The Excavations of 1919 at Ur，el – 'Obeid，and Eridu，and the History of Early Babylonia"，published in *Man：Journal of the Royal Anthropological Institute of Great Britain and Ireland*，25（January 1925）。有关发现埃利都多层人类居住区遗迹的最新完整记录可参阅格温多林·莱克（Gwendolyn Leick）的 *Mesopotamia, the Invention of the City*（Penguin，2002）。

科林·塔奇（Colin Tudge）关于农耕作业之艰苦的评论出自 *Neanderthals，Bandits and Farmers：How Agriculture Really Began*（Weidenfeld & Nicolson，1998）。

安东尼·多诺霍（Anthony Donohue）关于埃及宗教场所选址于拥有能跟诸神的形象联系起来的景观之地的观点，可见 "The Goddess of the Theban Mountain"，*Antiquity*，66（1992）。

有关美索不达米亚南部地区的沼泽可能受过陨石冲击的推断可见 S. Master，"A Possible Holocene Impact Structure in the Al 'Amarah Marshes，near the Tigris – Euphrates confluence，Southern Iraq"，*Meteoritics and Planetary Science*，36（2001）。

科林·伦福儒（Colin Renfrew）有关文化与社会现实的联系的观点出自 *Prehistory：The Making of the Human Mind*（Weidenfeld & Nicolson，2007）。

陶克尔德·雅克布森（Thorkild Jacobsen）在 *Towards the Image of Tammuz and Other Essays on Mesopotamian History and Culture*（Harvard University Press，1970）中描述了埃利都的摩羯座的起源。

以"恩基，丰盛之主"开篇的引文出自史诗《恩美卡与阿拉塔之王》（Enmerkar and the Lord of Aratta），该史诗收录在 S. N. 克雷默（S. N. Kramer）和 J. R. 麦尔（J. R. Maier）翻译的 *Myths of Enki，the Crafty God*（Oxford University Press，1989）。

"密"的完整内容可见于戴安·沃克斯坦（Diane Wolkstein）和塞缪尔·诺亚·克雷默的 *Inanna，Queen of Heaven and Earth：Her Stories and Hymns from Sumer*（Harper，1983）："牧者之道、王权、公主祭司、神圣女王祭司、咒语祭司、贵族祭司、祭酒祭司、真理、降入阴间、升出阴间、库尔加拉（kurgarra）、匕首与剑、黑色长衣、彩色长衣、松发、结发、旗帜、弓箭、性爱、亲吻男性生殖器、卖淫之术、加速之术、直言之术、诽谤之术、花言巧语之术、圣妓、神圣酒馆、神龛、天国圣女祭司、回响乐器、歌曲艺术、老者之术、英雄之术、权力之术、背叛之术、直率之术、城市掠夺、哀悼、心情愉悦、欺骗、悖逆之地、友善之术、旅行、安居之所、木匠技艺、铜匠技艺、书吏技能、铁匠技艺、皮革匠技艺、漂洗工技能、建筑工技艺、芦苇编织工技艺、灵敏之耳、注意力、神圣净化仪式、饲养圈、热炭堆积、羊圈、恐惧、惊惶、沮丧、牙齿锋利的狮子、点火、灭火、疲惫的手臂、组合家庭、生殖、冲突、辅导、宽慰、判断、决策。"

彼得·帕森斯（Peter Parsons）的著作 *City of the Sharp - Nosed Fish*: *Greek Lives in Roman Egypt*（Weidenfeld & Nicolson, 2007）详细叙述了古代俄克喜林库斯的人口情况。

对伊南娜隐遁而去后世间发生之事的叙述以及对城市性放纵的描述，出自斯蒂芬妮·达利（Stephanie Dalley）翻译的 *Myths from Mesopotamia*（Oxford University Press, 1989）。伊南娜从恩基那里偷走"密"的故事改编自史诗《伊南娜与恩基》（*Inanna and Enki*），该译文保存于牛津大学苏美尔文献电子文本语料库，网址为 http://etcsl. orinst. ox. ac. uk。

第三章　吉尔伽美什之城：神庙法则

爱德华·吉本（Edward Gibbon）在《罗马帝国衰亡史》（*The Decline and Fall of the Roman Empire*）中描述了意大利南部城市科森扎（Cosenza）所举行的哥特人阿拉里克的葬礼："经过大批俘虏的辛苦劳作，他们强行改变了康森提亚（Consentia）城墙下方的小河——布森提努斯（Busentinus）河的河道。皇陵建造于干涸的河床之上，以从罗马掠劫而来的瑰丽战利品为装饰；而后河道被复原。"如果这是真实的故事，那么罗马将军（也是后来的罗马皇帝）提图斯（Titus）从耶路撒冷圣殿中掠走的宝藏很可能还长眠于布森提努斯河的水流之下。关于德国探险队调查幼发拉底河河底遗迹的内容摘自 *Geophysical Research Abstracts*, 5（2003）。

安德烈·帕罗（Andre Parrot）对于乌鲁克女神，即瓦尔卡面具的反应记录于 *Sumer*: *The Dawn of Art*（Thames and Hudson, 1960）。

罗伯特·马雷特（Robert Marett）在 *The Threshold of Religious* 中提出了关于所有早期宗教都包含"表演"和"假扮"元素的想法，该书于

1909 年首次出版。

G. H. 哈代（G. H. Hardy）的科学无用性论断出自他的代表作 *A Mathematician's Apology*（Cambridge University Press，1940）。

彼得·米哈沃夫斯基（Piotr Michalowski）在"Tokenism"一文中宣称乌鲁克所经历的变革不是渐进式的发展，该文发表于 *American Anthropologist*，95（1993）。

有关青金石被用于装饰城墙、神庙和战车的叙述引自 *Lugalbanda and the Anzud Bird*，*Enki's Journey to Nibru* 和 *The Building of Ningirsu's Temple*。

陶克尔德·雅克布森在题为"Primitive Democracy in Ancient Mesopotamia"的文章中提出了原始民主的理念，这篇极富影响力的文章发表于 *Journal of Near Eastern Studies*，2（1943）。

大卫·温格罗（David Wengrow）关于"对非精英阶级的审美剥夺"的研究可见"The Evolution of Simplicity：Aesthetic Labour and Social Change in the Neolithic Near East"，*World Archaeology*，33（2001）。在 *Current Anthropology*，49（2008）。他发表了题为"Prehistories of Commodity Branding"的文章来论证乌鲁克文明是品牌的首创者。这篇文章也引用了安德鲁·谢拉特教授（Professor Andrew Sherratt，1946~2006）提出的历史学家可以从对比新石器革命、城镇变革与工业革命中获益的观点。

福克斯·塔尔博特（Fox Talbot）、辛克斯（Hincks）、奥佩尔（Oppert）和罗林森（Rawlinson）对楔形文字进行了破解和翻译，对此皇家亚洲学会出具了完整报告，可见 www. let. leidenuniv. nl/IAA/RAScuco. pdf。

本书提到阿卡德文字体系是建立在一种更加古老的语言的基础上的，有关这一发现的论证转述自 Jean Bottero，*Mesopotamia：Writing，Reasoning and the Gods*（University of Chicago Press，1992）。

提出苏美尔语可能是一种克里奥尔语的丹麦学者名叫因斯·霍伊鲁普（Jens Høyrup）。他在"The Descendant of a Proto – Historical Creole？"一文中提出这一观点，该文发表于 *AIΩN：Annali del Dipartimento di Studi del MondoClassico e del Mediterraneo Antico*，*Sezione linguistica*，*Istituto Universitario Orientale*，*Napoli*，14（1994）。

第四章 大洪水：历史的休止

荣誉退休教授诺曼·科恩（Norman Cohn）的 *Noah's Flood: The Genesis Story in Western Thought*（Yale University Press, 1999）出色地阐述了大洪水在历史书写中的重要性。

有关搜索诺亚方舟残骸的探险队记录，可见 http://www.noahsarksearch.com/Expeditions.htm。

2003 年美国地质学会收到的有关地中海海水冲过博斯普鲁斯海峡的论文，原标题为"Late Glacial Great Flood in the Black Sea and Caspian Sea"，作者是来自俄罗斯科学院（Russian Academy of Science）地理所的安德烈·特切帕里加（Andrey Tchepalyga）。

罗伯特·S. 斯特罗瑟（Robert S. Strother）对乔治·史密斯（George Smith）及其发现有富有启发性的简短叙述，可见"The Great Good Luck of Mister Smith"，*Saudi Aramco World*, January/February 1971。阿奇博德·赛斯（Archibald Sayce）牧师撰写的乔治·斯密斯的讣告刊登于 *Nature*，后又载于 *Living Age*, 14 October 1876。可见 http://cdl.library.cornell.edu/moa/browse.journals/livn.1876.html。乔治·史密斯对其工作的自述载于 *Assyrian Discoveries: An Account of Explorations and Discoveries on the Site of Nineveh, during 1873 and 1874*（1875）以及 *The Chaldean Account of Genesis*（1876）。

那名 15 岁男孩撰写的"极为出色的文章"题为"To what extent can Sir Leonard Woolley be better described as an imperial orientalist than a scientific archaeologist?"。这篇文章发表于 2004 年，作者是来自伦敦城市学校的雅各布·吉福德·黑德（Jacob Gifford Head）。

对公元前 3000 年前后乌鲁克意识形态崩溃时该地区发生的剧变的详细叙述，可见 Petr Charvat, "The Kish Evidence and the Emergence of States in Mesopotamia", *Current Anthropology*, 22（1981），以及 M. Staubwasser and H. Weiss, "Holocene Climate and Cultural Evolution in Late Prehistoric – Early Historic West Asia", *Quarternary Research*, 66（2006）。

芝加哥大学和叙利亚文物局近期组织了一次针对今叙利亚境内的哈穆卡尔遗址的考察。他们的考古发现详细记载于 2005 年 12 月 16 日芝加哥大学的新闻稿中，标题为"Earliest Evidence for Large Scale Organized Warfare in the Mesopotamian World"。

奥玛尔·扎克尔沃（Omar Zakhilwal）在 *The Helmand Valley Project*（Institute for Afghan Studies，2004）中描述了美国支持的赫尔曼德河河谷绿化灌溉计划的失败。相关链接为 http：//www. institute – for – afghan – studies. org/Foreign%20Affairs/us – afghan/helmand_ o. htm。

麦圭尔·吉布森（McGuire Gibson）教授在"Violation of Fallow：An Engineered Disaster in Mesopotamian Civilisation"一文中解释了传统的土壤脱盐工艺。这篇文章收录于 *Irrigation's Impact on Society*，Anthropological Papers of the University of Arizona（University of Arizona Press，1974）。

第五章　伟人与君王：城邦

网络上有大量关于伊拉克城市库特和纳西里耶相互袭击事件的报道，本书中的相关描述引自 http：en. wikipedia. org/wiki/2003_ invasion_ of_ Iraq。

乔治·巴顿（George Barton）对苏美尔专有名词的评价可见"Religious Conceptions Underlying Sumerian Proper Names"，*Journal of the American Oriental Society*，34（1915）。

1987 年让·博泰罗（Jean Bottero）在美国东方学会所做的关于古代美索不达米亚饮食的会长报告题为"The Culinary Tablets at Yale"，*Journal of the American Oriental Society*，107（1987）。有人按博泰罗所破译的禽肉派食谱做出了成品并拍了照，相关专题报道刊登于 *Actuel*，no. 69 – 70（June – July 1985）。

"农民指南"（The Farmer's Instructions）中的引文来自苏美尔文献电子文本语料库 http：//etcsl. orinst. ox. ac. uk。

关于古代苏美尔下水道的详情来自：W. Ludwig，'Mass, Sitte und Technik des Bauens in Habuba Kabira Sud '，in *Actes du colloque ' Le Moyen Euphrate, zone de contacts et d'échanges '*，ed. J. – Cl. Margueron（E. J. Brill，1980）；E. Strommenger，' Habuba Kabira Sud 1974 '，in *Les Annales Archéologiques Arabes Syriennes*，25（1975）；以及 Jean – Luc Bertrand – Krajewski，Short Historical Dictionary on Urban Hydrology and Drainage （2006），网址为 http：//jlbkpro. free. fr/shduhdfromatoz/habuba – kebira. pdf。

米格尔·西维尔（Miguel Civil）和格雷格·格拉泽（Gregg Glaser）分别在 "Modern Brewer Recreate Ancient Beer"，*Chicago University Oriental Institute News and Notes*（1991）和 "Beer from the Past" Past"，in *Modern Brewery Age*，31 March 2003 中详述了制作古代美索不达米亚啤酒的实验过程。

苏美尔祝酒歌引自苏美尔文献电子文本语料库 http：//etcsl. orinst. ox. ac. uk。

莫里斯·西尔弗教授（Professor Morris Silver）提供的关于古代市场的证据源自 "Karl Polanyi and Markets in the Ancient Near East：The Challenge of the Evidence"，*Journal of Economic History*，43（1983）。

彼得·哈尔瓦特（Petr Charvat）在 "The Kish Evidence and the Emergence of States in Mesopotamia"，*Current Anthropology*，22（1981）中描述了苏美尔的新富阶层。

《埃努玛·埃利什》（*Enuma Elish*）的选段改写自 1902 年出版的 *The Seven Tablets of Creation*，译者为 L. W. 金（L. W. King）。

德怀特·W. 扬（Dwight W. Young）在 "A Mathematical Approach to Certain Dynastic Spans in the Sumerian King List"，*Journal of Near Eastern Studies*，47（1988）中提出，"苏美尔王表" 中超长的君王在位时间是从书吏学校的数学练习中推导出来的。

有关拉格什和乌玛之间的百年战争，详见 Georges Roux's *Ancient Iraq*，Mark W. Chavalas，*The Ancient Near East：Historical Sources in Translation*（Blackwell，2006）and *The Cambridge Ancient History*，vol. 1，chapter 13，"The Cities of Babylonia"。

被学者们称为《恩美卡尔与阿拉塔之王》（Enmerkar and the Lord of Aratta）的史诗描绘了如雨般从阿拉塔城墙上射下的弹丸。古典时期对投石器战争的描述可见 Diodorus Siculus，*Bibliotheca Historica*，Book XIX，109。更多有关投石器战斗的具体分析，可参见 K. G. Lindblom，*The Sling*，*Especially in Africa*（Stockholm：Staten Etnografsika Museum，1940，以及链接 < http：//www. lloydianaspects. co. uk/weapons/sling2. html >。

有关沃利挖掘乌尔王陵的过程的叙述，引自 Richard L. Zettler，Lee Horne，Donald P. Hansen and Holly Pittman，*Treasure from the Royal*

Tombs of Ur（University of Pennsylvania Museum，1998）；Sir Leonard
Woolley，Excavations at Ur（Ernest Benn，1954）；Agatha Christie，
AnAutobiography（Collins，1977）。

布鲁斯·迪克森教授（Professor Bruce Dickson）有关残酷戏剧的文
章为 "Public Transcripts Expressed in Theatres of Cruelty：The Royal Graves
at Ur in Mesopotamia"，*Cambridge Archaeological Journal*，16（2006）。

"阴间的食物是苦的，阴间的水是黑的。" 这句话摘自史诗《乌尔纳
姆之死》（*The Death of Ur-Nammu*）。

关于乌鲁卡基那改革的内容改写自 *Iscrizioni Reali Dal Vicino Oriente
Antico*，translated by Giuseppe Del Monte（Universita di Pisa Facolta di
Lettere e Filosofia，2004），http：//history – world. org/reforms ＿ of ＿
urukagina. htm，以 及 Samuel Noah Kramer，*History Begins at Sumer*
（University of Pennsylvania Press，1956）。

关于古代神明、国王和估税官的谚语引自苏美尔文献电子文本语料
库 http：//etcsl. orinst. ox. ac. uk。

第六章　统治四方：青铜英雄时代

1990 年 5 月 21 日的《时代周刊》描述了萨达姆·侯赛因的五十三
岁生日庆典。

"现在如果有任何国王觉得他自己能与我平起平坐，那么无论我去
过哪里，叫他也要前往。" 萨尔贡的此番叫嚣出自《早期列王记》（*The
Chronicle of Early Kings*）。

琼·古德尼克·韦斯顿霍尔兹（Joan Goodnick Westenholz）在
"Heroes of Akkad"，*Journal of the American Oriental Society*，103（1983）
一文中指出，"对我自己和我的统治，我都干了些什么？" 相当于宣称
"亲爱的布鲁图斯，犯错的不是我们的神明，而是我们自己。"

保罗·特里赫恩（Paul Treherne）的研究 "The Warrior's Beauty：
The Masculine Body and Self – Identity in Bronze Age Europe" 发表于
Journal of European Archaeology，3（1995）。

马匹的 "弓颈之傲" 以及对马里王骑马而非乘辂车的批评出自大
卫·W. 安东尼（David W. Anthony）的著作 *The Horse*，*the Wheel*，*and
Language：How Bronze – Age Riders from the Eurasian Steppes Shaped the*

Modern World，Princeton University Press，2007。以"大道上甩动着尾巴的马"自比的苏美尔国王是乌尔第三王朝的国王舒尔吉。

有关纳拉姆辛神化的内容节选自马克·凡·德·米鲁普（Marc van de Mieroop）的 *A History of the Ancient Near East*。

恩赫杜安娜的长祷文"宁－密－萨拉"，即"众密女神"的最新译者是安妮特·茨戈尔（Annette Zgoll）。对开篇章句的不同解读，出自她的著作 *Der Rechtsfall der En – hedu – Ana im Lied Nin – me – sara*（Ugarit – Verlag，1997）。

19 世纪 70 年代，卢吉·帕尔玛·德·塞斯诺拉（Luigi Palma di Cesnola）发现了一枚刻有"神明纳拉姆辛的仆人，伊鲁巴尼之子，阿皮尔－伊什塔尔"的印章。他是美国内战时期的陆军上校，也是一名业余考古学家，还曾担任纽约大都会艺术博物馆（Metropolitan Museum of Art）的首任主管。

玛尼什图苏为庆祝其购得的几处地产，宴请了众多宾客，详细宾客名单参见 *The Cambridge Ancient History*。

马克·凡·德·米鲁普对萨尔贡时期遗留文物的印象（"技艺精湛、细致入微且富有艺术天赋"）出现在其著作 *A History of the Ancient Near East* 中。

阿卡德帝国的官方年份名引自 J. N. 波斯特盖特的 *Early Mesopotamia：Society and Economy at the Dawn of History*。

苏美尔－阿卡德的方位表述方法引自 *The Cambridge Ancient History*。

有关耶鲁大学探险队前往雷兰遗址的报道刊登在 L. Ristvet and H. Weiss，"Imperial Responses to Environmental Dynamics at Late Third Millennium Tell Leilan"，*Orient – Express*（Paris），4（2000）上。1993 年 7 月 15 日的《纽约时报》报道了魏斯博士关于气候变化与文明衰亡之间关联的文章。他的另一篇文章"Desert Storm"发表于 *The Sciences*，May/June 1996。

第七章　苏美尔复兴："统制"之邦

乌图赫加尔战胜古提人的细节源自《乌图赫加尔的胜利》（*The Victory of Utu – hegal*）。古提人败落是由于他们偷走了马尔杜克的煮熟的鱼，提出这一观点的巴比伦文献是一部题为《埃萨吉拉》（*Esagila*）

的编年史，又名为《韦德纳编年史》（*Weidner Chronicle*）。

关于个体对于古代苏美尔社会而言无关紧要的论点，可见 Marc van de Mieroop, *The Ancient Mesopotamian City*。

彼得·施坦克勒对乌尔第三王朝的制度和苏联集团的进行的比较，摘自 " Towards a Definition of Private Economic Activity in Third Millennium Babylonia, *Commerce and Monetary Systems in the Ancient World*: *Means of Transmission and Cultural Interation*)，eds Robert Rollinger and Christoph Ulf（Franz Steiner Verlag, 2004）。

托尼亚·M. 沙尔拉克（Tonia M. Sharlach）在 *Provincial Taxation and the Ur III State*, Cuneiform Monographs, vol. 26（E. J. Brill, 2004）中描述了乌尔第三王朝的巴拉体系。

有关拉格什国有牧场的内容可见 *The Cambridge Ancient History*。

柏林自由大学（Free University of Berlin）的罗伯特·K. 恩隆德（Robert K. Englund）在 " Hard Work – Where Will It Get You? Land Management in Ur III Mesopotamia", *Journal of Near Eastern Studies*, 50（1991）一文中讲述了一支由三十七名女性组成的谷类加工队的主管所欠下的劳动债务。

沃尔夫冈·亨佩尔（Wolfgang Heimpel）对吉尔苏"产业园"相关行政记录的分析，来自 " The Industrial Park of Girsu in the Year 2042 B. C.: Interpretation of an Archive Assembled by P. Mander", *Journal of the American Oriental Society*, 118（1998）。

有关乌尔第三王朝标准度量衡的描述摘自《乌尔纳姆法典》（*Law Code of Ur – Nammu*）的前言。

对被指控未报告丈夫被杀害的妇女的审判改写自 Marc van de Mieroop, *The Ancient Mesopotamian City*，该文本引用自 Thorkild Jacobsen, An Ancient Mesopotamian Trial for Homicide, *Analecta Biblica*, 12（1959），翻译自 J. N. Postgate, *Early Mesopotamia*。该文本的另一种译法，即该妇女被无罪释放的版本，可见 S. N . Kramer, *History Begins at Sumer*（University of Pennsylvania Press, 1956）。

1936 年苏联宪法第 103 条规定："人民陪审员作为'非专业审判员'有权决定罪名是否成立，同时享有专业审判员的所有权利和权力，包括审查所有调查文件，传唤和询问证人，检查证据，制定刑罚和判处赔偿。"参见 Gordon B. Smith, *Reforming the Russian Legal System*（Cambridge University Press, 2008）。

舒尔吉国王的赞美诗《舒尔吉赞美诗 B》（Hymn Shulgi B）引自苏美尔文献电子文本语料库，网址为 http：//etcsl. orinst. ox. ac. uk。

根据维基百科相关词条，斯大林要求在莫斯科建设摩天大楼的相关内容可见 Хмельницкий, Дмитрий, "Сталин и архитектура", гл. 11, 网址为 http：//www. archi. ru。

雷蒙德·P. 多尔蒂（Raymond P. Dougherty）在 "Survivals of Sumerian Types of Architecture", *American Journal of Archaeology*, 31 (1927) 一文中阐释了伊拉克现代本土建筑风格与苏美尔时代建筑的相似之处。

沃利提及的亚伯拉罕孙子雅各布梦见天使在乌尔金字形神塔上来来回回，以及他对金字形神塔这一精妙建筑的赞美，出自 Sir Leonard Woolley, *Excavations at Ur* (Ernest Benn, 1954)。

舒尔吉国王从尼普尔跑到乌尔再返回的故事记载于《舒尔吉赞美诗 A》（Hymn Shulgi A），引自苏美尔文献电子文本语料库，网址为 http：//etcsl. orinst. ox. ac. uk。有关现代超级马拉松的内容出自 Deane Anderson Lamont, "Running Phenomena in Ancient Sumer", *Journal of Sport History*, 22 (1995)。

沙鲁姆巴尼及将军对其建造的"穆里奇－提德努姆"（意为"阻挡提德努姆人"）之墙的叙述，以及伊什比埃拉将军未能将粮食运至乌尔的记录，摘自 Mark W. Chavalas, *The Ancient Near East*, *Historical Sources in Translation* (Blackwell, 2006)。

有关埃兰毁灭乌尔的内容摘自《乌尔城的挽歌》（*Lament for the City of Ur*）。对乌尔王权必然终结的感叹引自《苏美尔与乌尔毁灭的哀歌》（*Lamentation over the Destruction of Sumer and Ur*）。

对蛮族马尔图的谴责引自 Georges Roux, *Ancient Iraq*。

《犹太百科全书》（*Encyclopidia Judaica*）的词条"美索不达米亚"详细阐述了威廉·哈罗（William Hallo）教授提出的有关阿摩利人是希伯来人祖先的观点。

第八章　古巴比伦：如日中天

彼得·阿克罗伊德（Peter Ackroyd）的《伦敦传》 （*London：A Biography*）出版于 2000 年。

The Itinerary of Benjamin of Tudela, *Critical Text*, *Translation and Commentary* 的作者是马库斯·内森·阿德勒（Marcus Nathan Adler），该书由牛津大学出版社于 1907 年出版。

小莫里斯·贾斯特罗（Morris Jastrow Jr.）在 1891 年 1 月 11 日的《纽约时报》上发表了一篇长篇报道，报道内容为奈特莱德街地下发现闪长岩残片，这些残片"可追溯到已知最古老的巴比伦国时代"。

马里宫廷官员留下的以"一朝多君才能保证王权稳固"为开篇的信件，卡特纳国王向埃卡拉图姆国王提出的抱怨，以及对信函中反映出的兹赫里利姆性格的描述，均摘自杰克 M. 萨松（Jack M. Sasson）1997 年在迈阿密进行的美国东方学会会长报告"The King and I：A Mari King in Changing Perceptions"。沙姆希阿达德对其小儿子的批评引自 Marc van de Mieroop，*A History of the Ancient Near East* 和 Georges Roux，*Ancient Iraq*。

通往乌尔的某一间屋子的路线信息——"你应当从大门进去"——引自 Adam T. Smith，*The Political Landscape：Constellations of Authority in Early Complex Polities*（University of California Press，2003）。

有关杜木兹 - 伽米尔的商业活动的详细内容可见 Marc van de Mieroop，*Society and Enterprise in Old Babylonian Ur*（Dietrich Reimer Verlag，1992）。威廉·N. 格茨曼（William N. Goetzmann）在 Financing Civilisation 中引用了相关内容，链接 http：//viking. som. yale. edu/ will/ finciv/chapter1. htm。

巴比伦应届毕业生的简历节选摘自让·博泰罗的文章，该文收录在让·博泰罗、克拉丽丝·赫伦齐米特（Clarisse Herrenschmidt）、让·皮埃尔·韦尔南（Jean Pierre Vernant）所著 Ancestor of the West：Writing，Reasoning，and Religion in Mesopotamia，Elam，and Greece），translated by Teresa Lavender Fagan（University of Chicago Press，2000）。

被其首任译者萨缪尔·诺亚·克雷默命名为"校园时光"的故事节选，改写自 Steve Tinney，"Texts，Tablets and Teaching：Scribal Education in Nippur and Ur"，*Expedition*，40（1998）。有关一名父亲抱怨其儿子对所接受的教育没有感恩之心的内容，改写自"The Scribe and his Perverse Son"，quoted in Karen Rhea Nemet - Nejat，*Daily Life in Ancient Mesopotamia*（Greenwood Press，1998）。

巴比伦学生需要解决的以"如果攻占马尔杜克的敌对城市需要越过一定体积土坡"为开头的问题，改写自 J. N. Postgate，*Early Mesopotamia*：

Society and Economy at the Dawn of History。

阿斯格·阿博（Asger Aaboe）在其著作 *Episodes from the Early History of Mathematics*（Mathematical Association of America，1997）中指出，上过传统高中代数课的人会对巴比伦数学解题方法感到很熟悉。

将畸形的新生胎儿视为吉凶之兆的例子出自 Morris Jastrow Jr.，*Babylonian – Assyrian Birth – Omens*（Alfred Topelman Verlag，1914）。

有关因南娜姆夫人得了传染病，马里国王指示其他人不得接近她的故事，引自 Karen Rhea Nemet – Nejat，*Daily Life in Ancient Mesopotamia*（Greenwood Press，1998）。2005 年出版的那部巴比伦医学文献翻译作品集的作者，在 2005 年 10 月 24 日的《芝加哥论坛报》（*Chicago Tibune*）的 "Assyrian and Babylonian Medicine Was Surprisingly Advanced" 一文中，向威廉·马伦（William Mullen）讲述了这个故事。

第九章　亚述帝国：公元前第一千纪的巨人

亨利·W. E. 萨格斯著述的权威作品《威武亚述》（*The Might That Was Assyria*）由 Sidgwich & Jackson 出版社于 1984 年出版。

西莫·帕尔波拉在《亚述预言》[*Assyrian Prophecies*，State Archives of Assyria, vol. 9（Helsinki University Press，1997）] 的导言中提出了富有争议的观点，即亚述信仰和哲学对犹太教、基督教和东方神秘主义的影响。杰罗尔德·库珀（Jerrold Cooper）对帕尔波拉观点的严厉批判发表于 "Assyrian Prophecies, the Assyrian Tree, and the Mesopotamian Origins of Jewish Monotheism, Greek Philosophy, Christian Theology, Gnosticism, and Much More"，*Journal of the American Oriental Society*，120（2000）。

M. L. 韦斯特（M. L. West）是牛津大学万灵学院（All Souls College，Oxford）的名誉研究员。他在文章 "Near Eastern Material in Hellenistic and Roman Literature" 中书写了亚述神话和诗歌形式的西传。该文被收录在 *Harvard Studies in Classical Philology*，73（1968）和 *The East Face of Helicon，West Asiatic Elements in Greek Poetry and Myth*（Clarendon Press，1999）中。

卡鲁姆·卡内什的亚述商人和他们妻子的书信节选，引自 J. N.

Postgate, *Early Mesopotamia*: *Society and Economy at the Dawn of History*, Marc van de Mieroop, *A History of the Ancient Near East* 和 Amelie Kuhrt, "The Old Assyrian Merchants", *Trade*, *Traders*, *and the Ancient City*, eds Helen Parkins and Christopher John Smith (Routledge, 1998)。

对中亚述时期律法和宫廷法令的引用改写自 James B. Pritchard, *Ancient Near Eastern Texts Relating to the Old Testament* (Princeton University Press, 1969) 以及 G. R. 德莱弗 (G. R. Driver) 和 G. R. Driver and J. c. Miles, *The Assyrian Laws* (Clarendon Press, 1935)。

阿尔伯特·奥姆斯特德教授发明的"蓄意威慑"一词来自他所写的文章的标题《亚述·纳西尔·阿帕尔的蓄意威慑》 ("The Calculated Frightfulness of Ashur Nasir Apal", *Journal of the American Oriental Society*, 38 [1918])。在提革拉帕拉萨的铭文中,有关把国王比作剖开孕妇、戳瞎胎儿的猎人的详细内容,参见 Mordechai Cogan, "'Ripping Open Pregnant Women' in Light of an Assyrian Analogue", *Journal of the American Oriental Society*, 103 (1983)。

Elisabeth M. Tetlow 在 *Women, Crime and Punishment in Ancient Law and Society*, *vol*. 1: *The Ancient Near East* (Continuum International Publishing, 2005) 中详细说明了亚述习俗和律法中关于女性不洁的内容。

近期人口流动的数据来自联合国经济和社会事务部人口司公布的 *Trends in Total Migrant Stock*: *The 2005 Revision*。J. 诺依曼 (J. Neumann) 和 S. 帕尔波拉在 "Climatic Change and the Eleventh – Tenth – Century Eclipse of Assyria and Babylonia", *Journal of Near Eastern Studies*, 46 (1987) 中提出气候变化导致阿拉姆游牧移民进入亚述。

B. W. Kooi and C. A. Bergman, "An Approach to the Study of Ancient Archery using Mathematical Modelling", *Antiquity*, 71 (1997) 一文提出,拉开复合弓需要的力气超出了现代体育中的人体能力范围。

斯蒂芬妮·达利在 "Foreign Chariotry and Cavalry in the Armies of Tiglath – Pileser III and Sargon II", *Iraq*, 47 (1985) 中描述了亚述"战马表"以及亚述军队中的以色列御者。马匹在亚述军队中的作用及其繁殖与养护办法可见 Richard A. Gabriel, *The Great Armies of Antiquity* (Greenwood Press, 2002)。有关亚述军队级别的详情出自 F. S. Naiden, "The Invention of the Officer Corps", *Journal of the Historical Society*, 7 (2007)。

亚述巴尼拔（提革拉帕拉萨的高祖父）详述他对反叛城市的惩罚的内容出自 Georges Roux，*Ancient Iraq*。

"亚述帝国不是一片庞大的疆域，而是一张可运输货物的交通网。"这句话引自 M. Liverani，"The Growth of the Assyrian Empire in the Habur/Middle Euphrates Area：A New Paradigm"，*State Archives of Assyria Bulletin*，2（1988）。

西莫·帕尔波拉对亚述王权的描述来自 "Sons of God：The Ideology of Assyrian Kingship"，*Archaeology Odissy Archives*（December 1999）。

在 *David and Solomon*（Free Press，2006）一书中，伊斯雷尔·芬克尔斯坦因（Israel Finkelstein）和尼尔·亚瑟·西尔贝曼（Neil Asher Siberman）提出，《旧约》对所罗门宫廷的描述事实上映射的是终极理想中的亚述王权。

所有亚述人，包括外来的被驱逐者都是平等的。在出土于尼尼微的一封致亚述王的信中和萨尔贡二世的铭文上都记录了这一原则。相关内容以及高级官员的外来姓氏，引自 Hayim Tadmor，"The Aramaization of Assyria：Aspects of Western Impact"，该文章出自 *Mesopotamien und seine Nachbarn：Politische amd kulturelle Wechselbeziehungen im Alten Vorderasien vom 4 bis zum 1 Jahrtausend vor Chr*，ed. H. – J. Nissen and J. Renger（Dietrich Reimer Verlag，1982）。

第十章　薪火相传：终结与启程

约翰·诺布尔·威尔福德（John Noble Wilford）在 "Discovery of Egyptian Inscriptions Indicates an Earlier Date for Origin of the Alphabet" 一文中，将字母文字的发明描述为一种 "士兵和商贾都能从中受益" 的实用发明，该文章发表于 1999 年 11 月 13 日的《纽约时报》。

警告书吏勿对国王隐瞒任何事宜以及亚述巴尼拔自称精通书吏技艺的内容，引自 Steven Roger Fischer，*A History of Reading*（Reaktion Books，2004）。

亚述巴尼拔致信博尔西帕城长官沙杜努，指示他为图书馆搜集文书的内容，引自 Roy MacLeod，*The Library of Alexandria：Centre of Learning in the Ancient World*（I. B. Tauris，2004）。

奥斯丁·莱亚德对霍姆兹德·拉萨姆的赞美和他对亚述巴尼拔图书

馆发掘工作的记录，出自 Austen H. Layard, *Discoveries among the Ruins of Nineveh and Babylon*（Harper & Brothers, 1853）。

回应西帕尔图书馆遗址被发现的耶鲁大学巴比伦藏馆馆长是本杰明·福斯特（Benjamin Foster），相关内容可见 2003 年 4 月 19 日的《华盛顿邮报》（*Washington Post*）。

亚述巴尼拔炫耀自己摧毁埃兰国的内容，引自 *The Cambridge Ancient History*, vol. 1, chapter 21, "Babylonia in the Shadow of Assyria"。拿布 - 那伊德之母阿达 - 古皮的生平，改写自 James B. Pritchard, *Ancient Near Eastern Texts Relating to the Old Testament*（Princeton University Press, 1969）。

有关巴比伦统治者的考古研究的内容，出自 Irene J. Winter, "Babylonian Archaeologists of the(ir) Mesopotamian Past"，该文章可见于 *Proceedings of the First International Congress of the Archaeology of the Ancient Near East*, eds P. Matthaie, Alessandra Enea, Luca Peyronel and Frances Pinnock（Dipartment di Scienze Storiche, Archeologiche e Antropologiche dell'Antichita, Universita degli Studi di Roma "La Sapienza", 2000）。

希格弗莱德·吉迪恩（Siegfried Giedion）对波士顿钟表厂的探访过程记述于他的著作 *Space, Time and Architecture*: *The Growth of a New Tradition*（Harvard University Press, 1941）。

贝罗索斯祭司记录的尼布甲尼撒对巴比伦厄运的预言，被尤西比乌斯引用于《为福音做准备》（*Preparation for the Gospel*）。这又被乔治·罗林森（George Rawlinson）引用于 *The Testimony of the Truth of Scripture*: *Historical Illustrations of the Old Testament, Gathered from Ancient Records, Monuments and Inscriptions*（Boston, 1898）中。罗林森引用尤西比乌斯，尤西比乌斯引用贝罗索斯，贝罗索斯引用尼布甲尼撒：这是四次文献的完美示例。

内斯尔·M. 贝尔基（Nels M. Beilkey）的文章 "A Babylonian Philosopher of History" 发表于 *Osiris*, 9（1950）。

关于修复恩利尔大城门护城墙的费用收据，其译文出自 P. A. 博利尤（P. A. Beaulieu）的 "An Episode in the Fall of Babylon to the Persians", *Journal of Near Eastern Studies*, 52（1993）一文。

有关掠食者种群规模和猎物种群规模之间关系模型的公式，由阿尔弗雷德·洛特卡（Alfred Lotka）和维托·沃尔泰拉（Vito Volterra）提出，并以他们的名字命名；他们提出了一种 S 型函数，即"逻辑曲线"。切萨雷·马尔凯蒂（Cesare Marchetti）的大部分出版物均可从网上获取，网址为 http：//cesaremarchetti. org。值得参看的其他文献包括：发表于 1985 年的"Action Curves and Clockwork Geniuses"；发表于 1996 年发表的"Looking Forward – Looking Backward：A Very Simple Mathematical Model for Very Complex Social Systems"；以及发表于 2005 年的"Is History Automatic and Are Wars àla Carte? The Perplexing Suggestions of a System Analysis of Historical Time Series"。我要向已故的雷克斯·马利克（Rex Malik）表示感谢，是他向我介绍了马尔凯蒂博士的作品。

网络资料

以下为本书提及的事件、遗迹、艺术品、人物和建筑的相关图像链接。

苏萨的焚毁：http：//en. wikipedia. org/wiki/File：Susa-destruction. jpg

埃利都遗址：http：//www. atlastours. net/iraq/eridu. html

瓦尔卡石瓶：http：//oi. uchicago. edu/OI/IRA Q/dbfiles/objects/14. htm

布拉克遗址周边的古代遗迹：http：//www-news. uchicago. edu/releases/03/oicorona/oicorona – 02. jpg

乌尔军旗：http：//commons. wikimedia. org/wiki/File：Standard_ of_ Ur_ –_ War. jpg

投石器：http：//www. newscientist. com/data/images/ns/cms/dn8472/dn8472 – 1_ 650. jpg

萨尔贡之女恩赫杜安娜：http：//www. arth. upenn. edu/smr04/101910/Slide2. 19. jpg

乌尔的金字形神塔：http：//farm1. static. flickr. com/29/46769923_ a35c9ac3b5. jpg

马里王宫的壁画：http：//commons. wikimedia. org/wiki/File：Mari_ fresco_ Investiture_ Zimri_ Lim_ 0210. jpg

巴格迪达的马什摩尼教堂：http：//www. atour. com/education/20040419a. html

阿舒尔神的象征符号：http：//en. wikipedia. org/wiki/File：

Sumerian_ symbology. jpg

安达拉神庙的神明脚印：http：//commons. wikimedia. org/wiki/
File：SYRIE _ 294. jpg

亚述书吏：http：//www. aina. org/images/scribes1. jpg

巴比伦的最后一位统治者那波尼德斯：http：//commons.
wikimedia. org/wiki/File：Nabonidus. jpg

索 引

（索引中的页码为本书页边码）

图书在版编目（CIP）数据

巴比伦：美索不达米亚和文明的诞生／（英）保罗·克里瓦切克（Paul Kriwaczek）著；陈沅译．——北京：社会科学文献出版社，2020.1（2021.11 重印）

书名原文：Babylon：Mesopotamia and the Birth of Civilization

ISBN 978 – 7 – 5201 – 5044 – 6

Ⅰ. ①巴… Ⅱ. ①保… ②陈… Ⅲ. ①巴比伦 – 历史 Ⅳ. ①K124. 3

中国版本图书馆 CIP 数据核字（2019）第 115691 号

巴比伦
——美索不达米亚和文明的诞生

著　者／〔英〕保罗·克里瓦切克（Paul Kriwaczek）
译　者／陈　沅

出 版 人／王利民
责任编辑／沈　艺　钱家音　廖涵缤
文稿编辑／贾　楠
责任印制／王京美

出　　版／社会科学文献出版社·甲骨文工作室（分社）（010）59366527
　　　　　地址：北京市北三环中路甲 29 号院华龙大厦　邮编：100029
　　　　　网址：www.ssap.com.cn
发　　行／市场营销中心（010）59367081　59367083
印　　装／北京盛通印刷股份有限公司

规　　格／开本：889mm × 1194mm　1/32
　　　　　印 张：13　插 页：0.625　字 数：286 千字
版　　次／2020 年 1 月第 1 版　2021 年 11 月第 2 次印刷
书　　号／ISBN 978 – 7 – 5201 – 5044 – 6
著作权合同
登 记 号／图字 01 – 2016 – 7069 号
定　　价／69.00 元